文化震撼之旅

新加坡

SINGAPORE

（新加坡）玛丽恩·布拉沃·贝辛 著
赵 菁 译

北京·旅游教育出版社

北京市版权局著作权合同登记章图字：01-2013-8160
策　　划：丁海秀　李荣强
责任编辑：李荣强
图片提供：微图网、中国图库、壹图网

图书在版编目（CIP）数据
新加坡 /（新加坡）贝辛著；赵菁译. -- 北京：旅游教育出版社，2015.4
（文化震撼之旅）
ISBN 978-7-5637-3102-2

Ⅰ.①新…　Ⅱ.①贝…②赵…　Ⅲ.①新加坡—概况　Ⅳ.①K933.9

中国版本图书馆CIP数据核字（2015）第011244号

文化震撼之旅

新加坡

（新加坡）玛丽恩·布拉沃·贝辛　著
赵　菁　译

出版单位：旅游教育出版社
地　　址：北京市朝阳区定福庄南里1号
邮　　编：100024
发行电话：（010）65778403 65728372
　　　　　65767462（传真）
本社网址：www.tepcb.com
E-mail：tepfx@163.com
排版单位：北京旅教文化传播有限公司
印刷单位：北京嘉业印刷厂
经销单位：新华书店
开　　本：720毫米×1000毫米　1/16
印　　张：23
字　　数：304千字
版　　次：2015年4月第1版
印　　次：2015年4月第1次印刷
定　　价：78.00元
（图书如有装订差错请与发行部联系）

感受文化震撼

任何人一旦离开自己熟悉的舒适环境，骤然进入陌生的环境，就会感到迷失了方向，这种迷惑的状态就是文化震撼。“文化震撼之旅”是一套信息可靠的著名丛书。几十年来，一直都有助于移居国外或长期访问居留者减轻初到一个新国家（地区）所感到的文化震撼的冲击力。

这套丛书的作者都曾经在相关的国家（地区）生活过，并且亲身体验过文化震撼。他们和大家分享一切必要的信息，以便大家能更有效地解决种种迷惑。丛书的写作风格简单易懂，话题广泛，能够给读者足够多的忠告、提示与建议，以使他们能够重新尽可能正常地生活。

每册书结构一致。首先介绍不同的游客对某个城市或者国家（地区）的第一印象。要想了解一种文化，就必须首先了解其人民——他们来自何处，是什么身份，遵循什么价值观和传统，以及他们的风俗习惯和社交礼仪怎样？这些构成了书的前半部分。

接下来是各种实用的生活常识——告诉您如何最为舒适地定居下来。作者带领读者，先是了解如何寻找住处，如何把水、电、气、通信等各项设施开通，继而了解如何给孩子注册入学，以及如何保持健康生活。当然，还不仅这些。一旦解决了和基本生活有关的问题，就要出去尝试当地的饮食，享受更多的文化生活，并且到其他地区旅游。然后，在更深入地了解经济生活之前，还要透彻地掌握该国（地区）的语言。

在最后一章，作者先给出一些方方面面的基本信息，再测验读者对该国（地区）风俗习惯与社交礼节了解掌握的程度。为了方便读者，还列出了实用性的词汇与短语、综合全面的信息资源指南和查询更多信息的参考书目。

滨海湾金沙

文 化 震 撼 之 旅 / 新 加 坡
CONTENTS 目录

目录 CONTENTS

第三章 新加坡人民

第四章 入乡随俗

第五章 初来乍到

CONTENTS 目录

目录 CONTENTS

CONTENTS 目录

第七章 畅游新加坡

第八章 不同的语言

目录 CONTENTS

第九章 工作与经商

CONTENTS 目录

第十章 新加坡掠影

附录

新加坡风光

FORWORD 前言

我对新加坡的第一印象可追溯到 1991 年——那时我由于转机在新加坡待了十几个小时，尽管时间很短，我还是设法离开机场在东海岸吃了一顿饭，而且还在一个组屋 [Housing Development Board，HDB，由新加坡建屋发展局（Housing Development Board）负责建筑的政府组屋，廉价提供给民众] 内住了一晚，同时，樟宜机场（Changi Airport）工作人员的高效也给我留下了愉快的印象——由此，我知道在新加坡生活一定非常舒心。自 1999 年 8 月移居新加坡后，我意识到自己对新加坡的第一印象完全准确。那时我就感受到了这个国家最迷人之处：郁郁葱葱的绿树，现代化的道路设施和建筑，美味的食物和世界一流的机场——这些虽然只是浮光掠影，却足以让人对新加坡产生好感。这也是这个国家如此迷人的原因，所有的优点都是显而易见的，时时刻刻可供人观赏、品味。即使你只是在新加坡作短暂的停留，也能很快发现这里办事效率极高，几乎每件事都能顺畅进行，毫无阻滞。这里的确是一个非常适宜居住的国家！

也许你即将移居新加坡或者只是对它感到好奇，所以想要加深对这个拥有多元文化的小岛的了解。不管何种原因，本书旨在帮助读者减少初次移居新加坡时感到的不

新加坡中国式园林风光

摩天轮

新加坡风光

适和冲击。通过阅读本书，并与曾经或正生活在新加坡的朋友交谈，你将能尽情享受你的新加坡之旅并从中获益良多。当然，最重要的是有着开放的心态和善于观察的眼睛。

其实坦白地讲，初次到达并居住在新加坡对很多人来说，他们所感受到的“文化震撼”并非那么惊人。如果你来自东方，这里的东方色彩会让你觉得颇为亲切，而来自西方的游客也不会觉得这里陌生。正是这种东西方文化独特的融合造就了新加坡。当然“文化震撼”还是会以各种各样的形式存在。远离家人和朋友，要在一个陌生的小岛上安顿下来也绝非易事，这些困难都不可低估。实际上，我发现，与自己心爱的人相隔遥远才是在一个新的国家生活最让人难受的地方。这让每一个离家的人都会因思乡而黯然神伤，唯一的解决之道就是尽快适应这个自己所选择的地方并寻找新的朋友。当然，最理想的是与他们亲如一家。这是我所能提供的最好的办法。

要更好地为移居海外做准备，让我们先来了解什么是“文化震撼”。如果文化正如《柯林斯英语辞典》(Collins English Dictionary)中所定义的那样，是“世代传承并构成了社会行为普遍基础的所有思想、信仰、价值观和知识”，那么“文化震撼”最好的定义则是由于不得不去适应一套全新的思想、信仰、价值观和知识而从身体上和情感上所感受到的“不适”。从根本上说，正是我们所接受的文化决定了我们的行为方式——我们如何与别人打交道，如何看待周围的世界。所以，感受一种新的文化，受到些许文化差异的震撼让我们有机会从掌握语言、使用电话、买菜等各个方面以一种全新的方式洞察生活，而这种机会平时是不多见的。

文化震撼的迷人之处在于这种震撼无处不在，无法避免，不管你在海外生活了多长时间，打从你到达一个陌生国家的那一刻起，你就能感觉到它的存在。也许这种震撼并不明显，持续的时间也不长，但适应一种新的习俗、信仰和规则的确需要一段时间。文化震撼所带来的症状（诸如想家、打退堂鼓、愤怒、烦躁、家庭和婚姻所带来的压力、身体上的病痛）也许会不时地显露出来，其程度也各异，因此这些症状通常被分为五个阶段，每个症状会持续一段时间，或仅在特定时刻出现。当然，有些人受到文化震撼的影响并不明显，他们只会稍有不适，而有的人则会发现仅仅语言这一关就很难过。我们的性格各异，经历和背景也不尽相同，而这些都决定着我们将如何适应全新的文化，不管是疲于应付还是欣然接受，这种新的文化终将对我们的生活产生深远的影响。

文化震撼

在这里，我将简单地把文化震撼的五个阶段以及你也许会有的某些感受总结如下。

■ 第一阶段：蜜月期

这一阶段内凡事都让你觉得新鲜、有趣。此时最好带着好奇心和兴趣去观察周围的一切，学习发现两种文化的共同之处，发现不同文化中的人们是如此的相似。

■ 第二阶段：初次碰撞期

此时生活中的困难和危机开始出现，因为你的注意力开始从两种文化之间的相似之处转向了两者之间的差异，而这种差异突然无处不在！和他人的沟通也许都成了问

新加坡风光

题，气馁的情绪也悄悄出现。你甚至会对任何事情都感到不满、烦闷、愤怒、悲伤，即使使出浑身解数应付一切，你还是觉得力不从心。

■ 第三阶段：逐步调整期

此时你对新的文化有了认识和了解，你会觉得很惬意，甚至会以幽默的心态面对一切。周围的环境变得熟悉起来，一种归属感油然而生。你开始将过去和现在的生活方式进行评估和比较，其结果是，你也许会对自己的身份感到一丝困惑。

■ 第四阶段：适应期

此时的你开始进一步地融合到新的文化中，对其有更强烈的归属感，在这种文化中你更加如鱼得水。你更喜欢这里的习俗、生活方式和语言。你逐渐意识到新的文化有优有劣，但你确信回国后这里一定有些东西让你恋恋不舍。

■ 第五阶段：归国文化震撼

回到自己的原住国问题也会不断出现，你会发现一切都不再熟悉（这是理所当然的，因为你自己也变了）。

以上所列的各个阶段你可能都会经历，但就像我开始所说的，通过阅读本书以及带着开放的心态，善于发现的眼睛和谨言慎行，你会非常顺利地适应这个新的国家。如果还有什么是我想说的，那就是：我发现不管是在新加坡的外国人还是新加坡人，他们对这里的一切都很知足。和快乐的人朝夕相处是很棒的体验，你也会被他们的感染。当然，这里的生活并非就是完美或理想的，但是人们还是充分感受到并且乐意去享受新加坡的迷人之处。我祝你们在这里一切顺利，也希望你们今后能给初次来到新加坡的人送上同样的祝福。

鸣 谢

由于本书的写作时间紧迫，因此我无法将所有以各种形式帮助过我的朋友一一列出并致以谢意，这对他们似乎颇不公平，因为他们可能都没有意识到自己曾以某种形式协助过我。本书的内容主要依赖我在新加坡七年的生活经历，以及与人们的交流和由此萌发的友谊。那里的每件事和每个人都非常公平可信！我无法罗列每个人的名字，尽管这样做对他们很不公平，因为写作这本书光靠我自己的力量是无法完成的。因此，在这里我尽力向每一位曾经对本书有过贡献的朋友表示感谢：首先我应该感谢的是 Patricia（我的编辑，她为本书花费了不少精力和时间），以及 Marshall Cavendish 出版社所有帮助我收集信息的编辑、校对和了解情况的员工。我还要特别感谢 Tanty，Sha，Mas，Rohaniah，他们对马来习俗和礼仪的深刻了解以及富有价值的洞察使本书增色不少；感谢善良的 P Kesavan 先生在泰米尔语方面给予我的帮助。我要感谢 Barbara，Amelia，Tian，Tatjana，Helle，Christine，Linda，Judy，Lucy，Jennifer，Savi，Yuko，Caterian，Cecilia，Rana，Zahra，Carolina M，Eugenia，Carmen Gloria，Carolina Q，Zahira，Cathy，Edward，Alan，Robert，Inci，Angela 和 Maria，感谢你们富有洞察力的回答。最后我要感谢 Sanjay，感谢你对我的作品的评价、建议以及最热情的支持。

题 献

谨以此书献给

我热爱的，也钟爱旅行的孩子们

Sanjay, Alejandro and Gabriel

第一章

第一印象

“如果你拒绝异国的食物，忽视那里的习俗，害怕那里的宗教，躲避那里的人们，你最好还是待在家里，哪儿也不去。”

——詹姆斯 · A. 郾米歇纳（James A Michener）

不论你只是到这里游玩还是计划移居新加坡，篇首的引言也许是你能得到的最好的建议。它直截了当地指出了游客在异地旅游时应该持有的态度——开放的心灵，不去做价值判断，善于发现一切。因为到头来正是通过自己的探索和发现，你才能获得最真实、也最弥足珍贵的体验。有了这个目标，最重要的一步就是预先获得一些知识，对新加坡的各个方面有初步的了解之后再开始你的旅程。

那么，让我们谈谈新加坡吧。其实我们首先要谈到的一点，就是这个弹丸之地的国家竟能引来世界众多的议论和新闻媒体的关注。如果是其他小国，也许很快会被世人忘记或忽略，但绝对不是新加坡。这个岛国不遗余力地宣传自己的形象，同时世界也无法忽视或忘记这个亚洲最具活力的小国。

我确信很少国家能像新加坡这样在短时间内就

新加坡风光

能在世界范围内引起不同的反响。这个世界上有很多人对这个独特的小小岛国充满了敬意。他们的敬意来自于这个国家能在如此短的时间内取得辉煌的成就，并能以惊人的速度不断进步和发展；他们的敬意来自于这个国家拥有富有远见、行动果敢的领导们；他们的敬意来自于这个国家为人民创造出的如此舒适、安全的环境。当然，也有很多人对这里荒谬的法律、法规、规定和政府对公民的控制颇有微词。他们批评政府违反了人权法，汽车价格也高得离谱。他们还诟病这里的审查制度，以及禁止吃口香糖的法律，等等。对于这些人来说，这一切并非谬指；新加坡政府确实非常严苛，也施行了很多不受欢迎的政策，但更值得尊敬的是，政府正在重新评估和改变某些法律，“铁腕统治”正在慢慢放松。

新加坡“禁止骑自行车”标志

2005 年《时代》周刊刊登了一篇对新加坡首位总理和资政李光耀的专访。这篇文章颇有见地地指出了新加坡的成功对亚洲和其他大国巨大的影响，并精准地预测了未来新加坡所面临的挑战——新加坡能否“以一个更加开放、宽容、有创造力，当然也更复杂的社会延续已经取得的经济上的繁荣，从而创造新的奇迹，使其他比新加坡更

新的敬意

对我来说，要表现新加坡政府的工作方式——效率、铁面无私和权威性，但是这样都是为了人民的利益——最好的例子是2003年初SARS的暴发。作为亚洲航空运输的一个主要港口，新加坡是疫病最可能暴发的地方。我知道由于恐惧和害怕被传染，很多家庭都离开了新加坡回到自己的国家。我和家人却都留了下来，我们深知政府会处理一切，他们采取了一切我们想象得到和想象不到的措施以控制致命的病毒的传播。但是更重要的是，他们有效地遏制了人们的恐慌。政府对边境进行了严密的监控，每日报纸上都会报告疑似SARS病毒携带者，学校停止上课，机场和其他入境关口都设置了体温检测仪。为确保没人能违反家居隔离的规定，每个病人的家中都安装了电子照相机。这个世界上还有哪个地方的措施能更加可行及有效？我们也许正处于疫区的最中心，但我觉得非常安全。此后我心中对新加坡又多了一份尊敬。

强大、更具威胁性的大国某天要重新向新加坡学习？”只有未来知道答案。

一个国家的声誉可以远远超过其人民的现实生活，新加坡就是一个绝佳的例子。对某些人来说，这个国家的政府近乎专政，但这种专政是善意的。我很同意这种说法，即在新加坡生活意味着放弃生活中一点点的“刺激”，特别是如果你在像纽约或巴黎这样纷繁嘈杂的大都市生活过，你会深有同感。在这里，你更能获得生活的舒适和安全——这两点在当今世界是绝对无法忽视的重要问题。即使是这样，凡事也是相对的；如果你刚刚从新西兰的某个偏远小镇来到新加坡，你又会觉得这里是一个熙熙攘攘的大都市。因此在我啰啰唆唆一大堆之前，我最想说的是在这里生活真的很棒。

因此，如果有什么是我想要对那些正在阅读本书并且在考虑是否移居至此的读者或刚刚到达新加坡的游客说的，那就是——放心吧，

寺庙一角

友好的新加坡姐妹俩

这里的生活品质比世界上绝大多数地方要好。对于初来乍到的人，这里就是亚洲，因为它能体现亚洲的所有特色。而对于那些已经久居此地的人，这里清新的空气让他们无法离开。这里的工作效率极高，没有腐败，商业环境极佳，英语又是通用的语言。在这里摩天大楼和现代化的高层建筑与受保护的民居并存，四周还环绕着繁茂美丽的绿树。新加坡是一个将西方的革新精神和高效率与东方的价值观、传统和面貌有机结合的国家。在这里，你每天都能目睹这个国家日新月异的发展和变化。随你对它有什么样的看法：一个花园城市也好，一个大游乐园也好，一个处处都是空调的小岛也好，一个保姆式的国家或是一个小红点——但是对那些能幸运地把这里当作自己的家的人来说，这是一个美好的地方。

除了友好的人民（最终我们会发现让每个国家显得特别而且值得停留的正是这里友好的人民），你现在能发现新加坡的特点可以从三点——国土面积、地理位置和执政者来总结。

也许你已经开始总结新加坡所具有的独一无二的三大特点——国土面积、地理位置和执政者。首先，这里狭小的国土面积其实就决定了一切。新加坡最主要大岛的面积仅为 640 平方公里，这正是新加坡如此易于掌控和管理，也如此脆弱的原因。据说因为新加坡国土面积过小，要在这里搞破坏非常容易。与稳固的蒸汽船不同，新加坡就如一艘在海上漂流的小舟，社会的和谐、人民的团结、与周边国家的和睦相处是这艘小船免于倾覆的镇船之宝。对于新加坡人来说，保持现状为一切之要旨。

其次，则是新加坡独特的地理位置。新加坡与马来西亚仅一堤之隔，这个国家绝妙的地理位置是其成功的关键因素。随着 1869 年苏伊士运河的建成，新加坡成为联结东方与西方的最佳港口。不管这是注定或是幸运，这个岛国的命运被永远地改变了。此外，由于新加坡距离赤道仅有几度，为这个国家带来了炎热的天气，充沛的雨量导致潮湿，因此空调被普遍使用。有的人非常喜欢这里的天气和终日普照的阳光，而有的人却渴望有机会穿上靴子和毛衣过一个飘洒着小雪的圣诞节。大自然当然不可能让

新加坡国会大厦

人人都满意，结果新加坡成了一个地处赤道附近的工业化国家。

最后，这里的执政者也颇有特色。只要谈起新加坡，你就无法绕开它的政府。新加坡的领导者们个个机智聪敏，不论是其国父兼首位总理李光耀（正是他用自己的亚洲视野奠定了这个岛国的政治体制），还是现任总理李显龙（李光耀的长子），其领导者们都使这个国家经济得到繁荣发展，也使其政府成了亚洲最廉洁、最高效的政府。和世界上任何国家的执政者一样，他们对新闻报道的严格管制导致了“不称职新闻媒体”的产生，而那些从没有到访过或在新加坡居住的人正是据此对新加坡做出负面判断；而那些住在这里的人，他们却是新加坡如此宜居的见证人。

这些复杂和自相矛盾之处就是新加坡的特点。一个人在这里住的时间越长，就越能体会到这个国家的独特之处。只有学会抛开表面现象去发掘

事物的本质，我们才能真正领会新加坡以及其他任何国家的迷人之处。

在新加坡居住并感受那里的“文化震撼”还有一个让人觉得有趣的地方。你不仅将在那里认识很多来自不同文化的新加坡人，还能感受众多不同的文化——也许每种文化都会给你带来小小的震撼。这里我说的可不仅仅是新加坡三种最主要的文化（中国文化、马来文化和印度文化），还有你生活的各种环境。例如，在学校、俱乐部或社交活动中都会遇见的各种异国文化。甚至是你的用人（大部分来自菲律宾、印度尼西亚或斯里兰卡）都会让你了解一种全新的文化和沟通方式。新加坡是各种文化荟萃、融合之地，它使你能更深入地了解许多异国文化，从而你能对世界上所有不同的文化持有理解和宽容的态度。这个小岛才是一个真正的各种文化的大熔炉。

惊鸿一瞥

郁郁葱葱的热带树木

作为一个面积狭小、没有郊区或乡村景色的都市，新加坡令人惊异地创造了一个充满绿色的花园式城市。虽然这经过了细致的规划、悉心的实施和维护，但新加坡的确是一个花园中的城市。

室外炎热、潮湿

实在没有其他词来形容它，新加坡就像一个桑拿室！由于距离赤道仅仅几度，这里全年都很炎热。更别提那些长年短暂却又突如其来的热带阵雨了。这里没有“凉爽”的季节，尽管当地人对这种说法可能不同意。庆幸的是，你最终会适应这种潮湿的天气，而且终年不绝的阳光对一个人的心理健康有莫大的好处！

新加坡城市风光

新加坡街景

室内冰冷冻人

也许穿越大街小巷的时候你会挥汗如雨，但不管走进哪一栋建筑物内，你都会发现里面冷得就像北极。李光耀曾将空调比作20世纪最伟大的发明，因为正是空调将新加坡从一个地处热带的渔村转变成一个现代化、高楼林立的发达国家。对于新加坡的成功而言，空调也许起到了关键性的作用，但过度使用空调也造成了一定的问题。最近新加坡过低的室内温度就成了全国各大报纸的头条。人们开始讨论空调过度使用对经济成本、生产力和人们健康的影响。我们只能是希望负责调节空调温度的相关人员能够倾听这些呼声。同时，提醒游客带上一件羊毛衫、披肩或多带一件厚衬衫。

大都市和快节奏的生活

在新加坡短短近50年的发展历史中，新加坡人正是通过自己的辛劳和创新才取得如此辉煌的成就。除了新加坡，还有哪个国家能自豪地宣称自己的国家在短短几十年就从第三世界国家一跃成为第一世界国家，或是从发展中国家跃入发达国家的行列？新加坡每天都在发生着日新月异的变化。如果需要修建更多的房屋——房屋很快就建好了；如果需要更好的地铁大型交通快速转换枢纽（MRT，Mass Rapid Transit，地下及地上铁路系统）——立刻着手改建。需要有更多的旅客到新加坡观光和一个万众瞩目的机会——就有了首个世界一级方程式锦标赛新加坡大奖赛，并于2008年9月完美收官。在圣淘沙和滨海区兴建的大型综合度假胜地——圣淘沙名胜世界和滨海湾金沙酒店为新加坡吸引了更多的游客。

> 雄心勃勃，是的！新加坡希望能吸引200万教育程度更高、更富裕的移民，将新加坡的人口总数提高到650万，并将新加坡从低附加值的制造业基地转变成为高科技和金融服务中心。据预计，这个目标还需要10多年才能实现。但是与此同时，新加坡正在房地产、旅游和陆路交通等方面着手进行准备和规划，想要卷起袖子来大干一场，以迎接即将面临的挑战。

讲话速度快且生硬

没错，英语是新加坡的官方语言之一，而且很有可能当新加坡人和你说英语的时候，你根本听不出来！种族的融合导致了一种具有独特语音、语调和结构的方言的产生，当地人所说的英语也受到了这种方言的影响，结果形成了所谓的新加坡式英语。你也许需要一点时间才能习惯这种英语，但是不管你到世界哪一个角落，凭这种独特的英语你能一眼就发现说话者是新加坡人，这会给你带来一张笑脸，也能立刻让你回忆起在这个特别的国家的有趣的经历。

多元文化

由华人、马来人和印度人组成的新加坡是一个独特又和谐的大家庭。在这个岛国随处可见这些不同的种族所特有的食物、宗教和传统，也正是这些文化使新加坡变得如此多姿多彩。

独特的气味和芳香

闻到榴梿、虾酱、油炸大蒜、茉莉花、晚香玉花环以及草药和其他干货的味道——只要在你所住的地方附近走一圈，简直就像享受了一次味觉的盛宴。这些东西

滨海湾花园里的郁金香

来自于中药店、小吃街、马来小贩的摊子、小印度。亚洲特有的食物及作料的气味和芳香会让你长久难以忘怀，当然这些记忆也许并不总是那么美好。

地理环境

正如上文所提到的，新加坡很小，只有一个大岛和几个小岛。单独来看这些岛很小，合在一块它们还是很小！因此难怪在新加坡的外国人所遭受的最普遍的困扰就是“小岛症候”，他们急需要换一个环境，换一种气候，看看新的面孔。何况在新加坡坐飞机仅仅几个小时就能到的国家也有很多美丽又精彩的地方值得探寻。通过新加坡那个狭小但备受赞誉、工作效率极高的飞机场，出境和入境都让人心情愉快。住在新加坡，虽然很狭小却能尽享亚洲的美景，在这里居住会给我们带来最大的便利，而这也是一个应该好好利用的条件。

新加坡之夜

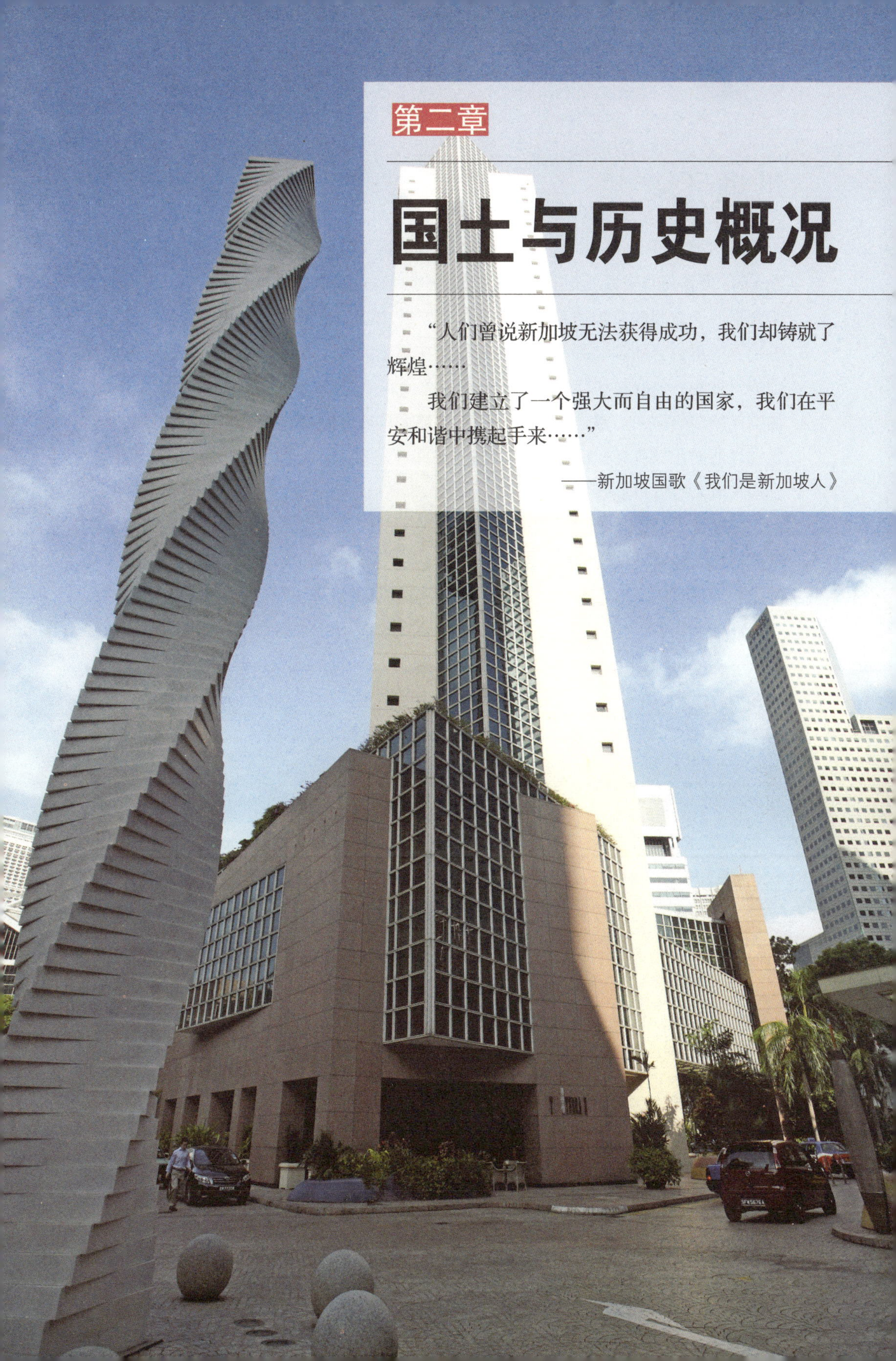

第二章

国土与历史概况

“人们曾说新加坡无法获得成功，我们却铸就了辉煌……

我们建立了一个强大而自由的国家，我们在平安和谐中携起手来……”

——新加坡国歌《我们是新加坡人》

地理环境

新加坡位于赤道以北137公里，处于马来半岛的南端，由柔佛海峡（Johor Straits）将其与马来西亚相隔开来，地理位置具有重要的战略意义。位于马来西亚与印度尼西亚之间的新加坡是东南亚海上贸易的中心，也在其历史和发展过程中扮演了重要的角色。新加坡由一个大岛和散布在周围的63个小岛组成，正如上一章所提到的，这些岛屿合在一起的面积也不大，总面积不过682.7平方公里，只相当于华盛顿特区的四倍多一点点。这还得归功于新加坡政府的围海造田政策，因为1960年前新加坡的面积只有581.5平方公里。但这些并不妨碍新加坡利用自己有利的地理位置成为东南亚的中心。

新加坡市位于新加坡本岛的南端，但国家的面积狭小和这些年来的快速发展使城市与郊区的界线日渐模糊。因此，新加坡是一个著名的“城邦”。在本岛上，50%的面积不是居住区就是商业区或工业区，原有的热带雨林也不得不为城市的发展而让位。岛上地势平坦，最高的武吉知马山也才达海平面以上163米。新加坡最长的河流是双溪实里达（Sungei Seletar，马来语中sungei是河流的意思），它绵延15公里，而最

新加坡滨海湾风光

知名的新加坡河则长仅3公里，其因为每年在河上举行的各种活动和类似驳船码头（Boat Quay）样的夜游地而遐迩闻名。

新加坡国花胡姬花（兰花）

气候

如果你来自一个四季分明的国家，在这里你将遇到的最大的挑战来自于气候。你很可能需要过上好几个月的时间才会觉得“舒服”一点。可是当你刚刚觉得适应了一点，气候又变了。不，新加坡没有四季——尽管有的人也许不同意这种说法——有四季分明气候类型经验的你，会觉得没有永远相同的天气。

这个位于东南亚赤道季风地带的城邦全年都属于热带性气候，由于降水充沛，这里终年潮湿，气温并不太高，1月的平均气温为25℃，6月平均气温为27℃。一年中最热的时候是7月，此时正值西南季风（自6月至9月）吹过新加坡。这段时间内雨量最

有些当地人会笑着说，刮东北季风的时候就是新加坡的冬季，刮西南季风的时候就是新加坡的夏季，而春、秋两季则介于二者之间。从某种程度上来说，这种说法还是有道理的。撇开气温不谈，你有时候能看到当地的很多鲜花在四五月就已经怒放，而树木在10月和11月就开始落叶。但在过去的五年中，这种气候模式有了些许的变化，也许是由于全球变暖所致。鲜花盛开的时间虽然没有改变，有些新加坡人却因为某些反常天气的出现而感到奇怪，例如6月和7月出现了暴雨和冷气流，12月却出现了炎热而潮湿的天气。当然这些都只是一种感觉，因为新加坡变得越来越工业化，越来越多的新加坡人大部分时间都在空调房里度过。

"大河"奔流

新加坡境内河流众多——尽管用河流一词来形容它们也许并不太恰当，因为它们大都又小又短。一个当地人这样来描述他是如何真正了解新加坡河的。

"我一直认为一条河流的源头应该在一处较高的地方，由于重力的作用，河流往下游流去，并流向出口。当我站在遮阳路（Havelock Road）边的新加坡河岸上时，我想我们国家这条最著名的河流的源头肯定在武吉知马山，或者在那附近，因为那里是新加坡最高的地方。回家后我做了一些研究，发现按照这条河的长度（3公里），只能从河的入口处到堪森路（Kim Seng Road），离我开始所站的地方并不远。仔细查了一下地图，我确定这条河往上游走就是亚历山大运河。不，这条河并不是从任何高地流下来。我突然明白，新加坡河只是一个小水湾！我既吃惊又失望。但是我想这也正是因为我们国家面积太小。毕竟，世界上有些国家的湖泊也要比我们的本岛大得多！"

圣若瑟教堂

新加坡风云突变的热带气候

少，温度也最高，因为吹到岛上的季风相对较弱。此时也许不是光临新加坡的最好时间，因为岛上可能会非常闷热潮湿。即使那些在这里住了许多年的人也想时时泡在游泳池里。年底的时候则正好相反，因为从11月到次年3月东北季风扫过新加坡，带来了丰富的降雨和强风，即使这时的气温仍有26℃，大风也能使温度有所下降。这几个月下午和傍晚常有雷阵雨，有时候你甚至可以利用雷阵雨对时。从11月到次年3月的平均降雨量为250毫米，对许多人来说经过西南季风带来的长时间的闷热后，这的确是个清凉的季节。

历史

前殖民时期

关于这个岛19世纪以前的情况，历史上文字记载很少，因此人们对那时的情况知之甚少。对19世纪前新加坡的了解往往来自旅行家的记载、皇室的抄本和世代相传的口头描述。不同的人对新加坡的称呼不同，也造成了一定的混乱。公元3世纪，中国的商人称这里为“婆罗洲（Pu-luo-chung）半岛尽头的小岛”，而在1320年元朝皇室的手抄本中提到的这一地区被称作龙牙海峡（Dragon’s Tooth Strait）或龙牙门（Long Yamen），该手抄本还描述了这里某个岛上的一个港口。马可·波罗曾提及一个叫作赤阿马斯俄（Chiammasie）的地方，而一个叫汪大渊的中国航海家于1330年记载了一个叫淡马锡（Tan-Ma-Hsi）的地方。

将这些记载拼凑在一起，历史学家们大致了解了11世纪到14世纪这段时间里在这个岛上的人们的生活。他们大多认为这个大岛是苏门答腊王国（Sumatran Empire）室里弗逊（Sri Vijaya）王朝的一个前哨站，因为其具有战略意义的地理位置成为该地区非常繁荣的一个海港。据说这个岛的所有权后来又转给了爪哇国的满者伯夷国王（Majapahit）。在此期间，该岛遭受了邻近王国的数次攻击，他们只为了利用该岛的

尼拉·乌达玛

在众多关于新加坡岛何以被命名为新加坡拉的传奇故事中，有一个故事与苏门答腊王子尼拉·乌达玛有关。这个故事有几个版本，下面要讲的是一个最流行的版本。有一天，王子在廖内群岛（Riau Island）上打猎时爬上了一座山崖远眺，这时他瞥见远方有一座有着白色沙滩的大岛。这个岛引起了王子极大的兴趣，他随即带着随从登船向大岛航行。不料海上掀起了狂风巨浪，王子将自己的王冠扔向大海才使得海浪平息下来。当王子一行上岛后，一个有着黑色的头、红色毛茸茸的身体和白色脖颈的巨大怪物突然出现。王子慌忙举起弓箭，但这个怪物金色的眼睛凝视了王子片刻，发出一声嘶吼后转身优雅地踱入了丛林中。这个怪物让王子心驰神往，忙问随从这是何方神怪。随从中有一个智者告诉王子，那是一头狮子。王子深信这头狮子是一个吉兆，决定在这个岛上长住并统治这里。从此他把这个岛命名为新加坡拉，singa是狮子的意思，而pura则指城市。

有利地形以促进本国与其他国家的贸易往来。

14世纪末爪哇国的一些石刻文字显示这里叫作淡马锡（Temasek），即“海城”。这个名字最初出现在1365年完成的一本名叫《爪哇史颂》（Nagarakretama）的书中，后来又出现在15世纪一本叫作《国王列传》（Pararaton）的书中。然而这个岛曾经在某个时候被命名为“新加坡拉”（Singapura，梵语中狮城的意思）。这个名字可能得自南印度克拉王国（Cola Kingdom）的国王拉金德拉，但也有人认为它来源于14世纪的佛教徒们，因为他们认为狮子具有佛教上的象征意义。据一本记载了马来半岛600多年历史的典籍《马来纪年》（也称作Sejarah Melayu）描述，这个岛是以自1299年至1347年间在这里统治了48年的国王尼拉·乌达玛（Sang Nila Utama）的名字命名的。

14世纪末，由于王国之间的争战，新加坡拉岛逐渐衰落。这时马六甲（Malacca，又称Melaka）日渐崛起，成为这一地区最重要的港口，新加坡拉逐渐被人们遗忘。400年后，这个岛发展成为马来人聚居的渔村，叫作甘榜（kampung），而海盗也在马六甲海峡出没。

英国殖民统治时期

到18世纪中晚期，几个殖民主义国家如葡萄牙、荷兰和英国将他们的势力扩张到东南亚。英国通过东印度公司分别在槟榔屿（Penang，1786）和马六甲（1795）建立了贸易据点。托马斯·斯坦福·莱佛士爵士（Sir Thomas Stamford Bingley Raffles）就是东印度公司在1805年派往槟榔屿的代表，当时他充分注意到了这一地区的群众政治运动和荷兰在这一地区的影响力的不断增长。他认为有必要开辟一条横穿马六甲海峡的贸易线路，而且在海峡南边应有一个港口，供从英国或印度前往他们最新的贸易伙伴——中国的英国船只停靠。1819年1月29日，莱佛士出发去廖内群岛寻找一个可供选择的岛屿，途中他登上了新加坡拉。上岛后，莱佛士发现这个沼泽密布的地方住着华人种植者、土著人和马来人。丰富的经验告诉他这个地方的位置极为有利，他立刻判断这就是东印度公司需要的岛屿。一星期之内他与柔佛苏丹（当时新加坡拉的统治者）及天猛公（Temenggong，苏丹在岛上的代表）签订了一个正式的条约，规定英国每年付给这两人各8 000西班牙元（当时通用的货币）以交换独家在这里建立一个贸易港并在岛上定居的权利。正是由于莱佛士的远见，他被尊为新加坡的奠基人。

在东印度公司的派遣下，莱佛士很快又前往其他的港口，由威廉·法库哈（William Farquhar，1774—1839）作为驻扎官（Resident）负责监督港口的建设。法库哈担任马六甲驻扎官长达15年的时间，具有丰富的经验，他很快就使一切都有条不紊地进行着。由于森林都被砍伐用来修建更多的房屋，结果人们受到老鼠、昆虫、老虎和鳄鱼的威胁，法库哈不得不采取措施解决这些问题。当他看到被海盗杀死的人的头骨冲到岸上时，他决定应该定期将这些遗骸清理干净，才不会吓跑那些准备靠岸的水手们。尽管他殚精竭虑，却时时受到莱佛士和东印度公司的制约，因为他们对他的举措多有限制。他遇到的一个主要问题就是无法课征贸易税，因为新加坡的定位就是一个免税港。为了筹集公共事业所需的资金，例如建立警察部队等，法库哈采取了一些极端的措施，包括使鸦片贸易和赌博合法化。

莱佛士在各个岛屿之间巡游时曾于1822年回到新加坡岛，他对法库哈采取的一些措施非常失望，决定自己着手处理相关事务。他为不同的族群（马来人、华人

莱佛士像

和印度人）划分了不同的居住区，每个族群都要任命一个首领，他们被称为甲必丹（Kapitan）。这些首领作为族群与英国之间的联络人并负责保持各自族群的稳定。莱佛士将过去的木屋全部换成砖瓦房，并对商业区内的道路设计进行了合理的规划。接下来他又在福康宁地区（Fort Canning）兴建了政府大楼， 并下令关闭赌场，废除了奴隶制度。他还要求实行土地登记制度，修建了一座植物园，集资兴建了一所为当地培养公务员和教师的学院。他从当地的英国人中选拔并任命了一批官员以监督和促进相关法规的制定和执行。

由于不同意法库哈对新加坡的一些问题的解决方式，莱佛士最终要求法库哈辞职，而后者不得不照办。法库哈的继任者约翰·克劳福德（John Crawfurd，1783—1886）于1823年5月到任，三周后莱佛士离开新加坡，以后再也没有回来过。

丰富多彩的建筑

到1823年，新加坡已经大大超过英国政府的预计，跃居槟榔屿之上成为往来该地区船只的首要停泊港口。1824年英国与荷兰签订条约，对该地区的势力范围进行了划分，规定马来亚和新加坡归属英国，之后新加坡岛由柔佛苏丹转让给英国。到1825年，在这个岛上进行的交易总值已经超过了马六甲和槟榔屿的总和。新加坡作为著名的自由贸易港吸引了来自中东、欧洲和美国的贸易商。1826年，新加坡、槟榔屿和马六甲合并成为海峡殖民地（Straints Settlement），使得这三个港口的贸易都得到快速发展。1832年新加坡成为这个殖民地的行政中心。由于英国东印度公司失去了与中国的独家贸易权，他们在马来亚地区的利益也受到影响，因此在1867年海峡殖民地成为英国政府直接控

红灯笼

制的直辖殖民地。

然而此时新加坡的经济已得到繁荣发展，吸引了很多华人、印度人和马来人到此淘金。这个国家的人口开始快速增长，到1860年人口已达到8万。随着蒸汽船的发明和1869年苏伊士运河的开凿，新加坡作为贸易港的地位日渐巩固。到了20世纪，随着包装工业和汽车业的发展，西方各国对锡和橡胶的需求日渐增长。新加坡有利的地理位置使之成为全世界最繁忙的港口之一，也促成了1921年丹戎巴葛（Tanjong Pagar）地区沿岸5公里长的码头的建成。第一次世界大战后英国人觉得有必要在马来亚建立自己的军事防御力量，遂于此时在这里建立了一个海军基地（后来成为一个空军基地）。

日本占领时期

在新加坡辉煌的历史中，因为第二次世界大战爆发而被日本占领的那段时期却是非常黯淡的一页。英国人一直以为新加坡固若金汤，但在1941年12月8日的早上，新加坡遭到日本炸弹的轰击。同时日本军队开始从马来亚向这个小岛进发。1942年2月，日军穿过柔佛海峡进入新加坡，与奋勇抵抗的英军进行了激烈的交火。最后英军不敌日军，新加坡落入日本人手中。

其后的三年，岛上的生活极为悲惨，比英国人统治时期难过得多。具有讽刺意味的是，日本人还宣称要把东南亚各国从殖民者的魔爪中解放出来。日据时期，新加坡被更名为昭南岛（Syonan-to，南岛之光的意思），此时的新加坡人生活在巨大的恐怖之中，他们尤为害怕日本的秘密警察（Kempeitei），这些警察往往只为了一点小事就将无辜的群众关进监狱，折磨他们并残忍地将之杀害。在肃清大屠杀（Sook Ching massacre）中就有数万名华人被集体杀害，这也只是日军暴行的其中一个例子。

亲耳倾听

在以下这个网站，你可以听到在日据时期生活过的人们亲口讲述当时的生活情景：

http://www.knowledgenet.com.sg/singapore/index.asp?title=OH/OH.html&hdr=BI

在当时，日用必需品凭定量供应卡购买，但随着战事的拖延，准许购买的数量越来越少。香蕉币（因为货币上印有香蕉树而得名）的发行使日本人得以控制整个经济，黑市交易也日渐猖獗。其后日本人无止境地印发香蕉币最终导致了严重的通货膨胀。由于日用必需品短缺，很多人死于营养不良和各种疾病。

1945年8月14日，日军最终向盟军投降，但一个月后英军才得以接管政权。在这一个月内，新加坡岛处于无人管理的混乱之中，许多基础设施被毁坏，岛上尽是抢掠和屠杀事件。

独立之旅

新加坡国旗

1945年英国军队接管政权后，新加坡处于英军的直接管辖之下。随着1946年海峡殖民地的解散，新加坡成为直属殖民地，而马来半岛（包括槟榔屿和马六甲）则成为马来亚联盟。该联盟后于1948年更名为马来亚联邦。这主要是因为英国人考虑到新加坡岛上大部分居民为华人，如果要求他们成为马来亚公民，可能会带来一系列问题。这一举措对新加坡非常有利，也使新加坡在立法方面得到了很大发展。1948年3月，新加坡举行了历史上第一次选举，尽管只是选出了立法委员会的六名成员。1955年，新加坡举行大选，选举行政及立法会议员并成立了联合政府，大卫·马绍尔（David Marshall）任首席部长（Chief Minister）。一年后，因与英国政府就新加坡完全自治的谈判破裂，马绍尔辞职。他的副手林有福（Lim Yew Hock）接替他任

与亲共产党人合作时期

为了脱离英国的殖民统治并赢得全面独立，人民行动党（政府内的主要大党）与亲共产党人进行了合作，但他们的合作并不稳固。随着二者的关系日益紧张，1961 年亲共产党人脱离人民行动党，组成了自己的政党——社会主义阵线（Barisan Sosialis）。

动荡年代

对于新加坡来说，20 世纪 50 年代是一个动荡的年代，1951 年英国宣布这里为一座城市，小岛上的人们想要努力消除战争带来的影响并积极争取独立。

这一时期最令人痛心的事件是由马丽娅·赫托（Maria Hertogh）抚养权案件引发的暴乱。当时有一位名叫马丽娅·赫托的 13 岁女孩，她自小由一位她称作“妈妈”、名叫艾米娜·宾特·穆罕默德的穆斯林妇女抚养长大，但法院判定她应交由她的荷兰籍信奉天主教的生身父母抚养，艾米娜上诉到高等法院要求推翻先前的判决，却被高等法院驳回。信奉伊斯兰教的穆斯林群众对这一判决非常愤怒，他们于 1950 年 11 月 11 日发动了暴乱。这次暴乱持续了 3 天，导致 173 人受伤和 18 人死亡。

1955 年 4 月末，李福联合汽车公司（Hock Lee Amalgamated Bus Service）的工人（其成员主要来自新加坡公共汽车工会）进行罢工，5 月 12 日，一群华人学生加入到骚乱中，这就是后来众所周知的“黑色星期四”。警察试图用催泪瓦斯和高压水枪驱散 2 000 多名罢工工人和

新加坡国会大厦

学生，却遭到他们投掷石块还击。一位当时 20 多岁并怀着头胎的妇女心有余悸地回忆说，她和同事在按约接送他们上下班的公共汽车上也遭到了石块的袭击。当时车上有一位马来裔的警察试图帮助他们，但是却无济于事。他们最后总算安全到达目的地，骚乱一直持续到第二天早上。此时已有 4 人死亡，31 人受伤。

1956 年，来自新加坡华文中学学生会——此前已被首席部长林有福解散的学生在两个学校内进行了为期两周的静坐示威。10 月，当局发出最后通牒，要求学生撤离，但学生拒绝撤离，示威进而演变成骚乱。骚乱持续了 5 天，造成 100 多人受伤，13 人死亡，900 多人因涉及此事被捕并被关押至 1959 年。

首席部长并继续与英国政府就新加坡自治进行谈判。最后他们敲定了新加坡宪法中新的条款，与英国政府于1958年5月28日正式签订条约。1959年新加坡再次举行大选，选出了立法会全部51个席位。在1955年大选中，赢得了4个席位的人民行动党（The People' s Action Party, PAP）在这次选举中获得43个席位。同年6月3日，新的宪法出台；两天后，新加坡国政府宣誓就职，林有福任第一位首相。

1961年5月，马来亚首相东姑·阿都·拉曼（Tunku Abdul Rahman）提出希望马来亚联邦、新加坡、沙捞越、北婆罗洲和文莱合并，由一个中央政府处理内部安全事宜。1962年9月就此事进行的公投显示多数新加坡人支持这一合并。1963年，马来西亚建国。文莱是唯一一个拒绝加入联邦的国家。但是这次合并的时间并不长，两年后即1965年8月9日，新加坡脱离马来西亚宣布独立。

里程碑

作为一个主权独立的民主国家，1965 年 9 月 21 日新加坡被批准加入联合国，成为第 117 个成员国。同年 10 月 15 日，新加坡加入英联邦。这一年的 12 月 22 日，新加坡成为共和国，本杰明·亨利·薛尔思（Yusof Bin Ishak）成为首位总统。1967 年新加坡成为东南亚国家联盟（Association of South East Asian Nations）的创始成员国之一。

独立初期

新加坡城市雕塑

新加坡独立后进入了广泛、强劲的经济发展时期。各种工业园区开始兴建，1968年新加坡通过了就业和工业关系法案以保证劳工问题的和平解决。

公共住房问题是一件大事，新加坡于1960年成立了建屋发展局，负责房屋和新兴城镇的建设以及建好的房屋能以低价出租给民众。新加坡鼓励个人购房，所以新加坡人能获得中央公基金（Central Provident Fund）贷款（新加坡政府为所有有工作的新加坡人提供的综合储蓄贷款计划）来购置房产。

新加坡政府对基础设施的建设也非常重视，他们建设了各种道路，完成了电信设施的铺设，还对港口和海港进行了现代化改建。1961年成立的新加坡经济发展局（Economic Development Board, EDB）于1968年进行了重组以更好地适应经济发展的需要。1970年，新加坡金融管理局（Monetary Authority of Singapore, MAS）成立，其主要职能是制定和实施金融政策。同年，新加坡发展银行（Development Bank of Singapore，DBS）和裕廊镇管理局（Jurong Town Corporation）也相继成立。1972年邮政储蓄银行（the Post Office Savings Bank, POSB，一家自1877年就已经成立的银行）成为一家法人组织，该银行向储户提供无息储蓄贷款，以吸引新加坡人积极进行储蓄。

教育也同样成为新加坡政府优先发展的重点部门，并为之制定了相应的政策。他们将英语定为官方语言以促进新加坡和世界其他国家的交流，也使英语成为联结新加坡国内各族人民的纽带。

新加坡深知需要拥有自己的国防力量，遂于1966年成立了新加坡武装部队军训学院（SAFTI，Singapore Armed Forces Training Institute），并于次年实行了义务服兵役制度。20世纪70年代，新加坡建立了空军和海军司令部。在1971年10月英国军队撤出新加坡之前，这个国家已经具有在军事上自卫的能力。

今日新加坡

21世纪的新加坡已经远不是19世纪初那个海盗肆虐的小渔村或20世纪60年代时羽翼未丰的新政权。如今这个国家的自然资源依旧贫乏，但对于自己战略性地理位置的充分利用和自由贸易的实施使新加坡一直是世界商业和工业中心。新加坡被视为世界上最繁忙的港口之一，任何时间都有多达700艘大型船只进出港口。

但是这个国家并不仅仅满足于成为世界贸易中心，新加坡的日益发展已使其成为世界尤其是东南亚的金融业和银行业中心。不仅如此，新加坡还致力于发展制造业，

千帆竞发的海面

特别是电子制造业、炼油和物流业。而政治和经济上的稳定、完善的基础设施和发达的通信网络又使新加坡的发展如虎添翼。除此以外，新加坡旅游局也成功地使新加坡成为世界最受欢迎的旅游目的地之一。在过去的10年（1996—2005）间，到访新加坡的游客人数增长了22%，2005年光临新加坡的游客人数达到8 900万人次。随着更多国际性活动的开展以及两大综合旅游度假村（Integrated Resorts）的开张，这个数字还会上涨。

政治体制

新加坡是实行议会民主制度的共和国。所有登记注册的成年公民年满21岁后都应参与投票。

新加坡议会属一院制，议会内现今共有84名选区议员和9名官委议员，这些议

员中至少必须有3名反对党议员。自1959年始人民行动党一直在议会拥有绝大多数席位，有时甚至是参选的唯一一个政党。新加坡最近一次选举是在2005年，人民行动党获得了82个席位，工人党（Worker’s Party）和新加坡民主联盟（Singapore Democratic Alliance）各获得一个席位。在9位官委议员（Non－Constituency Member of Parliaments, NCMPs）中必须有8位是对社会做出过突出贡献、德高望重的新加坡人士。余下的一席则由反对党中得票最高的参选人获得（2006年这个席位由工人党的一位议员获得）。议员的任期一般为5年。

国家的执政机构为总理和内阁。总理由在议会中占多数的执政党领袖担任，内阁成员由总理任命。

新加坡的国家元首为总统，自1991年宪法修正案通过后，总统由人民直接选举。宪法的修正还包括扩大总统的权力，在国内安全事务、政府预算和议会任命等方面赋予总统更大的权力。由总统在甄选委员会提名的基础上任命官委委员。

新加坡的司法制度借用英国的普通法体制，最高法院享有司法的最高权力，最高法院由高等法院和上诉法院组成。最高法院的法官（包括院长和其他7名法官）都由总统任命。

远眺新加坡

第三章

新加坡人民

"'多元化'是新加坡的特征：多语言、多种族、多种宗教、多种文化、多工种作业，别忘了还有我们的多层停车场。"

——Otsuka Keiko，学生，选自《构成新加坡人的要素》

如果你让任何一个住在新加坡的当地人或是外国人用几个词来描述新加坡，“多元文化”一定是每个人都会提到的词语。新加坡人主要由四大民族构成，每个民族都有自己的文化传承和价值观，这些文化和价值观已深深地融入了新加坡的过去和现在。来自邻近国家的移民建立了这个国家，它的政府也一直坚持促进不同种族的国民之间的和谐共处。因为新加坡的领导人深知对于这样一个小国，国家的分裂会导致严重的后果，因此，各民族和谐共处是新加坡的立国之本。更为可喜的是，新加坡政府鼓励每个民族保留自己的习俗和传统，而不是试图把新加坡变成一个大熔炉。在这里每个人都有鲜明的特色，却又是整体中不可分割的一部分。当地人把新加坡戏称为“凉拌菜”（rojak），指的是马来西亚一种水果和蔬菜混合的凉拌菜，寓意为新加坡的多民族混合又相对独立。这样说的确贴切，也足以让新加坡人为自己的种族多样性与和谐性感到自豪。

即使作为外国人，你也

鱼尾狮雕像

庆祝各民族和谐共处

种族和谐在新加坡的文化中举足轻重，政府甚至将 6 月 21 日定为庆祝这一理念的节日。之所以选择这一天，是因为 1964 年的这一天发生了种族冲突的暴乱。在这一天，政府号召学生们庆祝“种族和谐日”是为了教育他们。过去由于社会分裂，国家陷入危机，政府鼓励他们思考和庆祝种族和谐给国家带来的成功。

新加坡寺庙装饰

能很快适应这里的社会。在新加坡生活的人中有1/4是外国人，所以在这里你很难因为是外国人而引起其他人的惊奇。当然你很快会被归入一般所谓外国人或红毛（ang moh是福建话“红头发”的意思，通常指白种人）的行列，并被贴上各种与外国人相关的标签。当然，一来就被归入任何一种类别让人有些生气。我至今还对于被贴上某些标签而耿耿于怀，但这就是新加坡人做事的方式，他们习惯给所有事物分类并贴上标签。这里有专供外国人阅读的出版物，专为外国人提供的服务，专为外国人设计的旅游度假服务，专为外国人提供的一切。在这里外国人被归为一个“民族”，不过可别忘了，也许我们自己在国内时也是这样的噢。

新加坡人给一切事物归类是他们的民族性，而且他们这样做并非出于恶意。一个外国人在这里，也许比在亚洲其他国家更能容易地融入当地的社会。当然这需要一定的时间和毅力，但最重要的是，新加坡人已习惯于和不同宗教、不同文化以及不同背景的人融合在一起。

新加坡的多元文化可谓丰富多彩，我们这一整本书可能都无法尽述。接下来的部分只是对新加坡多元文化的历史和背景做一个简单的描述，随后作者会对四大民族进行更详细的探讨。当然这本书并非巨细靡遗，但也能让你在开始自己的探索之旅之前初步领略新加坡多元文化的奇趣。

背景及历史

上一章我们曾经提到，新加坡是英国人于1819年设立的一个贸易港。为了改善家庭的生活条件，许多华人、印度人和印度尼西亚人纷纷离家来到这里，与早已经生活在这里的马来人共同工作、生活。后来莱佛士将不同的民族分隔开来，于是形成了如今的中国城（牛车水）、小印度和阿拉伯街。

然而，新加坡独立后，政府富有远见地意识到：如果一个小国存在任何族群之间的对立以及实质性和情感上的隔膜，都将无法实现国家的繁荣。族群的团结至关重要，团结和社会和谐成为这个多元文化政府的基本国策。由于新加坡历史的独特性，这四个主要族群之间千差万别，远非所谓华人、马来人、印度人和欧亚人这样的称呼

牛车水

所能代表。不仅如此，我们还应该注意到，当移民来到国外后，他们有自己的语言、宗教和习俗，从而产生了一个从他们的原有文化衍生出的“亚群体”。例如，这里绝大多数的印度人是第三、第四代印度人，然而他们却无法代表生活在南亚次大陆的印度人，这一点毫不奇怪。这里的华人也与生活在中国内地的中国人不一样。他们会自豪地告诉你，无论他们的祖先来自哪里，他们是新加坡人。

年轻人

华人

数字能说明一切，新加坡总人口的76.8%都是华人，因此华人对新加坡有着决定性的影响。这些主要来自中国内地东南部的华人拥有不同的方言和文化。繁衍至今的五大华人族群为福建人（Hokkiens，来自南部的福建省），潮汕人（Teochews，来自广东省东部的汕头），广东人（Cantonese，来自广东省中部），客家人（Hakkas，来自中国中部）和海南人（Hainanese，来自南部的海南省）。很多华人亦来自马六甲和槟榔屿以及马来群岛的其他地区。

早期来到这里的华人是为了赚钱来养家糊口，尽管他们大部分并非是熟练技术工人，而是卖苦力谋生和精通某一门手艺的手工艺人。他们住在新加坡河边单独规划出的中国城内（避免与其他种族的纷争）。历史记载表明，莱佛士曾经在中国城内划出特定的区域供来自不同省份的华人居住：福建人住在直落亚逸（Telok Ayer）和厦门（Amoy）街，潮汕人靠近新加坡河居住，广东人住在水车区（Kreta Ayer Area）。我们可以发现一个很有趣的现象，那就是具有不同族群背景的人从事的总是特定的行业。福建人善于经商和务农，所以他们多半在橡胶业和银行业取得成功。潮汕人也是精明的商人和成功的农学家。而广东人和客家人则善于建造房屋，因为他们擅长木工、制砖和干家务活，例如烘烤、理发、裁缝和制鞋。海南人则以从事饮食和服务业闻名，他们的烹调手艺也为人称道。

民族性和价值观

我们都知道华人非常勤劳，家庭观念重，节俭、迷信，也很传统。他们中很多人在新加坡土生土长，可能对自己的祖国没有很深的情感，然而有些人却仍然秉承着祖

金玉良言

"己所不欲，勿施于人。"

先流传下来的敬业精神。尽管面临现代化和西方化的冲击，他们仍然努力维护自己的传统价值观。

华人之间有着强烈的精神纽带，情感、义务和责任感将他们和周围的人例如父母、同胞、亲戚、社区和国家紧紧地联系在一起。他们毫不推崇个人主义，这一点和西方人截然相反。正是这种紧密的联系使华人非常"爱面子"（想要了解更多的话，请看第四章：入乡随俗），他们绝不会做让自己丢脸的事情，因为这会使整个家族蒙羞。

孔子像

中国人对儒家思想深信不疑，儒家思想对他们与其说是一种宗教，还不如说是一种行为准则，或者是生活哲学。对儒家思想的深入了解可以帮助你理解新加坡人的思想，以及儒家的道德价值观对新加坡政府的执政方式的影响。例如，孔子强调家长式的统治作风，统治者应该仁慈、有德，臣民则应恭敬、服从。这在新加坡的华人身上显露无遗。

我们当然也应该注意到新加坡的华人中也有佛教徒和道教徒。虽然有人宣称这是宗教，但是也有人会告诉你这其实是一种生活方式，因为这两种宗教的教义都在告诉人们，怎样的生活方式能让他们颐养天年。现在似乎也有越来越多的华人信仰基督教。但是必须记住，即使某个华人信仰基督教，但是这并不代表他或她已经不是华人。很多华人基督徒依然会遵循祖先留下的习俗，例如，庆祝中国农历新年，但这并不影响他们相信基督教的教义。

其实，除了宗教信仰，很多华人仍然坚信，或者至少了解某些古代中国人的信仰，例

中国式红灯笼

如中国星相学和占卜术。每个人都知道中国的十二生肖，有些人（甚至是信仰基督教的人）会在阴历七月（据说是鬼月）特别小心，很多人也非常在意风水以及它对一个人运势的影响。不管华人变得如何西式化，这些从祖先传下来的东西还是会被一代代地传承下去。

传统

华人通常有两个名字和一个姓，姓放在名字的前面。例如，如果一个人叫作吴成俊（Wu Chengjun），他的姓就是“吴”，名字就是“成俊”。在正式的场合别人也许叫他吴先生，他的家人和朋友会叫他成俊或小俊。一位女子出生时随父姓，结婚后也许会或者不会冠上夫姓。过去，一旦女子结婚后就不再是娘家的人，她只能用夫姓。由于新加坡受西方的影响渐深，华人妇女现在可以选择自己的姓。例如，如果前面我们提到的吴娶林美玲（Lin Meiling）为妻，他的妻子就可以选择是被叫作吴美玲太太还是保留自己的父姓被叫作林美玲夫人。很多妇女认为还是模糊一点好，于是选择了“女士”（Ms）这个称呼。如今还有一种风俗就是已婚女士可以选择复姓，例如美玲就可以选择被称为林吴美玲。通常她们会将父姓放在夫姓的前面，但有时候这个顺序又似乎被打乱了。这也许和她们名字的发音有关。

如今新加坡人也有些会使用西方人的名字。这些名字通常是他们出生时父母所

首位总统

新加坡首位总统是马来人尤素夫·依萨（Yusof Ishak，1910—1979），于 1965—1970 年在位。如今，在两元、五元、十元、五十元和一百元的新加坡币上我们还可以看到他的头像。

中国狮子

选，特别是当父母是基督徒时，情况更为普遍。当然也有些人是长大后自己选择了西式名字，也并没有特别的原因。例如，当地有一位名人就叫“九”（IX），大家猜测也许他喜欢“九”这个数字，因为“IX”在罗马数字中代表“九”。

一个人也可以同时有一个中文名字和一个西式名字。例如，我们的吴先生夫妇也许想为自己的大儿子取名亚当·吴德成，二儿子叫本杰明·吴德明。是的，很多华人家庭里儿子的名字中都有一个字相同，女儿的名字中则有另一个字相同（在我们所举的例子中，吴家两个儿子的名字中都有一个“德”字）。然而这种习俗现在也渐渐被废弃了。

新加坡的华人每日穿的都是西式服装。传统的中式女服“旗袍”（cheongsam）只在特殊的场合如婚礼或农历新年时才会穿着。

马来人

马来人是新加坡第二大民族，占总人口的13.9%，也是新加坡岛的原住民。他们原来占人口的大多数，但很快华人人口就超过了他们。“马来”这个词包括了很多邻近地区不同的民族。马来人中大多数来自马来半岛，也有一些是来自苏门答腊岛、廖内群岛、爪哇岛和苏拉威西的不同民族的印度尼西亚人。马来人普遍信奉伊斯兰教，宗教在他们的生活中占有重要的地位，共同的信仰使他们的联系非常紧密。马来人生性热情、好客，他们给新加坡的发展留下了不可磨灭的影响。无论是食物、街道的名字、语言、国歌，还是其他的很多方面，马来文化的影响随处可见。

尽管马来人是新加坡岛上的原住民，当时他们的生活却异常艰辛。英国殖民者对这些原住民有着先入为主的偏见，认为他们只是头脑简单的农民。因此，殖民者充分利用了后者的忠心和顺从。马来人中有的成为杰出的政治家、士兵，也有的在不需要任何技能的公共部门服务。

在竞争激烈的新加坡，马来人仍然取得了不可小觑的成就。少数人可能觉得被占主导地位的华人文化和政治边缘化，大部分人还是在努力提高自己的社会地位，他们在新加坡的发展过程中充分展现了自己的坚忍和天赋。他们在新加坡的艺术、文化、媒体以及其他领域都做出了重要的贡献。近两个世纪以来，越来越多的马来人在经济和政治领域崭露头角，其中也不乏一些德高望重、影响力颇高的女性。

民族特性和价值观

新加坡的马来人大多是穆斯林，一部分印度人和少数华人也信奉伊斯兰教。他们的宗教信仰并不极端，对别人信仰不同的宗教也并不排斥。他们从幼时起就被教育要学会礼貌，谦虚，要懂得社交礼仪。在所有的民族中，马来人的民族凝聚力最强，他们也最愿意进行慈善捐助。当然，要想全面了解马来人的价值观和文化，就得先了解伊斯兰教。

绝大多数的马来人属于逊尼教派，逊尼派有六大信仰（Rukun Iman），每天必

清真寺

椰浆饭

做的伊斯兰教五大功课（Rukun Islam）和精神支柱（Ihsan）。对穆斯林的日常生活有着重要影响的伊斯兰教五功是：

① 认主独一（shahadah）

见证安拉的独一性，坚信安拉之外别无他主。先知穆罕默德是安拉的信使。

② 按时礼拜（Salat）

每日做五次礼拜以保证安拉常驻每个信徒的心中。

③ 缴纳天课（Zakat）

这是一种体制化的赈济和布施。有两种形式的天课，一种是开斋节布施（zakat fitrah），一种是税捐（zakat harta）。前者是在每年斋月（the month of Ramadan）时向每个穆斯林人征收的捐税。后者则是按一个穆斯林人的财产多少征收的2.5%的天课，其征收的最低标准依据一个人拥有的个人资产（nisab）。天课的缴纳每年一次，时间由个人和企业自定。

④ 斋戒（sawm）

斋戒的目的是帮助信徒克服对物质的欲望，提升精神品质，感受生活悲惨的人们的痛苦。

⑤ 去麦加朝觐（haj）

一个成年穆斯林一生中至少应有一次去位于沙特阿拉伯的圣城麦加（Mecca）朝圣。

这五功是穆斯林人每日生活的中心，它们的影响遍及伊斯兰教的所有节日、假日和一个人一生的所有重要时刻。周五是一个社区的穆斯林集体去清真寺做礼拜的时间。他们的清真寺内没有任何画像，只有装饰的几何图案、植物的图形和伊斯兰艺术重要的组成部分——阿拉伯文字。在清真寺里，信徒在阿訇（imam）的带领下做祷告，男性和女性不得混杂在一起。

尽管受到现代化和西方的影响，不管是年老的还是年轻的马来人仍然坚守一些宗教上的禁忌。这得归功于伊斯兰教历史悠久的万物有灵论和漫长的宗教沿革。风（angin）被认为具有强大的力量，你会听到马来人（其实亚洲人都会）在提到疾病时说“伤风”（风在体内不平衡）或者一个妇女产后“痛风”。

新加坡苏丹清真寺

新加坡姑娘

新加坡航空公司的广告宣传和身穿马来纱笼可芭雅服（sarong kebaya）的新加坡姑娘，已经使这种传统服装名扬四海并成为新加坡的代名词。这种由皮埃尔·巴尔曼（Pierre Balmain）设计蜡染图案的纱笼是新加坡航空公司空中小姐的制服。出乎他们意料的是，现在这种服装无论尺寸大小都可在专卖旅游纪念品的货摊上买到。在某种程度上这种纱笼已经成了新加坡的国服，纱笼上的蜡染图案被印在雨伞或手提包上，随处可见。现在甚至还有身穿纱笼的新加坡芭比娃娃！

身着马来民族服装的新加坡女子

穆斯林对饮食也有严格的规定和限制。最为世人熟知的就是他们不吃猪肉或者猪肉制品（猪被认为是不洁净的动物），也不饮酒。他们吃的食物必须是符合伊斯兰教教义的，吃的肉也必须是由一位穆斯林按照伊斯兰教仪式宰杀的。在烹制和享用食物过程中使用的器具也绝对不允许接触不符合教义的食物。他们不准吃两栖动物（例如青蛙、蛇和鳄鱼）、食肉类动物（例如老虎、熊、老鹰和秃鹫），以及爬行类动物（如昆虫、蜥蜴等）。

穆斯林也不会抚摸一条狗。他们认为狗的口水是不洁净的，身体任何部位或是衣服接触到狗的口水后都要洗干净。因此，如果你邀请一个马来人到家里做客，记得把狗隔离开来，以免使客人不安。

马来人的名字通常都与伊斯兰教和阿拉伯语有关。那是因为他们的父母希望他们能像名字的寓意一样英勇、自尊或品德高尚。

马来人的姓不会代代相传，他们只会简单地把父亲的名字加在自己名字的后面。换句话说，一个叫伊斯坎德尔·法里斯（Iskander Farris）的人只会被称作伊斯坎德尔或者伊斯坎德尔先生，而不是法里斯先生，因为那是他父亲的名字。他的儿子阿贝尔（Abir），会叫作阿贝尔·伊斯坎德尔或者阿贝尔·宾·伊斯坎德尔。宾（bin，或者宾特binte）分别指某某“之子”或“之女”。如今宾或者宾特已经不怎么出现在马来人的名字中。除此以外，马来人的名字中还会加上哈杰（男性为Haji，女性为Hajjah，但都写作“Hj”），表示这个人已经去过圣城麦加朝觐。

谈到服装，也有很多年轻的现代马来女性和男性身穿完全西式的服装。对穆斯林来说，身穿保守、传统的马来服装完全是个人选择。当然，马来妇女身穿传统的枯笼衣服（baju kurung），即在一件过膝的长裙（纱笼）上罩的一件长袖衬衣，也是非常普遍的。她们还会戴上头巾（马来语叫tudung）将头、耳朵、脖子和胸部遮住。这种头巾可以搭配传统的马来服装或者合适的西式服装（必须是长袖，遮住胸部，长度直到脚踝）。另一个主要的配饰则是沙兰登（Selendang），通常是松松地围在头部或颈部。

马来男性的传统服装则是芭迪·枯笼·马来宇·北兰加（纱笼加长袖衬衫和长裤，baju kurung Melayu Telok Belanga），包括一件长袖宽松的衬衣（baju），衬衣下系一条同样质料和颜色的长裙（kain sarong）或长裤（seluar）。在正式场合男性则会在衬衣和长裤之外系上一条及膝的短裙（kain samping），短裙的材质通常是色彩艳丽的织物。他们所戴的风格正式的天鹅绒帽叫作宋古帽（songkok），普通的白色无边便帽叫作宋古哈吉帽（songkok Haji）。

印度人

新加坡三大主要族群中人数最少的为印度人，只占总人口的7.9%，最早来到这

印度教寺庙内部装饰

马里安曼兴都庙

里的印度人多半是来工作好养活在印度的家人。实际上，很多印度人都是乘坐一条名叫斯坦福·莱佛士爵士的船到新加坡来当兵，也就是英国军队中的所谓印度雇佣兵（sepoy）。“二战”前来到新加坡的印度妇女和举家来到这里的印度人少之又少。慢慢地，印度人开始携家带口到这里定居。印度南部的泰米尔人（Tamil）在新加坡所有印度人中占60%，其余的则是马拉雅兰人（Malayalis）、锡克教徒（Sikhs）、古吉拉特人（Gujaratis）、旁遮普人（Punjabis）和南亚次大陆上生活的其他民族，这些民族之间语言不同，信奉的宗教也各异。新加坡的印度民族彼此联系得也很紧密，至今还保持着一些从祖国流传至此的古老习俗和传统。

到19世纪中期，居住在新加坡的印度人增至总人口的10%，绝大部分是从南亚到此靠出卖劳动力为生的穷人（俗称苦力，coolies）、基建活干得好的囚犯（例如砍林开荒、修桥铺路）和技术工人（例如制砖工人、木匠和铁匠）。在新加坡飞速成长和发展的过程中，他们做出了巨大的贡献，修建了南桥路上著名的马里安曼兴都庙（Sri Mariamman Temple）、Istana（马来语“宫殿”的意思，新加坡总统的官邸）和圣安德鲁大教堂。

20世纪印度穆斯林移民所从事的行业中最著名的就是货币兑换。甚至今天你还能在实龙岗路（Serangoon Road）、乌节路（Orchard Road）和银行区看到这些印度货币兑换商的身影。南部印度的雀替尔人（chettiar，即放债者之意）从事的则是另一项金融服务——放贷。由于当时新加坡银行很少，他们就借钱给那些想要自己做生意的人。这些雀替尔人甚至还为自己修建了一座神庙，这就是著名的雀替尔印度庙（Chettiar’s Temple），这座神庙由安纳马莱（Annamalai）雀替尔人兴建，他们举行了一个盛大的印度教传统的大宝森节（Thaipusam），还邀请了英国人和当时的一些重要人物参加。如今登路（Tank Road）上的雀替尔印度庙仍然是每年举行大宝森节游行的中心。

印度人所从事的其他行业对新加坡的影响至今仍清晰可见。北部印度人曾经饲养奶牛、水牛和山羊，他们的牛棚就建在实龙岗路上，因为那里水草肥美（就在如今的小印度的中心地带）。水牛路（Buffalo Road）和加保路（Kerbau Road，Kerbau在马来语中指水牛）上也曾经建满牛棚。此外，梧槽（Rochor）运河的开通给这一地区带来了灌溉水，并且许多印度洗衣工人（叫作多美，dhobis）沿着现在的勿拉士巴沙路（Bras Basah Road）和实龙岗路一带开设了很多洗衣房。如今的多美歌地铁站（Dhoby Ghaut MRT）就印证了当年这些洗衣房的存在（当然只是大概的地点），也意味着对这些洗衣房的纪念，因为Dhoby Ghaut就是指“洗衣服的地方”。

印度人

和马来人一样，移居新加坡的印度人中也存在阶级分化问题。尽管有一部分印度人已进入新加坡的中上层阶级，但是印度人多半还是处于新加坡社会的底层。随着一部分受过良好教育的印度裔新加坡人移民到发达的讲英语的国家，这种现象似乎更加严重。从20世纪90年代开始，新加坡陆续引进了大批受过高等教育的高级技术和商业人才，其中印度人占很大的比例。但是他们是否愿意长期待在新加坡并成为永久居民（Permanent Residents，PRs），甚至新加坡公民还不得而知。此外还有一些短期来到新加坡从事技术性或非技术性工作的印度人，但是他们跟当地的印度裔新加坡人很少打交道。

印度教（Hinduism）

印度教徒相信生死轮回，你在现世所做的一切将影响到你的来世。这种宗教不能中途皈依，你必须生来就是印度教徒。印度神庙是教徒祭拜的地方，在教徒生命中的各个阶段都扮演了重要的角色。绝大部分印度教徒每周都要去一次神庙，因而神庙是举行各种庆祝活动的主要场所。印度神庙一般供奉着印度教三神祇（Hindu trinity）——创造神、守护神和毁灭神，教徒可以在任何仪式中膜拜这三神。新加坡的印度教徒人数非常少，他们极其虔诚，并且保留了一些甚至在印度本国也几乎失传了的宗教传统。

姓名

印度人的姓名因家庭出身或来源地不同而各异。例如，泰米尔新加坡人没有姓。他们把父亲名字的首字母放在自己名字的开头，例如R Subramanian这个人，Subramanian就是他的名字，而R则是他父亲名字Ravichandran的首字母。南部印度人经常将自己的名字缩短，因为他们的名字通常都特别长。

在老一辈印度人中你还可能经常碰到有“s/o”和“d/o”这样的名字。这两组字母表示“某某之子”和“某某之女”，放在名字与姓之间。例如，Sunita d/o Kumar。

如今已经不再有人使用“s/o”和“d/o”了，但是这种姓名的排列方式仍然存在。

北部印度人的取名方式则更加西化。而锡克教徒都使用Singh（男性）和Kaur（女性）作为姓，以表示自己是锡克教徒。印度妇女婚后将不再使用父姓，反之她会将自己的名字冠以夫姓。

印度人的家族观念很强，对国家也非常忠诚，这一点和其他民族非常相似。泰米尔人价值观的中心就是好客和扶贫济困。古代泰米尔传说中就曾经有一位国王将自己的战车送给一棵茉莉花，这个故事告诉我们即使最后一无所有，也要拿自己最好的东西帮助别人。

宗教

居住在新加坡的印度人中，有多半是泰米尔印度教徒，其余的不是基督教徒就是伊斯兰教徒，也有极少数的锡克教、耆那教、索罗亚斯德教教徒和佛教徒。

欧亚人

如今在新加坡“欧亚人”指的是任何继承了欧洲和亚洲血统的人，但过去欧亚人的含义并非如此。15世纪时在华斯高·达·伽马（Vasco da Gama）和其他来自葡萄

小印度街景

马来土生华人中男性叫作峇峇(Baba)，年轻的女性叫作娘惹(Nonya)，而年长的女性则叫作伯伯克斯（Bibiks）。

牙、西班牙、荷兰、英国和法国的探险家们的带领下，欧洲人纷纷在此定居。他们与当地妇女通婚，由此一个独特、鲜明的欧亚次文明开始产生。欧亚人对新加坡的发展也做了许多贡献，最突出的例子就是本杰明·亨利·薛尔思博士（1907—1981），他不仅是新加坡的第二任总统，还是一位著名的产科医生和新加坡国立大学（National University of Singapore，NUS）的首位校长。

由于绝大多数欧亚人的父亲是欧洲人，他们的名字也是欧洲人的名字，由此我们可以判断出他们的祖先来自何方，例如，Cardoza（葡萄牙人），de Souza （葡萄牙人），Jansen（荷兰人），van Culenburg（荷兰人），Clarke（英国人）。今天你也能看到很多长相酷似欧亚混血儿的新加坡人有着亚洲人的姓，说明这种风俗正在悄悄地改变。

价值观和传统

拥有一半欧洲血统的欧亚人多半是基督徒，信奉的是基督教的传统，例如他们在出生时会接受洗礼，在教堂举行婚礼，葬礼后会进行守夜。

因此欧亚人的饮食融合了葡萄牙、荷兰、英国、印度、中国和马来风味，味道香辣、浓烈。

新加坡的中国式建筑

马来土生华人

这些人也叫作海峡华人（Straits Chinese）或者海峡侨生（Straits－born Chinese），他们很为自己独特的文化感到自豪，因为这种文化已经发展、演化了4个多世纪。

Peranakan这个词其实出自马来语，指“土生土长”的意思，如今指的是自17世纪定居于马来群岛的中国人的后代和这一地区的非穆斯林妇女。很显然这些妇女肯定不属于同一种族，因为直到19世纪华人妇女才被允许离开祖国移居他地。这就形成了一种独特的“婆罗洲”文化，与中国本土文化并不相同，因为这种文化既包含了中华文化、马来文化，也体现了殖民地的色彩。马来土生华人文化的三大主要中心在马六甲、槟榔屿和新加坡，正是因为这三个地区都曾属于海峡殖民地。

中国风格的公园

马来土生华人甚至还有自己的语言，叫作峇峇马来语，是马来语和一种中国方言——福建话的混合体。他们也是该地区首批学习英语和西方礼仪的居民，因此和欧洲殖民者有着良好的关系。所以他们很多人后来都开设了轮船公司，有的人则在银行和贸易行工作。

新加坡的马来土生华人的数量已经逐步减少，只是在过去的10年间才出现复苏的迹象。这主要是因为越来越多的马来土生华人和当地的华人结婚，新加坡政府的人口统计将他们归入“华人”这一族群而不再是马来土生华人。还有越来越多的马来土生华人开始西化，许多古老的传统也逐渐消失。如一些马来土生华人独有的传统食物的做法，其制作方法虽然还在，但是现代娘惹们只愿选择更便捷的做法，因为按照传统做法一切都得自己动手准备，太浪费时间。而对老一辈的马来土生华人来说，烹调食物是出于对家人的爱，精心准备的每个过程都会让食物更加美味。

然而，娘惹文化中鲜艳的陶瓷制品、珠绣和银器并不会随着时间的推移而湮灭。新加坡东海岸的加东区（Katong）过去曾是，现在也仍然是马来土生华人最主要的聚居区。马来土生华人的另一个居住区则在翡翠山（Emerald Hill），离乌节路不远。在这两个地方你都能看到典型的娘惹风格、色彩艳丽的建筑和宫廷式的商店、餐馆和饭店，这里出售很多刺绣精美的娘惹服装和配饰。

新加坡华人的新年庆祝活动

新加坡人的民族认同感

我猜这个问题得取决于你问的是一个新加坡人还是外国人。新加坡人通常都非常爱国，也很为自己的国家自豪。要看新加坡人是如何展现自己的爱国热情的，那就在每年的7月去新加坡，从7月直到8月9日国庆节，新加坡举国上下都沉浸在一种欢乐的气氛中，为国庆节的到来做着各种各样的准备。组屋区几乎每扇窗户都插着红白相间的新加坡国旗，直升机在头上盘旋，为国庆游行（National Day Parade）的举行进行训练。新加坡人会排起长队花数小时买一张国庆游行和表演的入场券，同时，电视和广播也会对游行和演出进行现场直播。最令人叹为观止的是，所有参加游行的人都会穿上红色T恤，挥舞着新加坡国旗。电视节目、诗歌、书籍、竞赛——人们利用一切形式表达着对祖国的热爱。我最喜欢的节目则是由两架小型直升机挂着巨大的新加坡国旗在天空来回穿梭，的确是非常壮观的景象。

新加坡的男同性恋与女同性恋

新加坡仍然是一个道德上非常保守和传统的国家，这一点大家都知道。《新加坡刑法典》第337A条仍然认定成年人同性性交违法，最近举行的几次民意调查显示大部分新加坡人还是支持这一规定。尽管近年来新加坡社会对同性恋正逐渐变得越来越宽容，但事实是与其他亚洲城市如东京和曼谷相比，新加坡还是不够开放。在公开场合与同性表现亲密可能会引来其他人的侧目，但是很少有人表现得有敌意或者有明显的同性恋恐惧症。

新加坡这种族群上的多样性和事事追求完美的特点，让我们在新加坡国庆节的庆典活动上一览无余，这也正是新加坡民族特性所在。自20世纪90年代以来，新加坡领

沿着记忆的轨迹

新加坡人是什么样的？

以下观点选自2003年新加坡国庆游行执行委员会出版的《我们新加坡人》

"多种族，讲新加坡式英语，
勇于进取与追求。
努力学习获得一个学位，
买一个学位，免费拿到一个学位。
拥挤的市场和难闻的榴梿，
这就是新加坡。"
——Sherry Tan Wanxin，学生，16岁

"论事实，护照上标明了我们的国籍；
论口味，我们对美食的爱好造就了新加坡；
对外国人而言，新加坡就是新加坡大减价；
对我而言，新加坡就是家门口的小店；
对所有人而言，新加坡就是人民行动党赢得所有大选。"
——Lay Chee Kian，学生，14岁

"新加坡人出去旅行时有如下特点：
不管到哪里，不管吃什么，我们都要加辣椒。
我们会到世界每一个角落找寻最美味的食物。
我们会算计任何一件东西的价值，不管是房产、汽车还是名画。"
——Richard Eu，首席执行官

导人就一直不懈地领导新加坡人试图在现代化和维护传统价值方面求得恰当的平衡。新加坡人对社会认同、种族划分和流行文化的讨论曾引起全世界广泛的关注。直至今天，新加坡人还在就应该讲英语还是母语进行辩论着。这个国家正在摸索自己的道路——新加坡能否既保留自己的亚洲文化传统，同时又实现现代化并与西方接轨，从而在世界竞争中保持自己的优势？如果真有一个水晶球能告诉我们新加坡的未来就好了……

但是，如果要指出新加坡人的特点，我们还是会发现他们耽于美食，喜欢讨价还价和购物。实际上，新加坡的美食是他们的骄傲，只要谈到美食，他们都会滔滔不

绝。每个人都有自己心仪的小吃店和大排档，他们会坚持怎样做一盘鸡饭才最美味，或者哪里的炒粿条（炒河粉，Char Kway Teow）最好吃。吃是新加坡全民性的休闲活动，这的确不是戏谑之言。

新加坡人还有一项全民性的爱好，那就是购物。只要看一眼乌节路上熙熙攘攘的人群，你就知道此言不虚，这几乎成了全民参与的活动。每年6月到7月举行的新加坡大减价（The Great Singapore Sale）活动在当地乃至全世界都颇负盛名。游客和新加坡人会在数不清的商场之间穿梭，在每个减价商品前或挤成一团或排上长龙。在这种全城大减价中商品的折扣通常很低，而且每个商场都会有不同的促销活动。

只做最合算的买卖，新加坡人对此深信不疑。减价、促销、特价，不管在哪儿，新加坡人都喜欢砍价，而且还坚持不懈，不达到目的不罢休。但是在新加坡当地的市场上或社区小店买东西时你可不要期望有太低的折扣（从西方人的眼中看），一般他们只会跟你少要一两美元。就把这种讨价还价当作一场游戏吧，任何折扣都是意外的收获，不要太过投入。

如果你请一个新加坡人来描述自己的祖国，出现频率最高的词应该是kiasu。这个词来源于福建话，是“怕输”的意思，它惟妙惟肖地表现了新加坡人害怕失败、事事

滨海湾金沙

追求完美的性格。有时候这个词被简称为“KS”（啊，新加坡人的又一个特点，任何词都喜欢缩写或者略读），有时候这个词还可以变成kiasi，字面上是福建话中“怕死”的意思，但这两个词实际上表达的意思是一样的。此外，哪里有免费赠品，哪里就有新加坡人。如果要去吃自助餐，新加坡人十之八九会先饿着肚子。新加坡人是“怕输”和“贪心”的结合体，但我猜这跟他们各自的人生追求有关。新加坡人绝不愿失去任何一次省钱的机会，不管是什么形式的降价、折扣还是返券，不管数量是多么微不足道，他们都乐此不疲。只要哪个加油站贴出每升汽油返几分钱的告示，人们总会在这个加油站前大排长龙，每次看到这个情景我都会忍俊不禁。为了几分钱值得那么等待吗？对我，这绝对不值。但对一个新加坡人来说，没准儿他还会觉得很好玩！

当然还有那些开着奔驰、宝马的车主，他们会想尽办法在公路电子收费系统（Electronic Road Pricing）关闭前将车停在高速公路上，只为了少交那一新元的过路费。每天早上9:29的时候，收费站前总排着长长的车龙，等待着电子收费系统在9:30关闭。这算不算是“怕输”？

到新加坡不久，你就会听到人们谈论新加坡人的人生目标就是追求四“C”。这个四“C”和钻石无关，而是票子（Cash）、车子（Car）、信用卡（Credit Card）和

房子（Condo）。有的人还会再加上一个C，代表乡村俱乐部（Country Club）的会员资格。然而我最喜欢的则是新加坡人的五大人生目标：一个老婆（公），两个孩子，三居室的房子，四个轮子（车子）和五位数的薪水。他们是不是很直率？我们不难发现这些目标都非常现实，完全以金钱为导向，但也不要忘了，新加坡是亚洲生活水准第二高的国家（仅次于日本），所以新加坡人已完全习惯于这种时髦、高品质的生活。

透过这些浮躁、奢华的表象，我们可以发现其实新加坡人的家庭观念很重，也很爱孩子（不管是新加坡的哪个民族都是如此）。孩子们所到之处看到的尽是笑脸，大人们会拿出糖果款待他们，或者逗弄他们。一个家庭的生活完全以孩子的学习、生活和课外活动为中心。周末是新加坡人的家庭时间，他们会在早上10:00带着孩子进行户外活动或是逛街，在一个西方人看来，这似乎不太合适，对孩子也不公平，因为这个时候他们应该还在床上睡觉。然而对于周一到周五都得工作的新加坡父母来说，这点好不容易挤出来的时间是唯一能与孩子相处的时间。

相对于他们的物质化生活而言，新加坡人在进行慈善捐助时也毫不吝啬，这从每次慈善筹款最终获得的数目就能看出来。新加坡人的善心不只表现在捐钱的数目上，2004年至2005年亚洲遭受海啸袭击的时候，新加坡人挺身而出，捐钱捐物，利用自己的私人时间向海啸受难者提供各种形式的帮助。人们拥向各种救助中心想要做点什么，却因为那里已经人满为患而不得不回家。所以，新加坡人绝不会在别人需要帮助的时候袖手旁观。

新加坡风光

第四章

入乡随俗

不患人之不己知，患不知人也。

——孔子

要解释、定义或者理解“如何适应”一种新的文化确实不是件容易的事。这主要是因为每个人的经历、文化背景、忍耐力、教育背景以及兴趣等都不尽相同。此外，每个人对如何才叫“适应”了一种新的文化有不同的理解——我们都有自己的临界点。只想接触自己熟悉的、会让自己感到舒服的事物，这是人的本性，而在新加坡你完全可以照样生活在自己熟悉的环境中。我们在世界各地遨游，举家迁至另一个国家不就是为了从各个方面感受和体验一种完全不同的新文化吗？毕竟，我们不是游客，我们有机会进入一种文化，获得关于这种新的文化、新的生活方式的亲身体验，这种机会其实是值得珍惜的。你可以以自己的速度，自己觉得舒服的方式适应新加坡的文化，但我强烈建议你拨开云雾，真正体验和理解当地人的生活和思想，这样，你将获得美好的感受、对新的文化的欣赏和温暖的友情。

当然，俗话说“说起来容易做起来难”，但是我发现做到三“E”你就能轻松通过考验，这就是：体验生活（Experiment），开阔视野（Expand）和探索发现（Explore）。

- 体验当地的食物——参加华人的农历新年庆祝活动，在大排档吃饭，在当地的活家禽、菜市场（wet market）买东西。（关于这点我在后面还有叙述。）
- 开阔自己的视野，去发现不同的宗教信仰、礼节、传统和习俗；你也许对这些新发现并不认同，但这是他们的生活方式，在这里这种生活方式才是合乎情理的。
- 探索发现自己所处的环境，这个国家和周围国家的新奇之处。

新加坡风光

新加坡是一个开放的社会，每个人都很友好。如果你会说一些英语，这里的生活对你几乎无障碍可言。你最好像我在开篇中所说的那样，将注意力放在别人身上，学会换位思考，试图理解他们为什么要那样表现或者那样做：在这种体验中你会大有收获。

路标

新加坡社会和文化

要更好地了解新加坡社会和文化，最好的办法就是用社会文化学常用的方式将之进行划分并逐一进行了解。

族群依赖性

族群的概念、和谐和安全比个人更重要，这是典型的亚洲人的思维方式，作为主要由华人、马来人和印度人组成的社会，这一点在新加坡各民族中已经达成共识。

这种族群概念的核心就是家庭，家庭也是社会结构的中心，这种社会结构强调对家庭的忠诚、彼此的团结和尊重。家庭的概念在这里延伸至整个家族，有时甚至还包括亲近的朋友，因为他们对待好友也亲如家人。尊重长者，视整个家庭为自己的精神支柱是新加坡社会的价值核心。

面子和尊重

这一点主要源自华人文化的影响，也是了解新加坡人的关键所在。

在亚洲，面子和一个人的长相无关，而是关乎人的尊严，不仅是个人的也是与这个人休戚相关的家族的尊严。你会发现面子不仅牵涉到一个家庭、学校、公司，有时甚至是整个国家。

面子这种东西，可以给，可以丢，可以带走，也可以赢得。一个人从生下来就被教育要有好的名声、性格，获得同事的尊重。这和尊重一个人有莫大的关系，就好像你越尊重一个人，你就“越给他面子”。这种尊重有时并非源于一个人有令人尊重的品格，而是出于社会等级上的高低（请见下一小节）。新加坡人在生活的各个方面对保住面子都非常敏感，这也是他们努力维护族群和谐的原因。

家长制

尽管新加坡人宣称新加坡是一个平等的社会，在父母与孩子、老师与学生、雇主与雇员之间的关系中还是能看到家族等级制度的巨大影响。新加坡社会对年龄和资历极为重视，这也是因为他们极为重视家族关系和面子。对华人来说，这主要来源于儒家文化中对年长的人和辈分较高的人的重视。对其他民族而言，这是他们世代相传的文化中的一个部分。

社会交往中，年龄较长的人总是最先被介绍，坐上位，吃最精美的食物，在主席台就座。不管认识还是不认识，他们对待老人总是毕恭毕敬。见到老人应该称呼他们的姓和头衔或者直接叫“伯母”或“伯伯”。注意，这里叫他们“伯母”或“伯伯”并不代表你与他们有亲属关系，只是一种简单的因为他们年长而对他们的尊称。这也

新加坡之夜

年长就意味着有更高的社会地位。例如，你会发现内阁资政李光耀比现任总理受到更高的礼遇，这一点颇为有趣。

是来源于中华文化中尊敬老人的观念。

身居高位的人往往也很受尊重，即使他们的年龄并不大。很自然，学生对老师都非常尊敬。有些老年人在谈到政府部长们时也语带敬畏，只因为后者位高权重。这就是新加坡人所受的教育的一部分。但近年来这种趋势稍有变化，也许是由于互联网和电视的影响，年轻一代在思想上变得更加独立。他们也许并非完全的无政府主义者，但他们在应该尊重谁这点上有更多自己的想法。这当然无可厚非，只要他们并非目空一切或是不给这个其他人想要和谐相处的社会造成威胁。以1996年通过的一项法律为例，这条法律规定孩子在必要时应该赡养父母。这条法律的出台不仅出于社会对老人的尊重，也显示了这个小国正面临着年轻一代变得越来越个人主义的威胁。

在工作场所，雇员通常对上级非常恭顺，即使在面对面的交流中，他们也不会发什么牢骚或提出什么有建设性的意见，尽管上级鼓励他们畅所欲言。低级职员不仅不敢说出自己的真实想法，甚至还以为处于等级制度最高层的管理层应该清楚地了解自己应该做什么。

珍惜时间的文化

这种珍惜时间的文化使新加坡人非常注重准时和时间管理。会议准时召开；火车和公共汽车准时出发。人们很重视时间表，希望每个人都准时来开会，准时参加音乐会，准时赴约。2002年新的艾斯普奈（Esplanade）艺术中心开幕时，当地报章上的头条新闻报道的就是艺术中心音乐厅的大门演出一开始就关闭，迟到的听众只能等到中间休息的时候才能进去。此举也曾引起争议，但这条规定始终没有更改——演出一开始，大门就将关闭，现在每个人都知道必须准时赶到演出地点。

新加坡城市风光

另外，在一些非正式的社交场合，新加坡人可能很迟才会出现。这似乎是因为在

女儿和妈妈

中国的古老习俗中人们习惯在出席别人的婚礼时很晚才露面，只为了显得不是那么贪吃。也或许是因为马来渔村中的某些更古老风俗。要不就是因为人们对现代化、快节奏的生活的反抗？原因我们不得而知。但普通的礼节是如果你可能会迟到，预先通知一下主人或你的朋友，赴约时不要迟到超过15分钟。

高语境文化

高语境文化指的是不需要太多的交谈就可以沟通双方信息的一种文化——人们在交谈时可能非常含蓄，但也能使对方明白自己的意思。相反，在一种低语境的文化中，人们的语言非常直接明了，他们不需要借助“无声的语言”来传达自己的想法。因此，我们经常看到来自高语境文化的人（例如亚洲人）被来自低语境文化的人（通常是欧美人）的“粗鲁”和“直率”吓倒。这就是为什么来到亚洲的外国人必须了解当亚洲人说“是”时表达的也许是“否”，他们应该更注意非语言上的暗示，例如，说话的语气、面部表情、某些模棱两可的词语以及亚洲人避免直视对方的习惯。

以上的一些描述可能会使某些人感到很为难，但实际上要适应起来并非想象得那么困难。新加坡人非常包容，也经常与外国人打交道。所以在生活中只要你能显得谦虚、有礼貌和友好，就不会碰到什么麻烦。

新加坡这个地方其实很有趣，因为他们在社交场合和工作场合中的文化截然不同。社交场合中，如果他们不得不拒绝别人的要求，批评别人或表达自己的想法时，他们会非常含蓄，因为这跟一个人的“面子”有关。但在工作时，新加坡人会用非常直接、客观的英语来陈述事实和数据以支持自己的观点（请看第九章：工作与经商）。

新加坡人的礼节

尽管新加坡有着不同的种族和宗教信仰，但是有一些日常生活中的礼节是你必须遵守的：

- 日常交往中不管是吃饭还是交换礼物，尽量用右手。因为穆斯林和印度人认为左手是用来清洁身体的，所以是“脏”的。所有手势特别是做出指向某处或某

其他礼仪和文化小知识

- 问候的方式因对方所属的民族和年纪而异。
- 年轻一代或者受过西式教育的人可能习惯于见面与人握手，但老一辈或更保守的新加坡人并非如此。
- 华人见面会相互握手。虽然力道比较轻但握手时间很长。
- 一般男女见面也会握手，但得由女士先伸出手来。介绍的顺序依年纪或地位而定。
- 马来男性见面会相互握手，但女性则会以色兰（salaam，马来妇女问候别人的方式）礼节向对方致以问候，即先接触对方的手然后将自己的手放回胸部。孩子们则在见面或告别时亲吻长者的手。
- 除了血亲和姻亲，穆斯林是不被允许和其他人有身体上的接触，包括握手。所以最好不要和异性穆斯林握手，除非对方先伸出手来。年轻一代的穆斯林可能比较开放，愿意握手，但也得等待对方的暗示。
- 印度人只和同性握手。
- 当被介绍给一位异性

新加坡小印度建筑

时，点头微笑就够了。

■ 长者或是地位最高的人应该最先被介绍，这和其他地方一样。

■ 对某些宗教来说，一个人的头是非常神圣的，不要随便抚摸别人的头。

■ 绝大多数新加坡人说话轻柔温和，所以不要随便尖叫或提高嗓音。大声说话会被认为是没有礼貌。

■ 人们习惯用微笑或大笑来掩饰焦虑或尴尬，而不是表示被逗乐了。

■ 脚通常被认为是不洁净的。因此，不要用你的脚移动、踢或接触任何东西，这样会被认为很粗鲁。坐下来后如果交叉双腿，千万不要让脚尖指向别人。

■ 用手指指点别人是非常不礼貌的行为，但如果是用大拇指则可以接受，或者屈起大拇指用其余的四指。

■ 挥舞整个手掌来召唤别人。绝不要将手掌竖起摇动手指。

■ 拿一只紧握的拳头去碰击另一只张开的手会被认为是猥亵的动作。

■ 不要在送礼物的人面前打开礼物（不管哪个民族都是如此），除非对方要求你这么做。

■ 华人喜欢双数，例如，你在农历新年的时候拜访他们可以送两盆金钱橘。

■ 华人认为有些数字代表好运气，有些则代表坏运气，因为这些数字与某些华文字谐音。例如，“二”在粤语中发音与“易”相同，“六”则代表财富，“八”与“发”（代表发财）谐音，这些数字都是吉利的；而“四”因为与“死”谐音，则被认为是不吉利的。

新加坡国旗

■ 有些礼物在中国是不能送的，例如钟（因为送钟，就等于“送终”）、手帕（会让人联想到眼泪）和伞（代表灾难）。

■ 华人认为红色是很吉祥的颜色，其他鲜艳的颜色如橙色也一样，而老年人一般不喜欢黑色，特别是在喜庆的场合他们很不喜欢看到黑色。穆斯林则喜欢绿色，印度人却喜欢黄色和紫色。

- 穆斯林不吃猪肉，不饮酒，而且肉类必须来自哈拉（halal，按伊斯兰教律法屠宰牲畜的商户）。
- 印度教徒不吃牛肉。有些印度教徒是非常严格的素食主义者，有些佛教徒也如此。

人的手势时（尤其是在神庙和清真寺中）应该用右手，并且是用指节而非指头，这样显得更有礼貌。

- 进入寺庙和所有私人住家之前先脱鞋（除了基督教堂和犹太教堂）。门口放的鞋子应该很明显地提醒了你，再加上由于天气太热，你肯定总是穿着拖鞋，所以这样做并不麻烦。
- 递或者接钱币、信用卡和名片时要用双手，这是华人的一种礼仪，表示你所递或者接的东西是多么的“珍贵和重要”。对于印度教徒，这种做法也很重要，当然也是出于不同的原因。印度教徒相信一个人的生命力或者能量（prana）能够通过手传递到礼物上。接受礼物的人也需要用双手来接，这在向神明供奉祀品时尤为重要。

总的来说，新加坡人还是趋向保守，所以在相处时保持的距离，使用的语言、语气和说话的方式都得注意。如果你不太了解当地的礼节，最好询问新加坡的朋友或同事，怎样做才恰当。当然，如果你真的犯了错误，人们通常也会表示理解并原谅你犯的错误，毕竟你对当地的习俗不了解。

牛车水风光

要对这些礼仪和风俗进行总结，那就是：在谈话时尽量谈论食物（但不能批评或拿他们的食物开玩笑）、旅行、观光、家庭、历史或彼此的生意；尽量赞美对方的外表、家人或取得的成就；避免讨论当地的政治形势、宗教、种族或性；除非你觉得气氛不错或和朋友们在一起，否则避免开太多玩笑。当然如果你开的玩笑别人确实能明白，这倒是“促进文化交流”的一个不错的办法，你得自己看着办！在坐出租车时和司机或者买东西时和小贩开开玩笑倒是无伤大雅。

服役

可以说，到军队服役是一个新加坡人走向成熟的标志。自1967年以来，所有18周岁及以上的新加坡公民都必须到军队服役两年。他们一开始会接受6个月的基础军事训练（Basic Military Training，BMT），然后被分配到各个部队，有的则会加入警察或国防部队。复员后，他们被编入战备部队，新加坡军队中有80%属于战备部队。一名战备军人要随时接受征召入伍，因此他们每年都要回部队接受回营训练（in-camp training）以保持战斗力。因此你会时常在电视屏幕上看到移动的字幕上面写着“会飞的河马”、“小臭虫”、“美洲电鳗”和“寄居蟹”。这些是政府征召战备军人的公开演习。

社交礼仪

不管在哪种文化中，一个人一生最重要的三个阶段——出生、结婚和葬礼都会受到传统习俗的深刻影响。市面上也有很多书详细描述了华人、马来人和印度人丰富、

西罗索炮台

古老的习俗。在现代社会，每个家庭所奉行的习俗因各个家庭的传统和上一代人的影响而不尽相同。虽然年轻人普遍不再奉行某些在今天看起来既花钱又不实际的礼俗，但逢年过节或婚丧嫁娶的时候人们还是会庆祝并且欢聚在一起大吃一顿。

接下来的部分相当于一个新加坡各民族生活方式和信仰的实用指南。如今在生活的各个方面，传统的影响正在慢慢减弱，以适应快节奏的现代生活。工作的繁忙、经济条件的约束、远距离和各族通婚也导致了“新的习俗”的产生，有些习俗还融合了中西方文化的特色。“传统”和“进步”的冲突由来已久，而在新加坡这个多种文化交汇的地方，仍然有很多传统是值得我们学习、借鉴并传承下去的。

华人的风俗

怀孕待产期

中国人有诸多与怀孕的妇女和她未出生的宝宝相关的讲究，这些讲究都是为了保护准妈妈和腹中的孩子不会在孕期和生产的时候出现什么意外。有些讲究与环境和准妈妈的行为有关。例如，不要接触胶水和任何黏性物质，因为这样会导致产后并发症；准妈妈敲钉子会导致胎儿畸形，等等。此外，在生活中也对准妈妈有诸多限

为孩子取名

我在上一章已经提到，如果没有洋名，华人的名字通常由三个部分组成。父母（有时候是祖父母）通常会在名字上寄托对孩子的期望。再传统一点的家庭会请人给孩子取名，还要看孩子的五行（火、水、金、土、木，由孩子出生时的具体时辰和日期决定）。孩子的五行缺什么，名字中就得有什么，这样他（她）的一生就能平平安安。

怀孕的女子

制——不能说脏话，否则宝宝会遭报应。有一些则跟她吃的食物有关，例如要生漂亮宝宝就得多喝豆浆，不能喝咖啡，因为那样宝宝生下来会很黑。尽管有诸多限制，准妈妈还是要继续工作，据说这能使生产轻松一点。

当然你可以想象得到，这些都是只有老一辈人才会相信的迷信，在现代社会，已经很少有人严格地遵守。但是华人关于食物和怀孕的禁忌之多还是让我很惊奇。如今的年轻人在很多方面已经不那么传统，但只要涉及怀孕和一个新生命的降临，他们还是会遵从老的传统，一切以小心为上。毕竟，这对谁都没有坏处。

孩子出生后，现代新加坡妇女仍然奉行的一个传统就是“坐月子”。中国有句老话“月子坐得好，健康活到老”，尽管现实生活中不可能严格地按照过去的规定坐月子，新加坡的新妈妈们还是会想尽一切办法在时间、金钱允许的情况下尽量坐好月子。

按照传统，坐月子得在家待上约40天，大约6～8周不等。如果条件允许，新妈妈的母亲会照顾自己的女儿。但现在也出现了专职的“月嫂”，她们负责做饭并照顾新生儿。她们还会细心注意新妈妈的饮食、锻炼和日常活动以保证新妈妈能顺利地康复，以后不会有什么因为月子没坐好而出现的病痛。坐月子期间，新妈妈要注意保暖，不要吸进太多冷空气，还要吃些补品。

礼物

妈妈和宝宝

送给新妈妈的礼物最好是能帮助她们恢复体力的营养品。不要送花，因为花通常是送给病人或在葬礼上用的，当然现在也有很多年轻的妈妈和更西式的华人会很高兴收到花。送给小婴儿的礼物通常是玩具、衣服或者小首饰。华人最喜欢金饰和玉饰，因为这两种珠宝能带来好运。至于衣服和礼品包装的颜色则可以选择粉色、金色、红色或者橘黄色。如果送现金或支票，则最好是双数，因为双数代表吉利。

千万不要给新妈妈送带有仙鹤图案的礼物，因为古人认为仙鹤代表女性逝世。相反在有些国家里，特别是美国，仙鹤则代表婴儿的降生。

生日

在中国，古时候由于生活条件恶劣，很多婴儿都活不过一个月。那些超过一个月仍然活着的孩子就能够活下来，因此庆祝满月就成为一种习俗。在古代，由于妈妈坐月子的时候孩子也不能出门，因此这也成为庆祝孩子能出门的一种仪式。

如今新加坡华人仍然沿袭着这一传统。一般来讲，如果是头一个孩子出生，父母会摆满月酒，并请客人吃红鸡蛋。请客多数是在家里，规模大一点的则在餐馆。被邀请的客人一定不要空着手去，给男孩的礼物通常是一个装着钱的红包，给女孩的则是珠宝或衣服。作为回礼，父母会请客人吃染成红色的鸡蛋，因为红色象征着吉祥和新生。

有的父母也省去了请客这一环节，只是向亲戚和朋友们分发蛋糕和红鸡蛋。如果生的是男孩，鸡蛋的数目通常是单数；生的是女孩则鸡蛋的数目就是双数。

我发现，对于已经上了学的孩子们，他们的生日庆祝则是走两个极端。有的家庭并不会大肆庆祝（这当然是他们的家事）；有的家庭则会举行盛大的生日会，准备很多食物和娱乐节目并邀请一大堆孩子参加。送给孩子的生日礼物绝不会当场打开，而是放在一边，私下里再打开，这样做是为了避免表现得贪心，即使孩子也被要求这样。

你还会发现有些亚洲人在自己孩子的生日时会给孩子的朋友和熟人分发小礼物，

即使他们没有举行生日会。这个时候你不用回礼，只需向孩子或他（她）的家庭表达良好的祝愿就可以了。

在古代，中国人只会庆祝孩子的满月和大人的60周岁生日。如今人们每年都庆祝生日，也就是在好一点的餐馆请客人吃饭。有些老人也会在标志性的生日如虚岁61岁、71岁和81岁时举办盛大的庆祝会，邀请亲戚和朋友参加。过生日的人最常吃的就是长寿面，象征着长命百岁。如今被邀请的客人常会送钱作为礼物，也有人选择别的礼物如补品，祝愿过生日的人身体健康。

婚俗

和亚洲其他文化一样，婚礼在中国文化中代表的不仅是两个人的结合，也是两个家族的联姻。在如今的社会，家长干涉的程度和遵从的传统习俗也各不相同，但是中国文化中两大最重要的元素——面子和财富对华人婚礼的影响仍然很明显，特别是新郎为长子的时候。如果不能举办一场豪华的婚礼，不仅会使两家人的社会地位下降，也会让亲戚们看不起。

今天，新加坡的华人新娘多半会穿一件白色的婚纱（有的也会穿一件中式长褂），请专业人士做头发和化妆，买一个精心制作的婚礼蛋糕，雇上一辆奔驰或者其他豪华轿车将自己送到婚宴地点，再请一位专业摄像师在城中各个美丽的景点拍摄婚纱照。新郎则穿上西式的

圣心教堂

新人敬茶

燕尾服或者西服。尽管西式婚礼已经非常普遍，但是有些新人还是愿意举行传统的茶会，即请双方家长喝茶。古时候，只有喝过茶后双方才算正式结亲，因为这是两位新人第一次被介绍给双方的家人并得到他们的认可。在某种程度上这种风俗今天仍然存在。茶会通常在新郎的家里举行，并担负着将这对新人初次介绍给双方亲人的任务。茶会一般只会邀请家人，但这里的家人指的是所有的亲戚，所以新人的阿姨、叔叔和表兄弟姐妹都可以参加。上茶的顺序依每个人的年龄和辈分而定，从年纪最大到最小，所以通常是祖父母（如果他们健在）喝第一杯茶，然后是父母、叔伯阿姨，接下来是新人的兄弟姐妹或者表兄弟姐妹。这听起来很复杂，实际上有一个人会将这一切规划得妥妥当当，他提醒大家该怎么做。

为了表示尊敬，新人会跪下来向家人敬茶（在有些家庭，给同辈敬茶的时候新人无须跪下来）。敬完茶后，大家送给新人装有现金或者首饰的红包作为贺礼。新郎的弟弟或者妹妹也会奉上喜庆新人茶，并且也能得到红包。接下来新人们则会来到新娘的家里给新娘的家人奉茶。

晚上新人们通常是大宴宾客，请所有的亲戚、朋友和同事吃饭。请客的地点一般在酒店和舞厅，因为这样可以招待大量客人。新人们会一桌一桌地向客人敬酒，叫着“Y-A-M-S-E-N-G！”相当于“干杯”。尽管吃饭的时候会有乐队伴奏，但中式婚礼上一般不会跳舞，宴会的主要内容就是吃饭和喝酒。

近年来传统中式婚礼的宴会有了新的变化，出现了一种婚礼自助餐。吃自助餐不仅省钱，也节省时间，人们可以参与更多的娱乐活动，例如，唱卡拉OK或者看表演。婚宴结束后客人会很快就离开，并表示他们对宴会非常满意。所有的娱乐活动都在宴会上进行。而在自助式的婚宴上，客人们饭后还能留下来观看表演。当然，客人们还是会送上象征吉祥的红包，红包里的钱还是双数。

葬礼

父母在世时要孝敬他们，父母过世后要哀悼，这是孔子教育人们要孝顺父母的话。为父母和老人举办一个体面的葬礼被华人认为是表现一个人孝顺的最重要的形式之一。葬礼通常会持续3～7天，为了使所有的亲友都能来参加葬礼。葬礼一般在人们所住的组屋的底层（void deck，所有组屋底层空旷的地方）或是殡仪馆举行。逝者的近亲都会穿上丧服，丧服的颜色全是黑色、棕色或蓝色。衣服的颜色以及别在手臂上的黑布通常表示某人有亲属去世了。

一天中随时都会有人来吊唁，但大部分人还是选择在晚上来到灵堂前，以表达他们的敬意和哀思。为了表示尊重，前来吊唁的人会站在棺材的尾部并鞠三个躬，而一位家属就会跪下并在棺材边静静地烧纸钱。只有逝者的密友才会对着棺材磕头。整个葬礼期间人们会一直焚烧纸钱，为了能让逝者在地下无金钱匮乏之虞。

灵堂内通常摆放一些桌子和椅子，供前来吊唁的人坐。更传统一点的灵堂内会在屋顶的角落处挂上巨大的灯笼，告知人们是谁过世了。灯笼上会有逝者的名字，是男性还是女性，他（她）的年纪——通常是真实年纪再加上三岁，一年属地，一年属天，一年属人。

墓地

尽管华人的葬礼本质上都是相同的，但葬礼上举行的仪式如焚香等都与逝者所皈依的宗教有关。近年来，越来越多的华人信奉基督教，一些葬礼也开始变得西式化，人们不再焚香而是长燃蜡烛。

如果有足够的空间，逝者的家人会在空地上搭起帐篷作为灵堂。但绝大部分还是选择将组屋的底层设为灵堂。此外，组屋底层的空地上也可以举行其他活动，例如穆斯林婚礼。

有时候，参加葬礼时你会受到主人的邀请，留下来吃一顿饭。人们会彬彬有礼地交谈，为过世的人走得如此安详而欣慰。吊唁的宾客应穿上素色的衣服，如白色或黑色，一定要避免穿红色、粉红色或者金色的衣服，因为这几种颜色代表欢乐，不适宜在葬礼时穿。你不能与逝者的家人握手或者道再见。华人相信葬礼上人越多越好。逝者的家人会给你一根红线，祝你回家时一路平安，这样可以摆脱因为参加葬礼带来的噩运。回家后要把红线扔掉。你也可以把红线放在大门口、屋门口或者窗台上，让风把红线自然地吹走。在有些葬礼上，你也可能收到一个包着硬币的红纸包，然后你应该拿这枚硬币去买糖果，这也意味着能赶走坏运气。当然，一些灵堂内的桌子上也会摆放着糖果，吊唁完后你应该拿一两块带走。

在吊唁时，将一定数量的钱放在信封内交给逝者的亲属也是一种普遍的做法，这样可以帮助他们分担一些举行葬礼的费用。信封的颜色通常应是白色或棕色，吊唁者把它交给专收礼金的人或逝者的家人。参加葬礼所送的礼金应该是数额为单数的现金（或数量为单数的纸币）以悼念亲人的离开。有钱人家在收到礼金后通常会捐给慈善机构。吊唁时也可以送花或者花圈。有的人则会送一条毛毯并附上挽言，逝者的亲人会将这些毛毯披挂在灵堂内。

举行葬礼期间人们会进行祈祷，但不是每天晚上如此。祈祷的内容取决于逝者的宗教信仰。对于佛教徒和道教徒，一位诵经师会来此诵经祈祷，当然不是每晚都有（特别是葬礼持续的时间很短时），但下葬的前一晚一定会如此。如果逝者信仰基督教，则会有教众来此替他（她）祈祷，有时还会有一位宗教领袖在场。

下葬的那一天，逝者的近亲会先跟随灵车走一小段路，然后坐公共汽车或大篷车到达火葬场或公墓。你也可以加入他们的行列，但最好走在后面，静静地看着他们怎么做，但是，无论何时一定要保持肃穆。

在华人的葬礼上，普遍还会举行的一种仪式就是焚烧纸做的“财物”，如房子、汽车、手机和钞票。这样，逝者在地下就会收到这些东西，并过上舒适的生活。一般人们会在葬礼结束后一星期焚烧这些东西，而现在有些家庭则选择在逝者下葬前这样做。

绝大多数的华人家庭会在葬礼后进入守丧期——一个月到一年不等，这完全取决于个人的选择。在守丧期间，家庭成员每天穿着深色衣服，并在手臂上别一块黑布表示哀悼。

只要碰到令人高兴的事情如怀孕、生子或者庆祝生日，马来人都会吃黄姜饭（nasi kunyit）——一种叶子包裹的黏米团。就像我的一位马来朋友说的，“很多时候如果一位马来妇女怀孕了又不好意思当众宣布，为了庆祝这桩喜事，她会将小米团分发给亲人、朋友和同事。这样大家就会心照不宣地共同分享她的喜悦。”

马来人的风俗

怀孕和生产

公元前100年，随着贸易的兴起，印度教传播到了马来亚，并在艺术、语言和宗教仪式上对马来文化产生了深远的影响。这些古老的习俗中，有很多都跟怀孕有关。其中一个就是lenggang perut（字面上解释就是摇晃肚子），这种仪式通常在孕妇怀孕7～8个月时进行。孕妇会首先在鲜花中沐浴（意即赶走不祥的噩运和负面的能量），然后躺在7层纱笼上（每件纱笼长约18厘米），产婆随即抓住纱笼的两端轻轻摇晃一到两次，之后将纱笼从孕妇的身下抽出来，然后再摇晃纱笼6次。产婆要用最底层的那块纱笼将孕妇的肚子包住，以帮助胎儿定位并使之顺利

马来人

出生。

大部分的新加坡妇女都听说过这种仪式，虽然这种仪式已渐渐淡出人们的生活。然而还是有一小部分妇女在家里老人的要求下参加这种仪式，特别是当她们第一次生孩子的时候。那些不愿意参加这种仪式的妇女会选择举行一个祈祷活动（doa selamat），意即将家人召集起来为准妈妈的健康和顺利生产祈祷。

分娩后，马来妇女和华人妇女一样，她们愿意尽可能地遵守饮食和日常生活中的禁忌。她们会进食某些食品以驱除身体内的“风”，并在分娩后接受按摩，在腹部绑上束带使体形能尽量得以恢复。新妈妈也不能四处走动，据说这样能帮助她们尽早恢复健康。

根据马来传统，新生儿降生时洗了第一个澡后，新生儿的父亲必须在孩子的右耳轻轻吟诵azan（伊斯兰教的唱祷），在左耳边吟诵iqamat（祈祷之前的祷词）。这样做是为了保护孩子并宣布他（她）为穆斯林。大人们还会在新生儿的嘴唇上抹些甜的东西，例如蜂蜜，这样孩子所说的话都会很“甜蜜”。孩子出生一周或一个月后，大人们会适时地举行一个为新生儿理发或者只是剪下一小绺头发的仪式，接着新生儿的父母会设宴款待所有的亲戚和朋友。作为宗教仪式的一部分，马来男孩会在青春期前或后进行割礼，现在男孩刚生下来就进行割礼也已经非常普遍。

另一个古老的习俗则是举行庆生宴会（aqiqah）。在古老的甘榜渔村时代，父母会在新生儿出生后举行宴会，招待宾客长达七天的时间。他们还会杀掉两只山羊或绵羊庆祝男孩的降生，如果是女孩则只杀掉一只。如今这种献祭有的在新加坡举行，有的则选择给在马来西亚或者印度尼西亚的家人或朋友送一些钱，这也相当于以孩子的名义举行了仪式。他们认为，乐善好施既是对马来信仰的遵守，也会给孩子带来好运。然而，这种仪式并非强迫性的，同时只有那些经济条件宽裕的家庭才负担得起。

婚俗

马来人的婚礼华丽隆重，充满了音乐、艳丽的色彩和各种庆祝活动。婚礼长达两天，第一天只有近亲参加，第二天才会公开宴请宾客。

按照马来风俗，新婚夫妇只有在公开宴请宾客的典礼（装扮成国王和王后坐在装饰华丽的高台上）之后才能住在一起。婚礼在新郎家举行，仪式开始时会有一队乐手（kumpulan hadrah）演奏打击乐器并宣布新娘的到来。新娘则在举着bunga manggar（细细的竹竿，上面有闪亮的彩纸装饰成的杧果树花）的人和亲友的簇拥下款款走

马来婚礼装饰

来。婚礼上新郎还要玩猜字谜和讨好新娘的亲人的游戏，通过后，他才能见到新娘。人们将一个房间或组屋的底层装扮得缤纷多彩，让新郎和新娘像国王和王后一样坐在一个装饰一新的高台上，这样客人就能很容易地看到他们。接下来，亲朋好友会在新婚夫妇身上抛撒花瓣和黄米，希望他们早生贵子。

随后所有的人就可以坐下来享受一顿kenduri（开放式的宴会大餐）。有礼貌的客人应该准时到达，穿着得体，并且能坐下来吃点食物，和人们聊聊天，并向新人的父母表达祝贺。马来人的婚礼比西式婚礼更随意，他们也非常好客，你如果带上自己的朋友或客人同去，也会受到欢迎。在婚礼上你可以用“赛俩目”（salsm）向新人的父母和一对新人表示祝福。比较合适的贺礼是在贺卡或信封里装上礼金，礼金的数目视你们的关系而定。如果你们双方只是认识而已，可以不用送礼金，送些小的家居用品再合适不过了。婚礼宴会上通常会有nasi minyak（用酥油、牛奶或酸奶、洋葱、大蒜煮的米饭），但现在很多客人会为了健康而考虑选择白米饭。客人还会收到包装好

传统马来椰浆饭

的鸡蛋作为礼物，因为鸡蛋象征多子多福。当然，有的家庭也会给客人送蛋糕、巧克力或者其他小礼物。

马来婚礼中最吸引人的就是公开宴请宾客的典礼（bersanding）和法定婚约（akad nikah）仪式，即由一位宗教事务官员（kadi）宣布一对新人从此结为合法夫妻。其他的仪式，包括bersanding都没有法定婚约（akad nikah）重要，所以在第二天举行，好让新人们在这充满狂喜的日子里轻松一下。

葬礼

伊斯兰教义不允许进行火葬，因为穆斯林认为一个人的躯体应是完整的，不能经受任何改变或伤害。他们认为死亡是身体与灵魂的分离，这样灵魂能进入下一个轮回，葬礼上的气氛非常悲伤和肃穆。参加葬礼的人可以哭泣，但不允许哀号、长时间的悲泣和尖叫。

穆斯林一般会将逝者尽快下葬，通常在24小时以内。逝者的遗体由同性的近亲帮助清洁，有时候会有一位熟谙各种程序和祈祷词的穆斯林帮忙。遗体随后会被用三到五块没有缝合的白布从头到脚包裹起来，并以头朝麦加的方向放好。由于遗体不会以香油防腐，人们会在遗体上撒上樟脑、檀香和香水。遗体下葬时不会放在棺材里，而是直接埋入土里。包裹头部的裹尸布不会太紧，这样遗体的脸颊能靠近泥土并面朝麦加。

马里安曼兴都庙装饰

逝者的亲人会通知其他人参加葬礼和下葬仪式。参加穆斯林的葬礼应穿上白色或其他素色的衣服，非穆斯林可以在下葬仪式后来到逝者的家里表示哀悼。最重要的是要记住穆斯林的葬礼通常简朴、克制。前来吊唁的人只需静静地站着，鞠个躬并默默祈祷。你可以向他们送花，但是一般不送花圈。你也可以送钱，10到20新元不等，关键看你们的关系如何。你可以用白信封将钱装好然后送给服丧者。有时候逝者的家人会组织祈祷和背诵《古兰经》的仪式为逝去的亲人祈福，但这完全由他们自己做主而非强制性的。

逝者的家人会在葬礼后第三天、第七天、第四十天和第一百天举行kenduri arwah（为逝者祈祷的仪式），其后在每年的逝者忌日他们也会进行祈祷。

印度人的风俗

与伊斯兰教一样，印度教不仅是一种宗教，也是一种哲学和生活方式。严格地说，印度教徒相信一种无形、无色、无名的超自然力量。所有的神的表现形式都代表着一种终极神力——梵天（Brahma）。梵天是创世者，毗瑟挐（Vishnu，或Krishna）通过自己的几个肉身保护世界，而湿婆（Shiva）则将要毁灭世界，但最后梵天将会重建这个世界。这三个神就是印度教三神。

印度教的一个主要信仰就是轮回。印度教教义中说，每个人都有灵魂（atma）并通过灵魂的引导与梵天有着某种联系，人出生时灵魂进入体内，死亡时灵魂离开。出生、生活、死亡和重生的循环就是轮回（samsara）。这种轮回生生不息，直到灵魂进入一种觉悟的状态，即所谓的解脱（moksha）。因此，印度教的教义鼓励每个教徒达

印度人

到思想纯洁，行为高尚，从出生的那一刻起就全心奉献，这样他（她）的灵魂就能获得解脱。相反，一个人如果恶行不断，他的灵魂就会堕入低等生物如蟑螂体内。因果报应（karma）则指一个人会为上辈子做的事付出代价，他这一世的所作所为也会影响下一世的命运。

怀孕和生产

印度教徒会在新生儿出生前就举行仪式，保证生产的顺利进行和婴儿的健康成长。孕妇会带一些符咒来驱除邪魔。在怀孕的第三个月，他们会举行Punsavana（保护胎儿的仪式）以保证胎儿的健康成长。怀孕第七个月时则会举行Simantonnyana，这种仪式就像是一个分娩送礼会，人们会送上祈祷、祝福和各种礼物，祝愿准妈妈一切顺利。

婴儿出生后，一位神职人员会为新生儿选择名字的第一个字母。在这个月阴历的第二十八天，婴儿的头发将被剃掉，以表示感恩及驱邪。如果是女婴，父母一般会给她穿耳洞。新加坡规定，可以在婴儿出生后两周内注册登记并取名，因此比较传统的印度家庭会等到28天后才称呼婴儿的大名。看望新生儿时最好带上礼物，可以是金、银的杯子或是拨浪鼓、衣服，玩具也是不错的选择。

婚俗

最近一些风靡世界的印度电影如《雨季婚礼》（Monsoon Wedding）和《新娘与偏见》（Bride and Prejudice）使印度式婚礼引起了全世界的好奇。参加完一个印度婚礼后，我发现人们所看到的或听到的关于印度婚礼的一切都是真的。在印度文化中，婚礼是两个家族之间的大事，他们对婚姻的神圣深信不疑。对待很多事物，年轻一代也许会与传统观念较强的父母和亲戚持有不同看法，但是如果父母要求他们举行一个传统的婚礼，他们是无论如何也无法拒绝的。当然，另有一个原因就是印度式婚礼真的很好玩！

诸如包办婚姻，年纪很小时就结婚，女方要给女儿准备嫁妆，结婚后一大家子住在一起等，这些现象在印度传统婚姻中非常普遍。然而，在今天的新加坡，传统印度婚姻中的某些习俗已销声匿迹，新式婚礼更强调的是新人的浓情蜜意。

尽管印度式婚礼的具体程序与双方家庭的宗教信仰和种族有很大关系，但是它们都反映了相同的宗教仪式。新娘子被打扮得美丽动人，为了消除紧张，她们会用牛奶浴足，用特制的宗教神油沐浴，用豆粉清洁皮肤，并在手和脚上画上鲜艳的图案。

马里安曼兴都庙

他们还会举行一种仪式，保证新人能早生贵子并且身体健康，这种仪式包括种树以及其他一些用到香料、糖、秧苗或者谷物的祭仪。

婚礼（vivaha）开始后，新郎会伴着音乐和舞蹈缓缓走来，然后由新娘的父亲将女儿的手交给新郎，这被称作康亚丹（Kanyadan），象征性地表示女儿已属于夫家。然后所有参加婚礼的人（包括新郎、新娘、双方家人和神职人员）围着圣火坐下。圣火代表是阿基尼（Agni，火神），即宇宙中最强大的神。婚礼进行时人们会向火中投下祭品。接着新郎会将象征婚姻的黄色丝线围在新娘脖子上。有着金色缀饰的丝线在北方叫作芒加苏特拉（mangalsutra），在南方则叫作他利（thali）。金色的缀饰被系在用藏红花粉或姜黄根粉染成的黄色丝带上，然后新娘给丝带打上三个结（分别代表意志、精神和身体）。给thali打结一般在事先选好的吉时进行，此时有快节奏、高声的音乐伴奏，以便在这种关键时刻掩盖任何不祥的声响。系好thali后，亲朋好友们抛撒黄米或者花瓣表达对新人的良好祝愿。此时可以送出礼金（通常是单数如51新元、101新元或251新元）或者珠宝作为贺礼。

印度婚礼中新人穿着的服装款式通常很传统，颜色艳丽。所以如果你受邀参加他们的婚礼，服装的颜色要非常鲜艳、喜庆，样式也要趋于保守（避免穿过短或过于暴露的服装）。

葬礼

印度教徒的葬礼通常在家里举行，由一位梵文学者（pundit）和逝者的长子主持。逝者的遗体经沐浴后会穿上一套新衣。遗体上会抹上檀香膏，周围则装饰着鲜花和花环。人们举行各种仪式并吟唱以帮助逝者洗涤罪恶的圣歌，遗体以朝北或朝南的方向摆放。亲友会瞻仰逝者的遗容并向他（她）告别。印度教徒死后一般会被火化，但儿童却被土葬。成年人的遗体于葬礼的同一天在火葬场火化，最后骨灰被抛入一条圣河或大海。

在印度教的葬礼上，祈祷和所有的仪式结束后，鳏夫或寡妇会站在一边，等待前来吊唁的朋友和家人向他们致意后去瞻仰遗容。瞻仰遗容时应先鞠躬，然后默默祈祷，表达完你的哀思后就可以离开了。

吊唁时一般的做法是带去鲜花或者花环，不用送礼物或金钱。记得穿上素色如白色、黑色或灰色的衣服，衣服上避免有鲜艳的颜色和图案。

其他印度教仪式

■ 居家朝拜

家庭是印度教徒进行礼拜和各种宗教仪式的主要场所。所有的印度教徒家中都会有一个地方或房间用来做朝拜。进行这些宗教仪式最重要的也是最好的时间是在一天的黎明或者黄昏。教徒沐浴后会祭拜家中神龛上的众神，点燃一盏灯，并向这些神灵的画像和塑像供奉食物和鲜花。

■ 庙宇朝拜

印度神庙通常供奉着一位或几位统治着这个庙宇的神灵。在神庙内举行的仪式通常分为三种：每日进行的仪式（nitya），在重大节日进行的仪式（naimittika），信徒自愿进行的仪式（kamya）。印度教徒通过举行这三种仪式祭拜庙中的神灵或自己想要祭拜的神灵。

非印度教徒也可以到神庙内参观，但是有一些礼节你必须遵守：

- 进神庙前一定要脱鞋。穿鞋进入神庙会被视为不洁净 。
- 例假期间妇女不得进入神庙。
- 印度教徒会踩在神庙的门槛上，而不是跨过门槛。
- 教徒进入神庙朝拜前一定会沐浴净身。到达神庙时他们要清净自己的双脚、脸和双眼。作为游客，你也应该洗净双脚以示尊重。在神庙外的院子内设有供人使用的水池。

- 不要触摸神庙内的任何神像或图案。
- 不要高声说话。
- 小的神殿和密室在入口处有一个屏风或小门。白天进行朝拜时屏风会被移走，但只有神职人员才可以进入这些密室。
- 穿着一定要得体以示尊敬。用衣物遮住双腿并摘下帽子。
- 在一个密室、神龛和神庙前坐下后，绝不要伸出双腿，或对着另一个人伸出双腿，这会被视为不敬。

马里安曼兴都庙装饰

第五章

初来乍到

“我得承认这一点。我出身劳动阶层，又在郊区长大，所以对这个亚洲热带国家带给我的考验和苦难毫无心理准备，但这种经历也很棒。我在新加坡遇到的每件事都是一种全新的体验，一种我完全意想不到的经历。而且最棒的一点是，我知道明天又将有新的故事发生。”

——尼尔·亨弗雷（Neil Humphreys），《来自一个更小岛屿的书信》（Notes From An Even Smaller Island）

正如开篇引言中我们的作者尼尔·享弗雷（Neil Humphreys）所说，正是这种令人耳目一新、全然意想不到的体验使在新加坡的生活变得新鲜、有趣。但是为了享受生活中这些小小的“乐趣”，首先我们必须把自己安顿好。你初来时的遭遇和对整个国家的运作系统的初步了解将影响你对未来的感觉。当然，我希望这里提供的一些背景知识能让你们尽快熟悉环境，并尽早安顿下来。

新加坡人希望每个外国人在这里都能宾至如归。新加坡政府充分意识到人民才是保持新加坡的经济发展和成功的最重要的资源，政府欢迎一切外国专业人才、企业家、熟练技术工人、毕业生和任何能对国家的社会和经济发展做出贡献的人士。新加坡开放的移民政策甚至能使企业在不到两星期的时间内招聘到外国雇员。

正式手续

新加坡提供四种进入该国的签证：

- 旅游探亲签证（General visit visa）
- 就业准证/直系亲属准证（Employment pass/dependant’s pass）
- 学生准证（Student pass）
- 工作许可证（Work permit）

新加坡航空

旅游探亲签证

这种签证一般提供给到新加坡旅游的游客、新加坡永久居民的家属和朋友，允许访客在新加坡逗留数天至数月。这种签证又可以分成三种：

■ 社访签证（Social Visit Pass）

如果需要在新加坡短期居留，如参加工作面试和商业谈判等，你需要申请社访签证。然而，你不能在这里工作。这种签

签证

申请签证

下列国家的公民进入新加坡须申请签证

■ 评估级别为 1 的国家（地区）

独联体国家（亚美尼亚、阿塞拜疆、白俄罗斯、乔治亚共和国、哈萨克斯坦、吉尔吉斯斯坦、摩尔多瓦、俄罗斯、塔吉克斯坦、土库曼斯坦、乌克兰、乌兹别克斯坦）、印度、缅甸以及中华人民共和国香港签证身份书（Hong Kong Document of Identity）和澳门特别行政区通行证（Macao Special Administrative Region, MASR Travel Permit）的持有者。

■ 评估级别为 2 的国家

阿富汗、阿尔及利亚、孟加拉国、埃及、伊朗、伊拉克、约旦、黎巴嫩、利比亚、巴基斯坦、沙特阿拉伯、索马里亚、苏丹、叙利亚、突尼斯、也门以及巴勒斯坦授权护照、阿拉伯联合酋长国临时护照、中东国家难民旅行护照的持有者。

证的有效期为两周到四周，并可以延长到三个月。

■ 长期社访签证（Long-term Social Visit Pass）

■ 直系亲属准证（Dependant’s Pass）

就业准证

要在新加坡工作，你需要申请就业准证（EP）。申请就业准证须由一位当地人作担保，一般情况下是你的雇主，并由他来替你申请。就业准证因申请人的资质而不同，签发给外国人的就业准证有两种。

① P 准证

外国人如果拥有认可的学位、专业资格、专业技能，要在新加坡寻求专业、行政管理、执行人员或经理工作，则可以申请P准证。企业家或投资者也可以申请P准证。月收入超过7 000新元的申请者申请成功后可获得P1准证，月收入在3 501～7 000新元的申请者可获得P2准证。

② Q1 准证

这种准证签发给基本月收入超过2 500新元并获得过学位，持有专业技术资格证或拥有专业技能的外国人。

持有就业准证的人士可以为自己的配偶和21岁以下的未婚子女申请直系亲属准证。直系亲属准证的申请可以与就业准证的申请一同提交以节省文件处理的时间。

新加坡人力部的网站上新近推出了一个“关键技能列表”，列出了未来几年在新加坡需求较大的职位。你也可以自行在该部门的官网http://www.mom.gov.sg上利用该网站提供的自我评估软件来评估自己是否有可能获得就业准证。

新加坡环球影城

申请程序

就业准证的申请人须在当地有担保人（例如在新加坡注册的公司），通常是申请人的雇主。你的公司可以在网上帮你申请就业准证（但公司必须有一个有效的就业准证在线申请账户）。网上申请的受理时间一般为7天，如为本人亲自申请，受理时间则为人力部收到申请文件之后的两到三周。如需重新申请，则每次要缴纳10新元的手续费。一旦申请就业准证成功，申请人每年须缴纳30新元的手续费。如果申请人来自需要签证才能进入新加坡的国家，他（她）可以申请多次出入境签证（Multiple Journey Visa），每次申请须缴纳30新元。

新加坡红色邮箱

进行申请时你需要准备以下文件：

■ 每份申请附上两份按要求填写的表格。这些表格都须由申请者本人及担保公司的负责人签字。表格还须由担保公司封印或盖章。

■ 一份申请人的旅行文件，特别是记载申请人各项情况的页面。

■ 一张申请人的近照（近三个月内所照，护照照片尺寸大小）。

■ 一份申请人的资格文件（例如大学学位证书、证明、奖励等）和过去雇主的推荐信。

■ 需要在本地执业的申请人必须出具一份由本地一家声誉卓著的公司提供的担保信，担保信应申明该公司有责任维持每个申请人在此的生活并负责将他们送回国。否则每个申请人需要在银行存入3 000新元的担保金。

■ 如果申请人是某个跨国公司在新加坡的地区代表，需要出具一份由新加坡国际企业发展局出具的准许该公司在新加坡设立代表处的信函副本，以及由代表处总部出具的信函，信函中说明申请的目的、申请人的任命期限以及一份申请人生活费和遣返的承诺。

■ 来此承担护理、医疗、教育和法律工作的申请人必须出具向各自专业机构/鉴定机构注册的证书或申报的相关文件。这些专业机构或鉴定机构是：

● 护士　新加坡护理管理局（Singapore Nursing Board）

● 医生 新加坡医药理事会（Singapore Medical Council）/传统中医管理委员会（Traditional Chinese Medicine）

● 教师 新加坡教育部（Singapore Ministry of Education）

● 律师 新加坡总检察署（Attorney-General's Chambers）

● 牙医 新加坡牙医协会（Dental Council）

■ 在会计与企业管制局（Accounting & Corporate Regulatory Authority, ACRA）注册的公司/商行必须出具在相关机构注册的文件。

■ 不在会计与企业管制局注册的公司/企业必须出具各自专业机构签发的注册文件。

此外，获得直系亲属准证者每年须缴纳30新元的手续费，申请直系亲属准证须提交下列文件：

■ 两份按要求填写的表格（一份原件、一份复印件或者两份原件）并附有申请者的签名。子女如有护照，每人应单独呈交表格。如果子女不满12岁，父母可替他们签名。

■ 一份正式结婚证书的复印件。

■ 一份子女出生证明的复印件，证明上应有父母和子女的名字。

■ 父母对子女监护权的法庭证明文件（如能出示）。

■ 申请人的两张近照（近三个月内所照，护照照片尺寸大小）。12岁以下的子女无须提交照片。

工作准证

自2004年7月1日开始，S准证开始取代Q2准证成为工作准证，而不再是就业准证（EP）或者工作许可证，此举是为了填补这两种签证之间的空缺。持有工作准证的外国人其最低月收入应达到1 800新元。S准证适用于每月基本工资至少1 800新元的外国人。S准证申请人将按一种积分系统进行评估，该系统将考虑多重标准，包括工资、受教育程度、技能、工作类型和工作经验。S准证的税款为每月50新元，而每个公司的S准证持有者人数上限为该公司本地工人和工作许可证持有者人数的5%。

S准证可以由本人亲自申请或在网上申请，一般需两周到三周的时间受理。申请新的S准证或者为雇员的Q2准证延期的公司必须拥有中央公积金局账户。这是便于根据公司的限额处理S准证的申请以及通过中央公积金局收缴税款。各公司还须在申请文件上附上近三个月公积金缴纳报告单。

取消工作准证

一旦外国雇员不再为新加坡公司工作，他们的工作准证将被取消，所有的准证（包括EP、直系亲属准证和S准证）都在雇员停止工作后的一周内交回。在此需要注意的是，一旦没有及时交回准证会被视为违法。准证被取消后，相关人员将获得社访签证并获准在新加坡停留两周。如果雇员的工作有变更（例如工作地点、职责或雇主的变更），则须重新申请。

以下是正式取消各种准证所需的文件：

- 一封由其雇主出具并说明取消准证原因的信函。
- 准证持有者的有效旅行文件和入境记录卡（Disembarkment Card）/出境记录卡（Embarkation Card，或叫绿卡，Green Card）或者S准证卡/由本人向工作准证服务中心报告情况的通知信。
- 移民白卡（IMM27）。

工作许可证

打算在新加坡工作的外国人如果基本月工资为1 800新元或少于此数额，则须向人力部（Ministry of Manpower）申请工作许可证。所有即将雇请外国工人的雇主都必须为他们先申请工作许可证。申请表格可在Havelock路18号的工作许可证处领到[电话：（65）6438-5122]，你也可以在线申请（网址为：http://www.mom.gov.sg）。

非马来西亚籍工人必须先获得原则核准函（In-Principle Approval），并由雇主向工作许可证部递交担保函（security bond）后方可入境。保证金的数额为每个工人5 000新元，缴纳的形式可以是银行担保、保险担保、支票

摩天大楼

新加坡国旗

或者现金。担保函上要求雇主在工人的工作许可证被取消后将其遣返。如未如期遣返则没收保证金。这条规定同样适用于来自菲律宾、斯里兰卡和印度尼西亚的家佣。

商业入境证

这是新加坡政府向希望在新加坡做生意或开设公司的外国人签发的就业准证，此准证要求持有人积极参与公司的经营和活动。然而，如果一位已经是新加坡注册企业的持股人或合作人，而此前并未积极参与公司的经营但决定今后将积极参与公司的运作，也须申请商业入境证。

商业入境证首次有效期为两年。在有效期内，持证者可多次因商业或私人原因入境。申请人也可申请在商业入境证有效期内偕同近亲在新加坡居住。

申请商业入境证所需的文件包括：

- 商业入境证申请表格。
- 周详的商业计划。这份计划对首次申请商业入境证的外国人尤为重要，因为申请是否成功就取决于计划的可信度。
- 申请人专业技能、工作经验和以往创业及经商记录等相关信息。
- 申请人最近三个月内的护照适用尺寸照片。
- 合格的健康检查报告。
- 所有的商业入境证申请者都必须获得一家新加坡注册公司的担保，或声明申请获准后将提供3 000新元的银行保证单。此银行保证单必须在成功申请者领取就业准证时提交。每一位家庭成员的就业准证申请也须符合相同的条件。
- 您可为配偶及21岁以下的子女申请直系亲属就业准证。请一起呈交直系亲属就业准证及商业入境证的申请表格。
- 已婚申请者的配偶如果是新加坡公民、新加坡永久居民或是就业准证的持有者，请各提呈一份结婚证书影印件。

申请表格和申请程序的有关细节可在人力部就业准证部获得，你也可以访问前面中所列人力部的网站。

学生准证

如果你打算长期在新加坡学习或者成为一名全职学生就须申请学生准证。如果你已被以下任何一所教育机构接收，就可以提出申请：

- 教育部（Ministry of Education, MOE）注册学校。
- 不在教育部注册但已获得移民局许可接收外国学生的学校。
- 获得社会发展、青年及体育部颁发了许可证准许经营托儿所的学校。

如果你属于如下情况则无须学生准证，如果你是：

- 直系亲属准证的持有者并在一所教育部注册的教育机构或社会发展、青年及体育部许可的托儿所就读。
- 移民豁免令的持有者。

除此以外，如果你持有短期社交访问准证并希望完成为期30天的短期课程，或在准证有效期内进行学习，也无须申请学生准证。但是，有两个条件需要满足：

- 你所修读的必须是完整的及单一模式的课程。学生准证免予申请项目中不包括多种模式的课程。
- 你所修读的课程不得与任何实用职业技能培训和/或学生能与顾客直接接触的经营场所或使用职业技能的相关经营场所（例如美发厅和美容院）有关。

希望在教育部注册的教育机构就读的学生须先与这些学校直接联系。是否能被这些学校接收取决于学校的可招收人数。

已被新加坡高等教育学府（Institutes of Higher Learning, IHLs）接收的学生可以通过网上学生准证申请系统（Student's Pass Online Application System, SOLAR system）在线申请。这些高等教育学府指的是新加坡的理工学院和大学以及外国大学在新加坡的海外分校。这些学校包括：

- 新加坡国立大学
- 南洋理工大学
- 新加坡管理大学
- 欧洲工商学院（INSEAD）（新加坡）
- 芝加哥大学商业管理学院（新加坡）

女学生

■ 义安理工学院
■ 南洋理工学院
■ 新加坡理工学院
■ 淡马锡理工学院
■ 共和理工学院

在网上申请系统尚未扩展到其他教育机构之前，想在以上学校之外就读的外国人只能以传统的方式申请。欲获知更多相关信息及最新消息请浏览移民局的网站：

http://ica.gov.sg/services_centre.asp?pageid=232

或者你也可以打电话到教育部客户服务中心获取更多信息。他们的地址是：

Vista Drive，North Buona 1号，教育部大楼

电话：（65）6872-2220；传真：（65）6776-4617

电子邮箱地址：contact@moe.gov.sg

网址：http://www.moe.gov.sg/educationladmissions/international-students/

针对不同访客的一般观光准证

社交访问准证（Social Visit Pass）

持有社交访问准证的外国人可在新加坡停留较长时间，以下人士可以申请社交访问准证：

■ 商务访问人员。
■ 短期停留的社交访问人员。
■ 在新加坡接受治疗的社交访问人员。
■ 在新加坡就业的社交访问人员。
■ 科技企业家/企业家。

海边公园一角

■ 子女或祖孙子、孙女持学生准证在新加坡就读的女性社交访问人员。

■ 配偶为新加坡人或新加坡永久居民的社交访问人员。

■ 父母一方为新加坡人或者新加坡永久居民的社交访问人员（21岁以下）。

■ 子女（21岁以下）为新加坡人或新加坡永久居民的社交访问人员。

欲获知更多信息请浏览移民局的网站：

http://ica.gov.sg/services_centre_overview.asp?pageid=254

培训就业准证（TEP）

这种准证签发给在新加坡接受专业类、管理类、主管类或者特殊职业培训的外国人。如果属于以下几类人群，你可以申请这种准证：

■ 本科生：在新加坡接受的培训必须是由一个正式教育机构提供的为获得学位进行的培训。

■ 实习培训：公司可以将它们驻国外的机构/子公司的员工带到新加坡进行专业或者主管培训。接受实习培训的人员须持有学位或者证书。

要获得培训就业准证，申请人须具备以下条件：

■ 每月固定薪金超过2 500新元。

■ 持有合格的高等/专业资格证书。

新加坡人力部的网站（http://www.mom.gov.sg）上能找到更多信息及申请表格。你可以在网上或者本人亲自去就业准证部门申请，申请时须带上以下文件：

■ 公司担保函。

■ 由某所大学或者高等教育机构出具的证明函，证明你是这所大学的本科生，或者已经从这所大学毕业的毕业证复印件。

■ 培训课程的详情。

■ 申请人近照。

■ 填写完整的申请表。

除了申请表之外，你还可以附上一封介绍信，说明以下情况：

■ 工作地点。

■ 公司名称。

■ 培训持续时间。

如要申请有效期为三个月及更长时间的培训就业准证，每次申请须缴纳40新元的手续费。手续费可由雇主向就业准证部缴纳。申请有效期不到三个月的培训访问准证则无须缴纳任何费用。

多种工作准证（MWP）

从2008年2月1日开始，以下进入新加坡进行短期工作的外国人需要申请多种工作准证（MWP）：

- 参加种族、社会、宗教、慈善或政治方面的大型会议、论坛、研讨会或集会的外国人。
- 进行直接或间接与某一宗教有关的讲座的外国宗教工作者。
- 在新加坡就某一活动进行报道或者新闻创作但没有受到任一新加坡政府部门支持/资助的外国记者或专栏作家以及同行人员。

在夜总会、休息厅、酒吧、餐厅、酒店和乡村俱乐部进行表演的外国艺术家将会获得（表演艺术家持有的）工作准证。

多种工作准证须由当地担保人申请，这个担保人必须是新加坡境内的经营机构或者宗教团体。多种工作准证的申请表格可在人力部的网站上下载，填写完整的表格可经由新加坡邮政公司各分局。每个申请须缴纳40新元的手续费，受理时间为三周。多种工作准证的有效期为60天，并且不可延长。如果工作时间超过60天，则须申请就业准证、学生准证或者工作准证。人力部的网站http://www.mom.gov.sg上可获得更多信息。有几类外国专业人士无须申请多种工作准证，请在人力部网站上“工作准证豁免申请类别”一栏查询具体信息。

来来去去

不管你是第一次迁居到海外还是第十五次，搬家总是一件既烦心又耗时间的事。

新加坡之夜

你最好先做各种准备（阅读所有相关资料，获得相关信息，向别人请教，列好一个又一个清单），接受来自家人和朋友的一切尽可能的帮助（帮你做饭，照看孩子，跑跑腿办点小事），只要负担得起，在到达和离开新加坡时你可以花钱请人提供服务和协助。你不可能什么事都办得到。你永远不可能获得每件事都圆满完成的满足感，只能是在尽了自己最大的努力之后感觉不错！

如果你是短期或长期被公司派往新加坡，你的公司应该会帮助你。尽可能地利用你请的货运公司那儿（不管是在新加坡的还是在本国的）获得的一切知识和信息。由于新加坡是世界第二大港口（世界第一大港口为上海），你的集装箱会在装船后五周到八周（也许更快）顺利到达新加坡。

如果你还没有选好货运公司，那就找一家在跨国搬运方面信誉良好并在新加坡有完善的子公司的货运公司。另外，这家货运公司应该能帮助你办理货物靠岸及清关手续。以下是新加坡最著名的几家货运公司：

■ Allied Pickfords

网址：http://www.alliedpickfords.com.sg

■ Collin's Movers Pte Ltd

网址：http://www.collinsmovers.com.sg

■ Crown Relocations

网址：http://www.crownrelo.com

■ K C Dat

网址：http://www.asiantigers-kcdat.com

■ Raffles Movers

网址：http://www.rafmover.com

■ Santa Fe Relocation Services

网址：http://www.santaferelo.com

■ Unicorn Worldwide

网址：http://www.unicorn-utg.com

你雇请的货运公司应该向你提供所有运输物品到新加坡应注意的法律问题，但你自己也要注意集装箱内所装运的物品，因为新加坡的法律确实相当严格。如果你不太确定某件物品是否可以带到新加坡，那就拿出来！要特别注意这三类物品：违禁品、管制物品和应缴关税的物品。以下是三类物品的详细清单，你可以和货运公司一同检查，看托运的物品中是否有些物品属于以下任意一种，或者浏览新加坡海关与旅游信息相关的页面：

http://www.customs.gov.sg

违禁品

■ 淫秽物品、印刷品、录像带、光盘和软件。

■ 版权印刷品、录像带、光盘、唱片和磁带的复制品。

■ 标签、纸箱或包装上印有“未付新加坡关税”字样的烈酒、香烟以及包装上标有以“E”开头标记的香烟。

■ 口香糖。

■ 烟花爆竹。

■ 濒危野生动物及其副产品。

■ 嚼烟和烟草仿制品。

货轮

■ 手枪或左轮手枪形状的香烟打火机。
■ 玩具铸币和玩具货币票据。
■ 管制药品和刺激药品。
■ 煽动和暴乱材料。

管制物品

以下物品需要特殊的进口许可证或相关权力机关发出的授权书方准入境：

■ 动物、鸟类及其副产品，包括濒危野生动物；带有泥土的植物。

■ 任何形式的武器和爆炸品、手枪、左轮手枪、短剑、矛和长剑，还包括防弹衣和玩具手枪。

鹦鹉

■ 先期录制的唱片、磁带、胶片、录音带、DVD光盘、激光光盘、报纸、书籍和杂志将要接受审查，而且并非仅仅贴上“X级别”的标签那么简单；你还可能为每件物品支付75新元的审查费。所以我建议你不要携带任何你认为有问题的物品，因为这些物品有可能耽误你的时间或给你带来一些麻烦。
■ 成药、药物制品和毒药。
■ 电信和无线电设备以及玩具对讲机。

应纳税物品

以下物品应缴纳关税，所缴金额取决于你所携带的物品属于以下哪一种：
■ 烈酒。
■ 烟草产品。
■ 机动车辆。
■ 石油产品。

带抑或不带

有些物品是否应该携带，取决于你在新加坡只是短期居留还是会长期待在这里，

由于面积狭小，新加坡的人口密度居世界第二（人口最稠密的国家是摩纳哥），每平方公里有 6 222 人。为了解决住房紧缺的问题，新加坡兴建了大量住宅区和公寓产权为居住者私有的公寓大楼，因此土地越来越稀少，城市里全是高楼大厦。

电脑

以下是你应考虑的一些因素。

- 携带任何核定电压非220伏的电器时都要三思。如果是小型电器，你可以使用变压器，但更实际的做法还是在当地买，因为这里的电器种类丰富，价格也不贵。
- 由于这里的湿度极大（如果你住的地方并非24小时开放空调，情况尤其严重），一定要对这里的气候有心理准备，小心保护好你的相册、幻灯片、钢琴和皮制品，以免发霉。
- 这里电视机的制式是PAL。
- 录像机和DVD播放机应是“多制式”。

住房

没有到过新加坡的人似乎都以为自己将住在一个狭小、局促的组屋（HDB）公寓内。事实远非如此，当然你如果觉得合适的话，肯定能找到这样的公寓。这个小岛上有各种各样的住房可以选择，你尽可以花时间找到自己满意的地方。

你所在的公司可能已经给你找了一位房地产经纪人，他对市场上的供求信息了如指掌，也完全了解外国人的需求。我建议你再找一位经纪人，这样也许能让一切进行得更顺利，你也可以从不同的渠道了解有关信息。你的经纪人应该给你提供一张新加坡的分区地图，你可以了解城市的分区以及各区的房屋租赁情况。你付给地产经纪人的是占租金或房屋售价（取决于你是租房还是买房）一定比例的佣金。

你的房地产经纪人是你获得相关信息最重要的来源，因此要找一个自己最中意的。在找房子的整个过程中，你的经纪人应该全程陪同，他甚至可以帮你开通电力和电话账户。

酒店式公寓

绝大部分人在找房子并等待自己的托运物品到来时，都会在某个酒店式公寓内住上几星期到一个月，或者更长时间。如果你知道自己会在这里住上一年左右，酒店式公寓是个不错的选择。新加坡共有3 600间酒店式公寓，公寓内提供健身房、游泳池、商务中心和房间打扫服务。绝大部分酒店式公寓位于市中心（乌节路、东陵路和荷兰路），当然也有些在城郊。

如果只是短期居留，最好选择离工作地点较近的市中心（乌节路和里巴巴利路地区就非常方便）或者一个你想好好了解的社区。在找房子的时候最好列一个清单，将自己的需求按重要性的先后顺序排列。如果你在一间酒店式公寓居住的时间超过六个月，建议你就租金讲讲价。租金的高低取决于房间的大小、地理位置、提供的设施和服务是否完备。你可以浏览一下网址获取相关信息：

- Moveandstay公司（新加坡）
  网址：http://www.moveandstay.com/singapore/servicedapartments.asp
- ExpatSingapore 公司
  网址：http://www.expatsingapore.com/startup/serviceapt.shtml

住房的多种选择

组屋公寓

超过86%的新加坡人住在组屋楼中，他们中超过90%的人拥有公寓的产权，这是

新加坡民居

公寓

新加坡民居

当地人买房时最首要的选择。作为新加坡国民和社会精神的体现，组屋楼一直是新加坡房地产市场上的主要产品。这些组屋楼群有自带的鲜活农产品市场或者杂货店、儿童游乐场、饮食中心、商店甚至居委会和政府代表处等。当然最重要的是，每幢组屋大楼底部都有一大块空地，可以供孩子们玩耍，举行中式葬礼、马来婚礼、盂兰盆节（Hungry Ghost Festivities）和其他庆祝活动。公寓分为三居室、四居室、五居室以及商务公寓，典型的三居室包括两间卧室、一间起居室、一间厨房和浴室。

新加坡人可以将自己的公寓或卧室转租给一位新加坡永久居民或持有就业准证、工作许可证或学生准证的非新加坡公民，但现在许可条件有所变化。公寓的主人只有在获得建屋发展局的书面同意后，才能将整间公寓转租出去。只有三居室以上公寓的卧室才可以转租，屋主无须征得建屋发展局的同意。

《海峡时报》（当地的英文报纸）或者《联合早报》（华文大报）的分类广告栏是获取租房信息的最好来源。当然你也可以通过正式注册的房地产经纪人帮你找房子，如果你要寻找组屋公寓，以下这些网站能提供你所需要的信息。

- http://www.hdbhousing.com/hdbtowns.htm
- http://www.hdb.gov.sg

外来人才住房计划

(Scheme for Housing of Foreign Talents,sHiFT)

1997 年新加坡一家大公司裕廊镇管理局（JTC）开展了这项外国人才住房计划，外国人才和工人能以合理的价格租到各式各样的公寓、住房和宿舍单位，但公寓内没有家具。欲获取更多信息请浏览他们的网站：

http://www.jtc.gov.sg

共管大厦（Condominiums）

如果是共管大厦，那么你在价格、地理位置和设施等方面将会有最广泛的选择。你对共管大厦（当地人叫作共管，condo）的挑选在很大程度上取决于你的生活方式和家庭环境。我在新加坡就一直住在共管大厦内，而且我对自己的选择非常满意。在这里我能放心地和人们打交道，带孩子去邻居家玩。大厦的维护和管理完善，即使你

找房小窍门

新加坡使用的是公制，所以对于那些已习惯以平方英尺来计算面积的人来说颇为头疼。一平方米约等于 11 平方英尺，所以一个最简便的换算规律就是在原来的面积数字后加一个 0，例如 50 平方米的房间就约等于 500 平方英尺。

新加坡店屋

不在家或者回国待很长时间，也不用考虑房间的安全问题。这里还有极佳的娱乐设施（游泳池、壁球场、网球场）。在寻找共管大厦时要注意，阳台的大小和大门前的过道面积也算房屋总面积的一部分。除此以外，朝南的阳台通常没什么用，因为这里的气温太高，朝东和朝北的阳台在早、晚则非常实用。

建筑时间较早的共管大厦的居室面积通常较大，尽管这样的房间需要重新装修（或者你迟早得重新装修），如果你想要较大的空间（超过232.2平方米），不妨找找这种房子。别忘了老一点的共管大厦一般没有电话、网络或电视连接设备，但只要你多花一点钱就可以安装。

建筑时间较晚的共管大厦一般占地面积较少，因此房间的面积也相应较小。然而，这里的每个房间都有电话、网络和电视等接入服务，也有更现代化的厨房和浴室。

不动产

新加坡的不动产分为三种：联排屋（terrace）、半独立屋（semi-detached）或者独立屋（detached）。

联排屋是指一排房屋彼此相连，中间的为中段排屋（intermediate terrace），两头的为角头排屋（corner terrace）。这些排屋通常有一到三层，前、后皆为私人空间，有的还带车库。这种排屋一般不带花园，如果有花园也是在角落里。

半独立屋则指的是两幢连在一起的楼房。通常为两层，两幢楼房前有小小的花园，两家人甚至还可以共用一个游泳池。

游泳池

新加坡全年潮湿的气候和强烈的日晒，使游泳池成为必不可少的设施。即使你要租的房子没有游泳池，只要有足够的空间，你能够以理想的价格租借和安装地上游泳池。

独立屋当然就是独立修建的房屋，可以是平房，也可以是单层、双层或三层楼房。独立屋也有过去遗留下来供殖民者所住的单层或双层楼房，墙壁为白色，木造部分为黑色，当地人称之为黑白屋。由于这些房屋风味迷人，独具特色，所以在外国人中颇受欢迎。这些房屋都尽可能地保持了原貌，因此没有中央空调设备。不仅如此，这种房屋大都处于树木茂密的院子中，周围“野生动物”（令人毛骨悚然的爬行动物，蜥蜴、蚊子和蛇）众多，住在这里的人能感受到真正的热带气息。这种房屋旁边还会有一个小房子供用人居住，由房东负责房屋的修缮和维护。

黑白屋的租赁

绝大部分殖民时期的黑白屋只由政府提供租赁，并由指定的房地产经济公司管理。你可以浏览新加坡土地局网站，寻找可供租赁房屋的信息：

http://www.landapplications.gov.sg/spioweb/spio/public/spiohomes.aspx

你也可以在优耐德宏腾公司（United Premas）的网站上获得更多信息：

http://www.unitedpremas.com

或者，你还可以咨询你的房地产经纪人，看看还可以去找谁。

住宅区的躺椅

租（买）房建议

预算

预先做好预算并计算出基本生活费用，这样你开始找房子时就会有所准备。将租金变化的额度限定在500新元以内，这样你的预算不会超太多。有趣的是，这里的房价会随着外国工人的需求变化而涨跌。2002年，外国人大批离开新加坡，导致房价急剧下跌（我们的租金比七年前搬到新加坡时便宜了1 000新元）。政府采取了各种措施以吸引外国公司回到新加坡，现在这些措施似乎已起作用。总之，关注市场变化，在签租赁合同时，要适当地要求对方降低一下价格。

地理位置

离办公室有多远？离学校呢？附近有没有公共汽车站或地铁站？是的，新加坡虽然不大，但人的思维方式转换得更快。很快你就会和当地人想法一样，到哪儿去似乎都不近。例如，住在东海岸的时候你会听到人们说，“我要到城里去……”其实整个路程只需20分钟。在地图上标出办公室、学校或者俱乐部的位置，尽量住在附近；你的生活会因此方便很多！考虑一下需不需要买车？或者搭出租车方便吗？搭城铁如何？高峰时期怎么样？房子是要在公共汽车站附近还是在地铁站附近？

面积

你在这里能找到各种面积的公寓，在找到自己一见钟情的房子之前要坚持不懈。不要太早放弃，这里有数以千计的房子可供选择！一点小建议就是在预算之内尽量找

人力三轮车

大一点的房子。你会发现储物空间老是不足，随着家庭的扩大和亲戚的来访，房间总是不够多。此外，房子的租赁广告总写的是“X+1个房间”。你会发现除了X间卧室，那个多出来的小房间（通常是女佣所住的小角落）实际上是在背面，这里还有一个出口通往厨房。如果广告上说的是“X+1+1个房间”，则是X个卧室，一个用人房和一个储藏室或更衣室。书房或者起居室通常都会单列出来。新加坡的公寓还有一个优点，就是一套房间中浴室的数目比很多国家要多。带浴室的卧室也很常见并且颇受人们欢迎。最后，大部分公寓有一个后阳台，上面可以放洗衣机或者抽水马桶，有时候甚至可以变成“第二个厨房”，这样，做饭的味道就不会四处弥散。

新加坡公寓

娱乐休闲设施

共管公寓通常提供一系列的娱乐休闲设施，从游泳池、壁球馆、网球场、桑拿室、健身中心，到游乐场、烧烤平台、小市场，甚至还有高尔夫球绿地，应有尽有。你可以四处转转，看看有哪些设施可以利用。共管公寓里可利用的资源非常丰富，你几乎不需要再参加什么别的俱乐部了。

家用电器和空调

有些事情你要牢记。这里出租公寓内的厨房可能有些设备不会提供，例如炉子等，尽管这些设备在有些国家是必不可少的。注意一下公寓内的电器，如冰箱、洗衣机、烘干机和洗碗机的尺寸和使用情况。虽然空调能使你的生活变得异常舒适，但也不能只依赖空调。看看房间内有没有吊扇，如果是高层的公寓或者公寓内各个方向都有窗户的话，会有凉爽的穿堂风。

防盗窗和阳台

这里的高楼大厦比比皆是，因此一般不会安装防盗窗，但是在搬进公寓前一定要求窗户的锁完好无损或者有其他安全防护措施。如果你有孩子，也要考虑阳台的安全情况。如果你对某套公寓感兴趣却担心那里的安全问题，可以要求他们安装一些防护设备。

周围环境

从纽约搬到新加坡，我已经习惯了住在公寓里。但我发现大部分人对住在公寓里的生活还是一无所知。所以我有一些小建议。由于你周围的邻居对你的生活会有很大影响，特别是如果你还带着孩子。在下午5点、晚上八九点的时候到公寓的室外游乐场看看有多少孩子在那儿玩。周六早上或者傍晚，到游泳池附近走走。你是喜欢那种有很多孩子、住着很多家庭和外国人的公寓，还是喜欢让自己保留更多的隐私？最后一点，你觉得采光和周围的景观重要吗？由于高楼大厦如此普遍，有海景或者城市景色和大窗户的公寓很受欢迎，但你愿意负担由此增加的电费吗？因为这里常年阳光普照，房子里面会很热，而且楼层越高就越热，所以你开空调的时间会很长。不仅如此，声音都是向上传播的，特别是如果你的公寓楼靠近一条主干道或者高速公路，房间内的噪声肯定会很大，所以对此你应该有充分的了解。

租房还是买房

由于新加坡是一个繁忙的大港，来来去去的旅客很多，供出租的房子也数不胜数。如果你打算在这里待上比较长的一段时间或者正在寻找投资机会，在新加坡置业也不失为一种选择。自2005年起，外国人可以在新加坡任何一座建筑物内购买公寓，无须获得新加坡当局的许可。2005年以前曾规定这些公寓楼必须高于6层，且为共管大厦，如今这些规定已经不再适用。但是，如果需要购买的是具有产权的不动产例如楼房、平房以及空地，则须获得新加坡土地管理局（SLA）的批准。你可在新加坡土地管理局的网站http://www.sla.gov.sg上获得更多关于购买不动产的信息。

中国式宝塔

耸入云端的高楼

更多信息

欲获取更多信息，请咨询以下单位或浏览以下网站：

■ 住宅产业统制官

土地交易（批准）处

Ntnton 路 55 号，Revenue 大楼 12-01，新加坡 307987

电话：（65）6323-9829　传真：（65）6323-9937

■ http://www.sporeproperty.com

■ http://www.property.st701.com

■ http://www.propertyguru.com.sg

维护和整修

注意是谁负责公寓的维护和整修。在最后签订合同前，确定是由你还是房东或是你的老板负责房屋的维修、驱虫、清洁游泳池（如果涉及了游泳池）和空调的保养。

不管你在哪里居住，房屋的翻修都是一件大事。当然，如果你是租房居住，要在对房屋的结构做出任何改动前，先征得房东的同意（仔细阅读你的租约）。

但是如果你是购房而且想要进行翻修，有些事情是你要注意的：

■ 房屋翻修可能需要征得建筑工程局（Building and Construction Authority）的许可。这里有一个资源非常丰富的网站能够提供一切你所需要的信息和装修指南：http://www.bca.gov.sg/housing/sp/renovating/reno_prvptyguidline.htm

■ 翻修与装修咨询中心（RADAC,Renovation and Decoration Advisory Centre）是由新加坡消费者自发组织的并对建筑与装修行业进行监督的非营利性机构。在他们的网站（http://www.radac.org.sg）上你能找到所有信誉良好的装修企业名录以及其他有用的信息。

- 毫无疑问，对共管公寓单位的任何翻修都必须征得建屋发展局的批准，你可以先到物业管理公司进行咨询。
- 最好，翻修房屋前尽可能多地听取别人的意见和建议。我们肯定都有在这方面有经验的亲戚、朋友或者熟人。

迁入新居

或许你的公司已为你找好了货运公司，否则你就得自己动手。如今绝大部分的货运公司都提供一条龙服务，包括帮助客户搬家（他们的服务高效、快捷，令人满意）、办咖啡早茶会、组织客户短途旅行或者介绍当地的风土人情。这些对一个初到异地还没有什么资源可用的外国人来说，实在是额外的收获。在你的物品已经运抵新加坡后还对货运公司如此依赖，这可能会让你觉得有点怪，但这是在新加坡，他们是帮助你在这里安家的最好的也是第一位伙伴。他们对来自海外的顾客非常了解，从而能够给你提供在新加坡居住最可靠的意见和建议。

公用事业

如果你请了一位房产经纪帮助你寻找公寓或住宅，他（她）会向你提交供水和供电合同。这些都由新加坡能源公司（Singapore Power Services）统一管理，但实际上是由新加坡电力公司（Singapore Power）负责提供电力和管道煤气，而新加坡公用事业局提供生活用水。这里电力和煤气的服务效率极高，而且较为负责，自来水也经过安全处理，完全适于饮用。

每月你都会收到详细的账单，付款的方式也多种多样。你可以寄支票（对于公用事业账单甚至信用卡账单的支付，他们会周到地提供一封已印好邮寄地址的信封），也可以亲自去位于索美赛（Somerset）路或者兀兰（Woodlands）以及各邮局的电力公司客户服务中心付费。你还可以通过电话或者互联网，一些银行如星

来自新加坡的明信片

展银行（DBS）、大华银行（OUB）的自助服务机（SAM，Self-service Automated Machine）、自动柜员机（ATM，Automated Teller Machine）或者AXS一家本地电子服务交付网络（Electronic Service Delivery Network）营运商的付款机进行电子转账。另外一个非常便捷的付款方式是通过GIRO（一种自动从用户的银行账户上扣除应付款项）服务。这种服务使你能及时支付账单，省去了每月都得寄支票的麻烦，也不用担心忘了付款。一旦你申请这种服务成功，你每月的账单上会有自动扣款的时间，一般是两周后，并且每月都在同一天。

如果你要开设自己的公用事业账户，可在下面这个网站上找到相关信息和所需文件：

http://www.services.spservices.sg

你只要点击网站上的“常问问题与解答”这一栏，就能看到“如何开设公用事业账户”的文章。你可以亲自到客户服务中心去申请，也可以通过传真、电子邮件或者在线申请。以下是一个简单的申请开设公用事业账户的指南：

- 客户服务中心的营业时间是工作日的早8:00到晚6:00，周六的早8:00到下午4:00。
- 携带护照、现金或当地银行开出的支票（在银行开设支票账户须存入300新元到800新元不等，取决于房屋的类型、账户是以公司的名义还是非居民个人的名义开设）以及工作许可证或者就业准证，还有你的租房合同或者房东开具的介绍信。
- 开通服务需要三个工作日的时间。如果你额外支付一笔钱，你可以获得快速服务（24小时内安装或终止服务）。

有的房屋内的炉子使用的可能是瓶装煤气，新加坡几家大的石油公司自己生产和管理煤气罐，但是他们将煤气的运送分包给了各地区的经销商。你最好在购买前先浏览一下《购买指南》或者在《电话黄页簿》中了解“煤气—液化气—瓶装液化气”一栏的相关情况。

电信及媒体服务

新加坡的有线电视和电信服务非常完善，这是典型的新加坡式工作方式，服务快捷、可靠。电信业的主要监管部门是新加坡信息产业发展局（IDA，Infocomm Development Authority），他们负责监管电话、科技和邮政服务。

电话号码簿

新加坡“电信系统”让人觉得颇为有趣的一点，就是电话号码簿的发行方式。每年你都会收到一封邮件，通知你在规定的时间内去某地领取新的电话号码簿。一般你可以选择去最近的某个地点（一般是一个大的组屋区）领取。他们不会将电话号码簿送到各家各户，这在很多国家是很普遍的做法（你当然也可以让他们送电话号码簿上门，但是需要支付一定的费用）。而《购物指南》（Buying Guide 基本上就是电话黄页簿）却可以每年被送到用户的家里。如果你无法在规定的时间内去领取电话号码簿，则只能到新加坡电信大的客服中心领取。

电话服务

如今新加坡仅有三家电信运营商，最大的是新加坡电信有限公司（Singapore Telecoms），另外两家是星和电信有限公司（Starhub）和第一通电信有限公司（Mobil One，M1）。

首先来说说新加坡电信和星和电信提供的固定电话服务。申请新加坡电信公司的电话安转服务有以下三种方式：

- 拨打电话1609或1800-738-1311。
- 在任一邮局、新加坡电信的客户服务点或电信营业厅填写申请表格。
- 网上申请：

  http://www.singtel.com

滨海湾花园风光

申请星和电信的固定电话服务则拨打1633或1630咨询，商定上门安装电话线的时间。

申请安装固定电话线（无论服务商是谁）时，要询问是否需要向公司预付一定款项？如果你不是新加坡公民或永久居民，应该提交哪些资料？此外你还应询问初装费是多少？申请后一般在六到七个工作日内能获得批准。另一个需要问清楚的就是如果额外付费，电信公司是否提供电话机。如果你需要经常拨打国际长途或者发传真到别的国家，就应该了解长途电话资费并同时申请此项服务。

2002年3月，新加坡的固定电话号码从七位升至八位，即在所有的电话和传真号码前加“6”。这一变化是为了适应客户人数不断增加的市场变化和客户对电话服务需求的增加。这一升位活动进行得非常顺利，只是你偶尔还会看到不是以“6”开头的电话号码，这时你只要在电话号码前加上一个“6”就可以了。

电话线安装好后，你也可以选择别的电信公司的国际长途服务，如果你觉得他们的长途话费费率更低，更适合你的需要，你只需到相关的电信公司申请就可以了。你可以到以下网站查询相关信息：

■ 新加坡电信

网址：http://www.singtel.com

■ 星和电信

网址：http://www.starhub.com

■ 第一通电信

网址：http://www.m1.com.sg

新加坡电信公司的标志

新加坡总人口中有83%的人拥有手机，因此手机已不再是所谓的奢侈品而是生活必需品，是一件配饰，同时也是身份的象征。以上所提到的三家电信公司也提供各种移动电话服务和各种品牌的手机。你可以浏览一下《海峡时报》周末版的广告页，上面有各种品牌最新款手机的广告以及报价和各种促销活动。在你做出选择之前，先打电话咨询一下，或者到各营业点了解相关手机的信息。顺便介绍一下，新加坡的手机号码都以“8”或“9”开头，并且也是八位数。

互联网服务

新加坡现有三家网络服务供应商（Internet Service Provider，ISP）。和购买手机一样，你也可以货比三家。你可以打电话咨询、上网查询或者亲自到他们的客户服务中心了解情况。

■ 太平洋网络

电话：（65） 6336-6622

网址：http://www.pacific.net.sg

■ 新加坡网络（新加坡电信旗下子公司）

电话：1610或（65）6838-3899

网址：http://www.singnet.com.sg

■ 星和电信

电话：1633或（65）6820-1633

网址：http://www.starhub.com

邮政服务

新加坡邮政（又称新邮）拥有超过900个邮政营业点的邮政服务网络，其中有60多家是服务设施完善的邮局。由于这些邮局的位置不同，其营业时间也不尽相同，但是你所居住的社区附近（例如东边、西边、南边或北边）总会有一家邮局营业时间比别的邮局稍长，以方便那些白天没时间去邮局办事的顾客。绝大部分邮局提供一系列完善的服务，包括邮递、集邮、汇兑服务，账单、罚款的支付，捐款的接收，保险

新加坡城市风光

费、各种执照年费的缴纳服务，等等。由于这些邮局的位置和营业时间以及邮箱位置各异，你可以拨打他们的统一客户服务电话1605或浏览新加坡邮政的网站：

http://www.singpost.com

如果你所居住的地方附近没有邮局，那么全新加坡至少还有80家获得营业许可的邮政所以及200多家邮票零售点。如果这还不够，你还可以找到自助服务机（SAMs，Self-Automated Machines）购买国内和国际平邮所需的邮票或支付部分账单。你可以在新加坡邮政的网站上找到这些自助服务机的分布地点。

无线电视、有线电视和广播

新加坡现有六家电视台，其中两家是英文台（5频道和亚洲新闻频道），两家普通话台（8频道和U频道），一家马来语台（朝阳Suria频道）。还有一家则是中央电视台，这是一家综合电视台，面向儿童和青少年（中央少儿频道Kids Central）、印度观众（Vansantham Central）和更关心艺术、更严肃的观众。新加坡也有一家有线电视台（你可以通过星和电信公司申请），设有众多的频道可供选择。新加坡的法律不允许私自安装卫星电视接收天线，因此你无法收到卫星电视频道。此外，新加坡还有15家广播电台，你可以在新加坡传媒公司（Media Corp）的电台网站（http://www.mediacorpradio.sg）上了解这些电台的信息。尽管现在政府对传媒的管制有所放松，但是对于哪些内容能够播出还是有一定的限制，例如，与色情和暴力有关的内容就不得

邮政自动服务机

播出。

要在新加坡购买电视机或收音机，你必须申请电视机或者收音机持有许可证。许可证的有效期为一个日历年，并可每年延期。电视许可证的年费为每户110新元，收音机许可证的年费为每台27新元。新加坡广播局法案规定，个人无论在哪里安装电视信号接收器（甚至在汽车内），都必须购买许可证。如果用户未能购买许可证，执法部门可以处高达1 000新元的罚款。你可以在线申请许可证，或者携带你的护照或身份证到新加坡全国职工总会（National Trades Union Congress，NTUC）英康中心分支机构以及邮局申请。更多信息请浏览新加坡媒体发展局的网站：

http://www.mda.gov.sg/wms.www/index_flash.aspx

出版物

新加坡只有一份大的英文日报即《海峡时报》，报道本地、区域及国际新闻（这份报纸的周日版当然就叫作周日时报，The Sunday Times）。而《商业时报》（The Business Times）则更关注商界动态，并且只在周一到周六出版。早上你还可以获得免费的小报性质的英文日报——《今日报》（Today）。午后出版的报纸有《新报》（The New Paper），但这份报纸有些哗众取宠。主要的华文大报有《联合早报》（Lianhe Zaobao），这份报纸的晚上版叫作《联合晚报》（Lianhe Wanbao），《新明日报》则是一份华文晚报。马来文日报有《每日新闻》（Berita Harian），这份报纸的周末版叫作《每日新闻星期刊》（Berita Minggu）。当然，印度人也有自己的报纸即《淡米尔之声》（Tamil Murasu）。

除了《今日报》（你可以在地铁站和公共汽车站这样的地方获得），你可以订购上述其他日报并让他们将报纸送到家里。新加坡的大报都由新加坡报业控股集团公司（Singapore Press Holdings，SPH）承印，你可以通过电话或发电子邮件联系他们［他们的电话是：（65）6744-4875，电子邮箱地址是：circs@sph.con.sg］。

让人高兴的是，你还可以在网上浏览这些报纸，如果愿意的话，你可以订购这项服务。以下是这些报纸的网址：

- The Straits Times

  网址：http://straitstimes.asia1.com.sg
- The Business Times

  网址：http://www.business-times.asia1.com.sg
- The New Paper

  网址：http://www.newpaper.asia1.com.sg
- Berita Harian

  网址：http://www.cyberita.asia1.com.sg
- Lianhe Zaobao

  网址：http://www.zaobao.com
- Tamil Murasu

  网址：http://www.tamilmurasu.asia1.com.sg
- Today Online（新加坡传媒公司出版）

  网址：http://www.todayonline.com

新加坡报业控股集团也出版一些杂志，你可以在他们的网站http://www.sph.com.sg/“SPH杂志”这一栏得到更多的信息。

在新加坡，你还可以看到一些海外出版的报纸，包括International Herald Tribune（《国际先驱论坛报》），The Wall Street Journal（《华尔街日报》），Asian Wall Street Journal（《亚洲华尔街日报》）以及USA Today（《今日美国》）和South China

新加坡国立大学

Morning Post（《南华早报》）。除了新加坡报业控股集团，其他的出版公司也发行自己的杂志。你也可以买到海外出版的杂志如Time，The Economist，Newsweek，Harper's Bazaar，Elle，Cosmopolitan和Vogue。到大的书店或报摊去看看，那里肯定能找到你喜欢的报纸和杂志。

家具和电器

如果你需要临时的或新的家用电器，可以考虑这几个地方。首先，如果你要找使用状况良好的二手电器或家具（这在新加坡并不难找，因为这里经常有外国人离开并要将家里的家具和电器赶快处理掉），可在几家大俱乐部（你可以在下面题为"社交俱乐部"的这一栏中找到他们的信息）的公告板上看看，或者到国际学校和大的农贸市场如东陵大厦（Tanglin Mall）内的东陵市场或者荷兰村附近的Jelita冷鲜市场内找找。

如果你要买电器，则可以到几家价格实惠的大电器连锁店逛逛：

新加坡的商场

Best Denki

全国共有10家连锁店。

Carrefour Hypermart（家乐福超市）

主店在新达城（Suntec City Mall），第二家在狮城大厦（Plaza Singapura）。他们的网址是：

http://www.carrefour.com.sg

Harvey Norman

主店在美年径（Millenia Walk），新加坡全岛共有12家门店。

新加坡制造标志

社交俱乐部

社交俱乐部是一个能与新加坡各地的人们认识并交流的地方，在这里你还能享受各种在别的地方享受不到的娱乐休闲设施。许多国际俱乐部在自己国家特有的节假日到来时都会举行庆祝活动。要了解这些俱乐部的详细信息请登录：

http://www.expatchoice.com/relocation_guide/useful_resources/social_clubs.htm

应该从国内带至新加坡的物品

首先，我得斗胆说新加坡什么都有！如果你一时没找着，可四处打听打听，很快就能找到。这种事情在我身上发生了无数次，几乎变成了住在新加坡小小的乐趣和游戏之一。为了不至于让你因为找不到美国产的超大号床单而沮丧不已，我先给你一些小小的建议：

如果你所穿的衣服比美国的女式10号（欧洲40号）和男式36号（欧洲46号）要大，建议你在出国前尽量带上所有你可能需要的衣服。这当然也包括胸罩（带有衬垫的胸罩非常普遍，但不会有超过C罩杯的）、游泳衣和紧身内衣。在玛莎百货（Marks & Spencers Department Store）和罗敏申百货（Robinson's Department Store）这样的地方总能买到加大号的衣服，只是选择有限，价钱也不便宜。

如果你所穿的鞋号码大过美国9号或欧洲41号（男式美国10号，欧洲43号），最好在国内买好了带过来；或者只要你在新加坡看到合脚的鞋就赶紧买下来（不要等着降价），因为大尺码的鞋他们一般只会进一两双。

大型购物中心内景

即使新加坡有几百家儿童服装店，也很难找到舒适、浅色、染色牢固、朴素的T恤衫或长裤。要找这样物美价廉的商品，非去Gap（第一家Gap2006年初在新加坡开业）、Old Navy 或者Target不行，所以最好在这些店里多买点这样的必备品。

有些药品在新加坡也很难买到，有时是因为药名变了，有时则因为他们不进这种药。例如，这里买不着布洛芬（ibuprofen）；当地人用的同类药是扑热息痛（Panadol）。记住，这里有些药品你可以在药店的柜台上买到，但实际上这些药品是受管制的（它们有时甚至还带着毒药的标志），因此对买回家的药品一定要当心。在这里要列一个详细的药品清单是不可能的，但你可以在走之前尽量采购平时必备的药品，并咨询一下周围的朋友或到达新加坡时咨询一位医生。此外，日本药店（通常在日本杂货店附近）也会卖一些不同寻常的药物，例如亮阁（Liang Court）的Mediya，史各式路（Scotts Road）伊势丹百货地下一层，或者乌节路上义安城内的高岛屋，在那里能买到很多好的药。

与欧洲和很多其他国家一样，新加坡国内电器的核定电压为220伏，插座可以是两相或三相的。在使用大型电器（如音响、电视或空调）时最好不要使用变压器。尽量将电器留在国内，等到了新加坡再另外购置。这里的电器价格非常便宜，你可以随时随地购买，有时还可以从即将离开新加坡的外国人那里买到维护良好的二手电器。新加坡是购置电器的天堂，你可以买到从日本和韩国进口的最新电器和设备，比世界上其他任何地方都方便得多。

这里的床上用品一般使用的是欧洲尺寸，所以，如果你来自美国，最好先在国内购置一些。此外，这里的床上用品风格保守，如果你喜欢鲜亮、时髦的色彩和图案，还是在国内预先购买比较好。

在新加坡你无论何时何地都能购买到酒类饮料，销售各种风味的商店比比皆是。但新加坡对酒类商品课以重税（买一升葡萄酒要纳税9.5新元，像威士忌、白兰地这样的烈酒则一升要纳税30新元），从澳大利亚和新西兰进口的酒种类最多，价格也最便宜。抵达新加坡时每人可携带1升烈酒和1升葡萄酒或啤酒——其实机场免税店（Duty Free Shop，DFS）里有众多种类可供选择，而且有些酒的价格在全市是最低的。

家政服务

在新加坡你完全可能、也负担得起请一位全职的家庭女佣。作为雇主，你得对你的女佣负全责，包括她的健康以及遵守新加坡对外籍劳工所做的相关法规和规定。你们的雇佣关系受到法律的制约，雇主必须缴纳5 000新元的保证金，一旦你的女佣违反了新加坡有关法律或者工作许可证上的相关条款，这笔保证金将被没收。

除了佣工的薪水（一般为每月200 ~ 500新元），雇主每月还得向政府缴税（现为295新元）。你可以通过两个途径雇用一位外籍帮佣（Foreign Domestic Worker，FDW），一种是由雇主从本国将她带到新加坡，另一种则是通过职业介绍所。新加坡的职业介绍所非常普遍，彼此之间的竞争也极为激烈。职业介绍所的帮助可以使你免去挑选、雇用和为一位外籍帮佣注册带来的麻烦，而且整个过程并不如你想象的那么复杂。你可以在幸运中心（Lucky Plaza）、加东购物中心（Gatong Shopping Mall）和半岛购物中心（Peninsula Plaza）这样的地方找到很多职业介绍所。这还只是举几个例子，还有更多的职业介绍所散布新加坡各地。寻找帮佣的整个过程大概会花两周到六周的时间，这取决于你所雇请的这位帮佣是来自国外（可能需要申请护照）还是从前一位雇主那儿直接转到你家里。

工作中的女服务员

新加坡元

外籍劳工的规范与监督由劳工部负责，新加坡共有15万名来自政府许可国家（马来西亚、菲律宾、印度尼西亚、泰国、斯里兰卡和孟加拉）的外籍劳工。过去，新加坡政府受到了来自国际人权观察组织的严格监督，他们考察外籍劳工在新加坡的待遇（涉及劳动条件、工资、劳动时间、假期和是否受到虐待）及在法律上受到的微不足道的保护等问题。不可否认，在家庭帮佣问题上，确实有一些负面事件在新加坡发生，这也让初到新加坡的外国人非常震惊和不安。但是新加坡政府正在逐步采取措施使情况得到改善，例如，强制要求雇主和雇员参加培训课程；加强对拖欠佣工工资、对佣工施行虐待等问题的解决力度；并对职业介绍机构实行授权经营。正如相关报道所说，新加坡在对家庭帮佣的管理和保护等方面的立法和监督走在了马来西亚的前面，但是还无法与中国香港相提并论。在中国香港，外籍劳工在假期、产假、公众假期、最低工资等方面均受到外籍劳工法的保护，雇主也必须接受相关的监督并缴纳一定费用。

最后，雇主必须对自己的佣工负责，这对双方来说都是一个调整自己行为以及学习互相适应的过程。尽管新加坡政府许可输入劳工的国家有八个，然而绝大部分家庭女佣来自菲律宾、印度尼西亚和斯里兰卡。所以，看到职业介绍所按国籍、宗教或者语言能力而不是以工作时间或工作能力将这些外籍帮佣进行分类时，你不必感到吃惊。住在新加坡的外国人一般愿意选择菲律宾女佣，因为她们的英语更流利。由于她们的英语较好，普遍工资较高，职业介绍所收取的中介费也相应较高。以下列出了雇用家庭帮佣时应注意的事项：

- 雇主应负责用工的所有医疗费用（包括住院治疗费用）。雇主负责每六个月带佣工到性病研究实验室（Venereal Disease Research Laboratory）接受性病、怀孕和艾滋病检查。每次花费为50新元。
- 雇主每年支付佣工回国探亲一次所需的费用，或购买一张机票所需费用。
- 在签署任何合同之前，雇主与佣工应就假期的天数、加班工资和时间、每日须完成的工作、电话及卫生间等的使用经过商讨后达成一致。强烈建议双方把达成一致的条款以文字的形式记录下来，以备将来之需。

- 由于众所周知的原因，单身外国男性不得雇用住家女佣。但是有些职业介绍所可以介绍钟点女工。了解更多信息请浏览以下的网站：
  http://www.entersingapore.info/expat-lifestlye/livingmaiols.php
- 如果你从未雇用过家庭帮佣，劳工部会建议甚至要求你在递交工作许可证申请文件前参加一个为期四小时的培训课程。国际妇女联合会也提供如何雇用女佣的培训课程。
- 如果家里有婴儿或幼儿，建议你雇用一位有育儿经验的女佣，并和她一起参加心肺复苏术和急救课程（CPR and First aid）学习。当地提供心肺复苏术和急救课程的机构信息，请浏览以下网站：
  http://www.entersingapore.info/sginfo/heal-oh-emergencies.php#firstaid

总之，找到一位称职的、工资水平适中的女佣对于住在新加坡的外国人来说是一件幸事，特别是那些还带着孩子的家庭。当然，这其中也不无困难和各方面的调适，你的女佣和整个家庭都会真真切切地感受到文化震撼的存在。作为雇主，你必须时时刻刻记住：英语并非她的第一语言，也可能不是你的第一语言；你们之间的交流将很缓慢，也会有障碍；女佣所吃的食物会受到她所信奉的宗教的影响，她处理食物的方式也可能与你不同；也许你的女佣第一次住在城里感受现代化，她会发现远离亲人（她的父母、伴侣或者自己的孩子）比较难过，但是她不得不这样做，因为她在新加坡所挣的工资很可能将支撑一个大家庭。为了自己和家人有更美好的将来，她必须做出牺牲。你们之间的相处确实不容易，需要很多的运气、好命、耐心和容忍力。正如我的一位朋友所说："有了女佣头疼，没有女佣背疼。"当然是否请一位女佣得由你来决定，但是大多数人都会同意。只要想想在工作、家庭和家务中挣扎，你的生活将是多么繁忙、紧张和焦虑，这时你唯一的决定肯定是"请一位女佣"。

孩子

新加坡至少是一个适合儿童成长的地方。不管是外国人还是本地人，我在这里生活的七年中从来没碰到过谁对此表示过异议。安全的环境、温暖的气候、良好的教育条件和周边环境（如商场、餐厅）以及绝大多数公众场合人们对孩子的接受和喜爱等，都使新加坡成为一个友好、舒适、适合居家生活的地方。但是，这世界上并没有十全十美的事物，新加坡也并非天堂。这里潮湿的热带气候、稠密的人口，都可能使小孩更经常出现身体不适。孩子一年内感冒的次数可以多达七次，这对人们来说已经司空见惯。而且医生经常毫不犹豫地就给感冒的孩子开出了抗生素，这一点可能让你颇为惊异。家长们还可能会经常见到孩子们流着鼻涕，出现过敏或哮喘的症状，晚上睡觉时咳嗽。此外，某些常见的高度传染性疾病如手足口病（Hand，Foot and Mouth）、水痘和百日咳等，在这里传播速度也很快，因此你最好采取一些预防措施，并对热带地区的常见疾病的症状以及如何预防等问题有充分的了解。

新加坡的许多建筑、公共汽车站、地铁站和人行道上都没有斜坡和婴儿车/手推车的专用入口，因此推着婴儿车进出这些地方会比较困难，但是这一点现在正得到改善，只是还需要一段时间。

在新加坡由于绝大多数父母都在外工作，他们只能把孩子放在托儿所，这些托儿所由社会发展部统一监管。新加坡大约共有600家托儿所（Child Care Centers，CCCs），由公司、合作社、私营企业和志愿者经营，负责照看18个月到六岁的幼儿。然而，也有一部分托儿所接收2～18个月大的婴儿。要了解已注册的托儿所的详细信息可以登录网站：

http://www.app.mcys.gov.sg/web/serv_newdss_disability_main.asp?services_zd=l

这里绝大多数托儿所都为三岁到六岁的幼儿提供幼儿园教育课程（或学前教育课程）。新加坡共有200多家在教育部注册的幼儿园和多所提供幼儿园学习课程的国际学校，这些国际学校以招收外国学生为主。很多社区幼儿园，尤其是那些比较受欢迎的，都得等上至少6个月才能入园——所以，多早开始寻找合适的幼儿园都不算早。新加坡教育部要求注册的幼儿园以英语和本地的一种语言作为第二语言进行授课。

这里的托儿所有日托、半日托、假日托和临时照看服务。要找到理想的托儿所可

在做游戏的孩子们

能得费点时间，你最好多拜访几家并且：

- 和老师交谈；
- 观察教室的环境和使用的设备；
- 观察学生和老师之间的互动；
- 考察学校的领导风格、与家长的沟通方式；
- 询问老师的资历、教育背景等；
- 了解孩子们一般三餐和加餐吃什么，托儿所在孩子的接、送以及家长未能及时接、送孩子时老师会如何做等方面的政策。

新加坡风光

至于小学和中学教育，新加坡也有很好的国际学校，你的孩子可以很顺利地继续他们在国内所学的课程。在这里，国际学校也叫作国际体制学校（Foreign System School），因为这些学校的办学方针是以他们本国的教育体制为指导。这些学校虽然在新加坡教育部注册，但获准后可以遵循自己所在国的教育指导原则。按照教育部的规定，国际学校只能招收外国学生和新加坡永久居民，以下是一些你在挑选学校时应当考虑的问题：

- 学校提供何种文凭和课程？

  看看各个学校开学和放假的时间是否相同。如果你只是在新加坡短期居留，进入一所开学时间与孩子原来学校相同的学校就容易得多。每个学校的开学和放假的时间不尽相同，例如，澳大利亚学校每年在1月份开学，到12月份一个学年结束，而海外家庭学校（Overseas Family School）则在8月份开学，次年6月份一个学年结束。
- 学校上学和放学的时间，特别是校车的运行时间。
- 学校所处的位置和交通状况如何？
- 如果没有名额，学校是否有替补名单（wait list）的制度，是否需要交定金？

  很多国际学校都需要等上6个月到两年的时间，依你孩子的年级不同而长短不一。如果想要进入替补名单，就需要交定金。
- 除了体育和学习活动之外，学校是否还提供多种多样的课外活动？也就是说，是否有你的孩子感兴趣的课外活动？

新加坡国立大学校园

■ 外语的选择。不仅包括提供的外国语言的种类，也包括外语课程的水平。

■ 你的孩子在学习上有特殊的要求吗？尽管新加坡学校在满足学生的特殊要求这方面还落后于西方国家，但他们还是能给学生很多额外的帮助。

■ 班级人数。一般每个班有18名学生，但有的学校一个班可能只有10个人，而有的又可能多达25个人。

■ 学习设施。

还有，这些学校对学生的接收条件也因具体情况不同而各异。有的学校只接收讲本国语言的本国学生，有的学校则对学生的英语水平有一定要求。在《信息资源指南》中你能找到一些学校的名字，但是最好到教育部的网站下载详细的名单，网址是：

http://www.moe.gov.sg/education/private-education/

国际学校一般低年级的学费每年为4 600 ~ 20 600新元，高年级的则为10 300 ~ 25 000新元。如今雇主们通常不会考虑雇员的全部经济负担，所以孩子的教育费该是你跟老板好好讨论的一件事，特别是如果你不止一个孩子。

本地的教育制度

新加坡的自然资源匮乏，因此教育问题至关重要。它的人民就是这个国家最重要的资源，为人民提供高水准的教育也是政府非常重视的一个问题。作为外国人，我觉得新加坡的教育体制严厉、要求极高、欠缺公平。因为学生之间竞争激烈，所以老师和家长对学生的要求很高。他们只重视考试成绩，却不鼓励学生进行创造性思考，但是新加坡的学生在数学和自然科学方面的成就却是有目共睹的。不过，和新加坡的所有事物一样，新加坡的教育制度也在发生着变化，朝着更灵活、更多样化和更具包容性的方向发展。

要进一步地了解新加坡的教育体制，首先必须认识到它是以英国的教育体制为基础的。一个儿童前十年左右的学校教育被分为两个阶段——六年的小学教育和四年到五年的中学教育。

新加坡儿童一般七岁上小学，六年后小学毕业。在升入中学前，他们要参加小学毕业会试（Primary School Leaving Examination，PSLE），接着在中学学习四年到五年。学生按照毕业会考成绩分班，60%的学生将修读特选和快捷课程，35%的学生将修读普通课程。

修读普通课程时，学生可以选择学习普通学术课程或普通工艺课程，四年后他们将参加新加坡剑桥一般教育证书（Singapore-Cambridge General Certificate of Education "Normal"—— GCE "N" level）的考试。在普通水平（"N" Level）考试中取得优异成绩的学生可以接着在第五年年末参加标准水平（"O" Level）考试，约有80%的学生会参加这个考试。

那些修读特选和快捷课程的学生会在第四年年末参加剑桥教育一般证书标准水平（Singapore-Cambridge General Certificate of Education "Ordinary"—— GCE "O" level）的考试，其后他们可以选择是否愿意：

- 在初级学院或高级中学学习以参加剑桥一般教育证书高等水平（Singapore-Cambridge General Certificate of Education "Advanced"—— GCE "A" level）的考试，其后进入高等学府。
- 就读理工学院（南洋、淡马锡、义安、共和、新加坡）以获得学位。其后他们也可以进入高等学府。
- 就读技术（新加坡工艺教育学院，ITE）或商业学院（新加坡管理发展学院，MDIS；新加坡市场学院，

新加坡学生

新加坡南洋理工大学建设纪念碑

MIS；新加坡国立大学科技管理集团，TMC；新加坡管理学院，SIM）。

新加坡国立大学（NUS）、南洋理工大学（NTU）、新加坡管理大学（SMU）和新跃大学（SIM University）是当地知名的高等学府。

金融服务

新加坡有超过140家商业银行和80家招商银行。绝大部分银行提供一整套银行服务，包括活期储蓄、自动柜员机（ATM）、定期储蓄、保险箱、贷款、透支和转账业务。银行一般周一到周五在早上9:30开门，下午3:00或4:00关门，周六早上9:30至11:00或11:30营业。绝大多数外国银行在新加坡都设有办事处，这些银行包括：荷

本地银行

本地的主要银行有：

- 新加坡发展银行（Development Bank of Singapore, DBS）

  1998年末，邮政储蓄银行(The Post Office Savings Bank, POSB)和发展银行合并，现在他们拥有新加坡最大的银行网点和自动柜员机网络。

- 新加坡华侨银行（Overseas Chinese Banking Corporation, OCBC）

  2002年吉宝达利银行(Keppel Tatlee Bank)(由两家当地的银行合并而成)与华侨银行合并。

- 大华银行（United Overseas Bank, UOB）

  2001年大华银行收购了海外联行银行（Overseas Union Bank, OUB），自2002年起两家银行都在大华银行的领导下运作。

新加坡金融中心

用信用卡支付

兰银行（ABN AMRO Bank）、美国银行（Bank of America）、富国银行（Wells Fargo International Banking Group）、加拿大丰业银行（Bank of Nova Scotia）、东京三菱银行（Bank of Tokyo-Mitsubishi）、东方汇理银行（Banque Indosuez）、巴黎国民银行（Banque Nationale de Paris）、巴克莱银行（Barclays Bank）、大通银行（Chase Manhattan）、花旗银行（Citibank）、瑞士信贷银行（Credit Suisse）、第一波士顿银行（First Boston）、德意志银行（Deutsche Bank）、香港上海汇丰银行（Hong Kong and Shanghai Banking Corporation, HSBC）、莫斯科人民银行（Moscow Narodny Bank）、澳洲银行（National Australia Bank Ltd）、标准渣打银行（Standard Chartered Bank）、住友银行（Sumitomo）以及瑞士联合银行（the Union Bank of Switzerland）。

每家银行对储户开户须满足的条件、最小储蓄额、账户收费和初始存款额等具体要求并不一样，但是所有银行都有下述规定：例如，你需要提交护照复印件、雇主的介绍信（为你的信用背书），以及你所属国家的某家银行出具的证明。新加坡的自动柜员机网络遍布全国，并具备无须现金交易的电子转账网络（Network for Electronic Transfers）。如果你打算在新加坡停留较长时间，建议你使用上述系统和服务。

新加坡对开出支票和兑现支票所做的规定与英国相同。在收款人（payee）这一栏附近以小字印刷的是“or Bearer”，意思是任何出示这张支票的人都有权兑现或抵押这张支票。如果支票必须由指定的收款人兑现或抵押，将这两个字画掉。

如果一张支票的左上角画有两条平行线，就表示这张支票只能存入银行账户，无法兑现。如果你想要收取现金，绝对不能要画有那两道线的支票。

在日、月、年的写法上新加坡人仍然遵循着英国人的传统。支票上印有横线，以供在上面用文字书写数目。而且你“只能”在书写的数目后写上其他文字。如果你不太确定，应事先进行询问，不要涂改支票或在支票上作多余的记号，这样会导致支票被收回或被拒收。绝大部分当地银行和欧洲银行不会归还已被注销的支票和银行结单。

信用卡

信用卡的使用在新加坡非常普遍，零售店、餐馆、酒店，甚至一些出租车也接受国际信用卡。这里的人们常用的几种卡是Visa卡、万事达卡（Master Card）、大来卡（Diners）和美国运通卡（American Express）。如果你希望申请信用卡，对于普通卡，通常要求拥有有效期为9～12个月的就业准证，且年收入为30 000新元左右，而白金卡则要求年收入为48 000新元左右。

在新加坡这样一个行业竞争激烈的社会，信用卡的使用常常伴随着奖励、回报、积分、促销和令人难以置信的好处。这对消费者来说应该是件好事，因为这样他们能获得实惠。仔细阅读你的信用卡对账单，付款时尽量使用信用卡，及时兑换你的积分，说不定什么时候你的积分能让你在巴厘岛过一个悠闲的周末——而且是免费的！这种奖励、回报和积分系统不仅应用在信用卡上，而且你的有线电视账单、电话账单以及全城的大商场都使用这种办法来刺激消费。在新加坡，人们睡觉时都可能在“积分”。当然你也会有觉得麻烦的时候，比如，在加油站、美发沙龙、玩具店以及数不清的地方都会有人问你有没有积分卡。这是新加坡社会的一大特色，自然也跟新加坡人“怕输”的心态有关。每个人都喜欢占小便宜，很快你也会和他们一样。

一些努力开拓业务的银行工作人员经常选择一些地区进行信用卡推广活动，他们会在人流集中的路边搭上帐篷，银行的客户代表会劝每个路过的人再申领一张新卡。除了使用信用卡本身能带来的回报，他们还有别的促销活动，例如免费礼物或是免一段时间的刷卡手续费等。乌节路是这些银行的首选区域，如果你不喜欢被打扰，可以避开他们或者有礼貌地婉拒后走开。

免税购物标志

纳税

新加坡的税收制度非常完善，个人所得税率也较别的发达国家低。新加坡的税收机关是新加坡国内税务局（Inland Revenue Authority of Singapore, IRAS）。

每个人缴纳的个人所得税的多少取决于以下两个因素：

- 你被视作新加坡税务居民（tax resident）还是非税务居民（non-tax resident）；
- 你的收入水平。

一个人是否为税务居民取决于他在新加坡就业的时间长度。非税务居民无须申报本人在新加坡获得的来自于国外的收入。下表总结了新加坡自2003年以来规定的个人所得税缴纳条件：

如果符合以下情况，你将被视为税务居民：

- 你在新加坡停留的时间在一个日历年中超过183天。
- 你已在新加坡居留或工作了连续三年，即使第一年和第三年你在新加坡停留的时间不到183天。

新加坡国内就业时间	居民身份	纳税条件
60天或更短	非居民	由于属短期就业，你可以不用缴税，除非你是导演、演艺人员或在新加坡执业。
61~182天	非居民	缴纳收入的15%或按居民个人所得税率缴纳，以较高者为准
183天或更长	居民	所有个人所得均须缴纳0%~22%的个人所得税。

作为税务居民，你在新加坡的所有个人所得和所有你在当年（从第二年开始计征）从海外带入新加坡的收入都必须缴税。你也可以获得个人税务减免（包括所得税减免、配偶税务减免、子女税务减免、寿险税务减免、课程费减免等），并且税率也不相同（详见下表）。

	应缴税收入	税率	应缴税款（新元）
第一年	20 000	0	0
第二年	10 000	4%	400
第一年	30 000		400
第二年	10 000	6%	600
第一年	40 000		1000
第二年	40 000	9%	3600
第一年	80 000		4600
第二年	80 000	15%	12 000
第一年	160 000		16 600
第二年	160 000	19%	30 400
第一年	320 000		47 000
第二年	320 000	22%	

新加坡的税务制度为累进制，税率由低到高不等。上表提供了不同水平的收入适用的不同税率（当然这也只适用于2003年以后的税务政策）。要获取更多信息请浏览：

http://www.iras.gov.sg/http://www.iras.gov.sg/irasHome/page01.aspx?id=88

新加坡已与亚洲大部分国家、几个欧洲国家和加拿大签订了税收协定，绝大部分税收协定在利息和版税方面降低了代扣代缴税的10%左右的税率。新加坡没有和美国签订双方税务减免的协定，但是有些外国税收抵免政策你可以利用。你可以浏览下面这个网址获得更多的信息，也可以查询与新加坡签订了税收协定的国家：

购物的女人

http://www.iras.gov.sg/irasHome/page.asp?id=812#comprehensive

要在新加坡申请缴纳个人所得税，需要雇主在每年的3月1日前出具一份说明你工资详情的报税表格（IR8A）。新加坡国内税务局（IRAS）会在3月31日前寄给你一份个人所得税表格。一旦拿到这两份表格，你可以依据雇主提供的工资详单填写个人所得税表格，并将两份表格于4月15日前寄至国内税务局。此时你无须立即缴纳税款。国内税务局收到并处理完你的申请后会在5月到12月间寄给你一份评估通知（Notice of Assessment, NOA）。收到评估通知后，你有两种缴税方式可以选择：一种是收到评估通知后的一个月内全额缴付税款，另一种是分12个月分期缴纳，并且无须支付利息。如果你选择第二种缴税方式，国内税务局可以通过GIRO系统自动扣除你的应缴税款。然而有一点你须要注意：尽管GIRO系统非常便捷，而且使你不至于一次性支付一大笔税款，但是在你离开新加坡前一定要将余下的税款缴清。

医疗保健

新加坡有着世界一流的医疗保健体制，这套体制在亚洲也备受瞩目，这一点毫不令人感到意外。这里的绝大部分医生会说英语，有在海外接受培训的经历，医院内的设备和技术也是最先进的。新加坡共有11家私人医院，7家公立（政府）医院和几家专科诊疗中心。每家医院和诊所擅长的领域不同，针对的人群也不一样，因此收费有高有低。

病人可以自由选择在哪家公立或私人医院接受基本医疗服务，也可以到任何一家医院或诊所看门诊。新加坡的所有医疗机构如医院、（私立）疗养院、医学实验室、内科诊所和牙科诊所都须得到新加坡卫生部（Ministry of Health）的授权并受其监管。

新加坡大部分的社区都有公立综合医院和私人诊所提供服务。公立综合医院大都建于20世纪70年代，为患者以政府补贴的形式，提供便捷的医疗服务。自2006年1月起，外国人在新加坡已不能在公立综合医院接受政府补助。随着这项政策的变化，新加坡公民在公立综合医院接受基本门诊服务的费用为8新元，新加坡永久居民则须支付12新元，外国人须支付16新元。

大夫

外国人所签的工作合同中通常包括医疗保健服务。这就意味着你可以挑选一位受政府管理的医生或是一家诊所接受医疗保健服务。你的保健医生可以为你开药或进行诊疗，这样你无须再到药店买药，也无须支付药费或诊疗费。新加坡的医生在开药，特别是开抗生素之类的药品时所受的限制较少，这一点与欧洲或美国不同。

如果你或你的家人需要住院，你可以选择（当然以有所选择为前提）私人医院的单人、双人或四人床位的房间。至于公立医院，只有单人房间（A1级）或双人（B1级）房间可以选择。公立医院的医疗费用普遍低于私人医院，但非新加坡公民要比新加坡公民多支付30%的医疗费。

如果你已经怀孕或者考虑在新加坡生孩子，可以对这里的医疗水准完全放心。事实上，很多亚洲邻国的产妇都选择在新加坡生产。我曾经在新加坡生过一个孩子，唯一的遗憾是当时我的家人不在身边。其实有家庭帮佣的帮助，你完全不用担心没有家人来协助，况且，很快孩子的祖父母就能到新加坡来长期照看你。

在新加坡生孩子并不需要什么手续。首先，任何非新加坡籍父母所生的孩子出生后并不能获得新加坡国籍。但你还是需要为孩子进行出生登记并到你所属国的大使馆申请护照。请到你所属国的大使馆咨询在国外生孩子须办理的手续。孩子出生后，父母须到下列医院的出生登记中心（Birth Registration Centre）办理注册登记：

- K K 妇幼保健院（K K Women's & Children's Hospital）
- 东海岸医院（East Shore Hospital）
- 鹰格医院（Gleneagles Hospital）
- 安徽尼亚山医院（Mount Alvernia Hospital）

新加坡中式公园风光

■ 伊丽莎白医院（Mount Elizabeth Hospital）

■ 国立大学医院（National University Hospital，NUH）

■ 新加坡中央医院（Singapore General Hospital，SGH）

■ 康生医院（Thomson Medical Centre）

宝宝

未在上述医院出生的婴儿，其父母可以到加冷路（Kallang Road）的新加坡移民局公共服务中心（PR Services Centre）登记注册。未在医院里（如在家中或汽车内）出生的婴儿，其母亲须获得由接生婴儿的医生、助产士或救护车工作人员出具的接生证明（Notification of Live Birth）。

婴儿的出生登记应在出生后14～42天（包括周日和公共假期）内完成。如果迟于此日期，申请人应提交一封解释推迟注册登记的信件以获得注册许可（Registrar/Registrar's General approval）。在获得许可后，婴儿的注册登记才被受理，并签发出生证明（Birth Certificate）。

所需文件

进行出生登记时婴儿的父母须提交下列文件：

■ 由医院出具的接生证明。

■ 如果父母为新加坡居民，则出具父母双方的身份证明；如果父母为外国人，则提交双方的护照、入境许可证和移民局签发的出/入境卡。

■ 结婚证明正本。

■ 婴儿父母的委托书（如果有人代替婴儿的父母为其进行登记注册）。

■ 18新元的注册费。有些医院可能在此基础上再收取一定的服务费。

■ 婴儿注册时应已取名。出生证上可以用华文/爪哇文/泰米尔文书写婴儿的名字。

在此我要提醒那些想要或即将在新加坡生产的孕妇，在婴儿出生后，你们会收到卫生部寄来的为婴儿接种疫苗的通知书。

新加坡的救护和紧急医疗服务（Ambulance and Emergency, A & E）也非常完善。新加坡的急救电话为995，你的电话会由新加坡民防部队（Singapore Civil Defense Force）紧急救护队转接到最近的公立医院。新加坡民防部队也负责处理交通事故和医疗紧急事件。注意：民防部队的救护车不会将病人送到私人医院。但病情稳定后，病人可以选择转往任何一家医院。

几家私人医院如伊丽莎白医院、鹰格医院和东海岸医院都有自己的救护和紧急医疗部，他们接到请求后也会立即派出救护车，你可以直接拨打这些医院的紧急救护热线。

传统中医药

尽管西药在新加坡被广泛应用，但12%的新加坡人在平时的门诊诊疗中也会借助传统中医药。

传统中医药是中华文明遗产的一部分，并流传到了现代社会。它在西方和东方文明中都颇有影响力。传统中医药包括中医、中药、针灸、按摩和气功。在中医药几千年的传承中，针灸是最为人们熟知也是最普遍的治疗方法。由于针灸的治疗费用低廉，操作简便，疗效快，这种治疗方法与西方医药同时广受欢迎。

为了更好地了解传统中医药及其在中国社会中的重要性，需要先了解一下中医的治疗原理。中医以阴、阳为基础，与其他中国哲学强调生命的和谐与平衡一样，它强调宇宙中的万事万物都相生相克。阴——黑暗、寒冷和静止的一面应该经常用阳——

佛牙寺

健康小贴士

正如你刚刚所读到的，新加坡有着精良的医疗保健设备和优秀的医生。这是个好消息，但是坏消息就是你见到他们的机会也许比在国内要多得多。住在这个狭小、人口稠密的热带小岛上，人的身体会有很大的不适。以下列出一些保持身体健康、使你尽量少看医生的建议：

- 尽可能多喝水。即使你不觉得渴，也要多喝。让喝水成为一种习惯。新加坡的饮用水绝对干净、卫生，你绝对没有理由不喝。
- 使用防晒霜，在太阳最猛烈的时候（上午 11 点至下午 2 点）避免外出。由于这里地处热带，终年接受阳光照射，人很容易中暑或皮肤被灼伤。全年阳光灿烂的天气可能会让你待在室外的时间多一些。这时你要像当地人那样，随身带一把遮阳伞，挡住太阳或是不期而至的阵雨。
- 及时接种疫苗，注射 A 型和 B 型肝炎疫苗。新加坡的食品卫生和疾病管制非常严格，这足以成为某些亚洲不发达国家的榜样。
- 每天吃一粒维生素 C 或者多种维生素药片，以保持免疫系统的健康。
- 注意蚊虫叮咬和可能导致的登革热。大的共管式公寓内每周都会喷洒药物，因为在某些地方小小的蚊子也会造成严重的问题。晚上去公园或者其他草木茂盛的地方时，一定要抹上驱蚊药。即使你在国内时对蚊虫叮咬不过敏，这里炎热的气候也会让被咬的伤口红肿发炎。为了避免身体不适，蚊虫叮咬后应采取一些治疗措施。

牛车水风光

光明、温暖、活跃的一面来平衡、调解。获得身体健康的首要条件是保持身体内的平衡（阴阳调和）以及与周围环境的协调、心境的平和。

就如外面的世界一样，每个人的身体内有一个小宇宙，中医认为这个小宇宙由五种相生相克的力量组成：火、水、木、金、土。如果这五种力量达到了平衡，一个人的身体就是健康的。如果这五种力量失去了平衡，人就会生病。每个人都应力求达到阴阳的平衡（包括这五种力量）以及气（生命力或能量）的积极的、正确的流动。如果某个人的身体失去了这种平衡或受到某种伤害（例如扭了脚踝），中医药则发挥作用，使一切又恢复平衡。

我鼓励各位到新加坡旅游并且在这里居住，一个很大的原因就是我非常喜欢这里的中医足部和肩部按摩，所有的大型商场内你都能找到提供这种服务的小店。如果你不信中医，也许不用尝试。但我得提醒你，这种按摩很疼，但按摩完后身体感觉非常舒服。如果你长期某个部位感到疼痛，几个疗程后症状也许会有所改善。

新加坡市内遍布各种中药堂（《购物指南》上在册的就有500个）。但是如果你想去那种老字号的药店，牛车水是最好的选择。这种药店的墙上总是摆满了一罐罐你

根本无法辨别的药物，周围则摆满了大柜子，一个个抽屉内放着风干的各种动物和草药。咨询一下店员，他们会就你的症状开出一些药方。

另类药物

对于那些愿意尝试另类药物的人，他们有多种亚洲特有的药物可供选择，例如印度草药（Ayurveda）。此外，还有顺势疗法（homeopathy）、灵气疗法（reiki），以及瑜伽、太极拳、气功和其他形式的亚洲古老的锻炼方法。你会在东海岸公园道路、其他公园和组屋底层看到很多晨练的人群。

保险

如果你所在的公司未给你投保团体健康险，在私人投保前你可以考虑以下几个因素，特别是附加的险种：

- 你是否只是投保了全民健康险或者其他通用的健康保健险，而这些险种并不能够满足你在新加坡时的需要。
- 你是否愿意在自己的母国选择私人保险。
- 你是否想要在别的国家为某种疾病寻求治疗。

你尽可以咨询多家公司提供的不同的医疗保险政策（有些政策受制于投资和储蓄计划）。在开始咨询前需要弄清楚你所投保的健康险的现有政策以及你的具体需求。对自己的需求要非常明了，不要被保险公司的经纪人牵着鼻子走。不幸的是，有很多保险经纪人只求赚快钱，从不仔细聆听并了解客户的需要。因此你一定要意志坚定，不要仓促下决定。

交通

无论你是否拥有自己的交通工具，游览新加坡都是一件令人开心的事。当然，首先是因为新加坡狭小的国土面积，其次则因为该国对私人汽车的限制和其发达的公共交通系统。在亚洲所有繁华的大都市中，新加坡又一次成为控制和管理交通最成功的典范。

要更清楚地了解新加坡的面积大小，你只需知道，开车从小岛南端到北端的Causeway（自此进入马来西亚的柔佛）最多需要1个小时（在交通繁忙的情况下），其中有40分钟是行驶在路况良好的高速公路上。这些高速公路有清晰的指示牌（所有的路牌只以英语标示），并且维护良好（在新加坡的七年间我从来没有见过路面上有一个坑洞）。要不是路上经常有维护和保养的施工，这些公路也许是亚洲最受欢迎的公路！即使是交通堵塞和高峰时期，也最多耽误你15分钟；然而，交通堵塞问题在其他亚洲城市则严重得多。所以我们要再一次感谢新加坡政府的完善规划，他们不仅限制上路的汽车数量，还在全岛各处安装了电子道路收费系统，以帮助协调高峰时期和进入中央商业区的交通流量。

在新加坡买汽车价格不菲，新加坡政府不仅提高了购买汽车的门槛，还采取了其他措施限制私人汽车的拥有和使用，这正是他们典型的办事风格。1990年5月，新加坡实行了车辆限额制，在此制度下，新加坡陆路交通管理局（Land Transport Authority，LTA）决定准予注册车辆的数量，并由市场决定购买车辆的价格。某种类型的车辆在车辆总量中所占的比例反过来又决定了车辆的限额。政府每月发放的拥车证的数量就是这一年准许购买的车辆的限额。拥车证的出现，使新加坡成为全世界拥有汽车成本最高的地方之一（如果不是最高的）。拥车证的价格波动较大，例如，2005年3月B类型（排量1.6升及以上）车拥车证的价格为21 710新元，而同年12月该类型车的拥车证价格降为9 000新元。因此，车辆在新加坡成了地位和财富的主要标志。再加上新车的登记注册费、道路税和高速公路使用费，政府的用意非常明显——他们希望你使用公共交通工具。

新加坡的车还有一个特点，那就是大街上的车没有使用超过十年的。由于拥车证的有效期为十年（十年后可以再延期五年或者十年），而那时一辆旧车的保养费用往往比一张新的拥车证价格还高，因此倒不如直接将车辆报废。

出租车

你需要了解一切

你可以在陆路交通管理局的网站上看到在新加坡购买车辆需要了解的所有信息：

http://www.onemotoring.com.sg

如果你想买车，有些事情你必须事先了解。

首先，如果你在新加坡停留的时间超过六个月，就需要考驾照。在获准将你在国外获得的驾照转换成新加坡驾照前，你必须参加一个基础理论考试。考试需要预约（通常是提前一个月），既可以通过网络，也可以亲自到新加坡三大驾校（Bukit Batok Driving Centre，Singapore Safety Driving Centre和Comfort Driving Centre）之一进行预约。接下来一定要仔细学习和阅读驾驶手册——由于用词方面的差异，试卷上的问题有时候可能很难看懂，有些问题考得非常细。如果你在新加坡逗留的时间少于六个月，可以在本国或到新加坡汽车公会（Automobile's Associate of Singapore，AAS）取得国际驾照。

新加坡环球影城指示牌

现在你既然已经决定了自己驾车出行，就要对新加坡人驾车时的某些不礼貌的行为有心理准备。不注意与前车保持适当距离，变道时不用车灯示意，摩托车手们在道路上横冲直撞，不给汽车让路，这些都是人们已经司空见惯的行为。新加坡人最习惯的一条规则是：只要你打开车上的应急灯，就可以毫无顾忌地驾驶，例如，在主路上随时停车，堵住进口或者出口，或者接电话。现在政府似乎已经注意到了人们的这些行为，因为陆路交通管理局已经开始了推动文明行车的一系列活动。

一些新加坡的基本交通规则如下所示：

- 车辆在新加坡应靠马路的左边行驶（驾驶员坐在车内的右侧，应在最右边车道超车）。

新加坡公路

- 年满17岁后才能考取机动车驾驶执照。
- 一般道路上的最高限速为50公里/小时，高速路上则为70～80公里/小时。
- 汽车行驶时必须系上安全带，儿童应使用安全座椅。
- 所有刚获得驾照的驾驶人持有的是有效期一年的临时驾照，最多可扣12分（违反交通规则会被扣去相应分数）。如果超过12分，你的驾照将被没收。持有临时驾照满一年后，你在两年内最多可扣24分。
- 新加坡的道路交通标志种类非常丰富。要通过驾照考试，你必须熟记所有交通标志，例如，双白线、“之”字形白线、单黄线、双黄线，等等。当然最重要的是认识道路上指示方向的路牌——如果你已经习惯于在道路的左边驾驶，那就再好不过了。
- 不要酒后驾车。对于酒后驾车有七种惩罚方式（首次酒后驾车将被罚款高达5 000新元并入狱六个月），警察一般会在晚上到几个地点蹲守。
- 除非使用免提设备，否则开车时绝不要打手机。一旦被警察发现，你会受到严厉的惩罚（罚款1 000新元及/或入狱六个月）并扣除12分。
- 小心红灯和电子测速仪。新加坡道路上蓝白相间的警示标志会告诉你前方有测速仪。如果你超速被照相机拍下来，几天后你会以邮件的形式收到显示违章细节的罚单。
- 新加坡有一套防止交通堵塞的方法，但有时候你的行车会受到影响。所有新加坡的注册车辆都必须安装一种车内装置（In-Vehicle Unit，IU），以缴纳电子道路使用费。这个装置通常放置在驾驶员一侧的汽车仪表盘上，这样，电子道路收费装置就能读取数据。每次在高峰时段经过电子收费处时，车内装置上应插有现金卡（卡内应有一定数量的余额），电子收费器会自动从卡上扣除相应的金额。然后，车内装置发出“哗”声，同时显示卡上现有余额。如果你在经过电子收费处时卡上余额不够，收费处的照相机会自动拍下你的车牌，几天后你就会收到一张10新元左右的罚单，罚金的多少取决于违章的地点和时间。这种IU现金卡的做法也应用于越来越多的停车场，车辆每次离开停车场时会被扣除一定金额的停车费。

■ 停车券属于新加坡人的独创，如果在公共停车场，特别是由建屋发展局和市区重建局（Urban Redevelopment Authority）管理的停车场内停车，车主必须购买停车券。停车券可在很多地方买到，包括加油站和便利店。停车券打孔后应放置在汽车的仪表盘上，这样通过挡风玻璃可以看见。未能正确使用或完全不使用停车券，会导致罚款或车胎被锁住。没错，新加坡的女收费员们（她们穿着制服，手拿高科技黑盒子，可以直接开罚单，有时候也有男收费员）会非常认真地检查你是否遵守了规定。因此被罚后或违规停车后，你肯定能养成遵守规定的好习惯。

如果你真打算花费巨资在新加坡买辆车，你最好是先咨询有车的新加坡同事。他们会告诉你拥车证的价格在上涨还是在下跌，需不需要再等一个月，是不是在放假前（例如华人农历新年前）购车，因为过节时汽车的价格一定会飙升。尽管大部分车辆销售商信誉良好，但肯定也有些心术不正的骗子，所以如果你的朋友或同事能给你推荐一个口碑好的汽车销售商，那是再好不过了。由于政府对于车辆检验的规定和限制颇多，你的经销商就是最好的帮手，他能帮你办理各种数量多的惊人的手续，因此找一个你信任的经销商才是上策。

租车在新加坡也很普遍，有很多汽车租赁公司也雇用了外籍员工。租赁合同中会注明由汽车租赁公司负责汽车的保养和维护，并提供24小时道路救援，由公司负责缴纳道路税、车辆保险费、无线电使用执照费和检查等费用。

至于那些确实需要汽车而非显示某种身份的人，他们可以选择购买拥车证五年或更短时间内即将到期的汽车或体积较小的经济型汽车。除了前文提到的陆路交通管理

女皇镇风光

局的网站，新加坡汽车工会也有一个很好的网站（http://www.aas.com.sg），网站上提供了很多购买汽车需要了解的背景知识和实用的建议。

公共汽车

公共交通系统

很显然，新加坡政府并不希望你购买私车，当然你自己可能也不想购买。买车牵涉的费用巨大，其实并不是一种经济的选择，对于那些没有孩子的人来说更是如此。他们不用成天忙来忙去，不用考虑怎么携带婴儿推车和其他设备，也不用担心儿童座椅的安全性。不管用什么标准来衡量，新加坡的公共交通系统都是既廉价、快捷，又可靠、安全的。

公共汽车

新加坡的公共汽车价格最低廉，覆盖范围也最广。绝大部分的公共汽车都装有空调，一部分是双层汽车，并且越来越多的汽车装上了车载电视。公共汽车每周运营七天，通常是从早上6:00到午夜，有的路线较长的可能早上5:30就已经出发。有的公共汽车周五和周六的运营时间更晚，以方便那些彻夜狂欢的人，并且城内的某些区域还设有夜班车。

目前公共汽车票的票价从0.64新元到1.80新元不等，这取决于路程的远近、是否为空调车和购票的方式。如果你使用易通卡（一种在公共汽车和地铁均可使用的储值车资卡），可以更便宜，从地铁转乘公共汽车或从公共汽车转乘地铁时都有一定的折扣（有时候公共汽车间转乘时也有这种折扣）。如果用现金购买车票，票价会略高一些，而且车上不设找零，你只能放入完全相同数目的钱币。如果使用易通卡，车资一般自动扣除，如果有折扣，折扣金额会被返还到卡中。你可以在所有的地铁站和公共汽车站的自动贩卖机上购买卡或为你的易通卡储值。

新加坡还有连接各个社区不同区域的镇连线（Townlink），镇连线也到达各个公共汽车站和地铁站。

地铁

新加坡的地铁（在地下和地上运行）干净、快捷、舒适、方便，只是现在其覆盖的范围还有限，共有五条线连接了城市人口最稠密的各个地区。新加坡首个地铁站于1988年投入使用，自此以后政府不断扩建。2010年地铁环线竣工，连接辐射到市内的各条地铁线路。更重要的是，新加坡全岛所有地铁内都安装了电梯和修建坡道，以方便残疾人和带着婴儿推车的父母。

地铁的运营时间为每天早上5:45到午夜12:15，每3～8分钟一趟。目前岛上共有60个地铁站，每天搭载乘客近100万人次。随着距离和支付方式的不同，地铁票价从0.90新元到1.90新元不等，儿童、学生和老年人还可享受优惠。如果在地铁站或列车内吃东西、喝饮料、乱扔垃圾和吸烟都将被罚款。

与地铁类似的还有在特定的区域内运营的轻轨系统，如今新加坡有两条轻轨线：武吉班让线（Bukit Panjang）和盛港/榜鹅线（Sengkang/Ponggol）。

出租车

新加坡共有16 860辆出租车（当地人叫德士）在大街小巷穿梭。这也是一种颇受欢迎，快捷、便宜（与许多大城市相比）、方便（除了雨天、周五晚上或高峰时期），并且绝对不能忽视的交通方式（广告公司在推出有创意的广告宣传时都很青睐出租车）。

地铁站入口

滨海湾金沙酒店前的出租车

了解了以下有关新加坡出租车的相关信息后，你在搭乘时就不会无所适从了：

- 新加坡的出租车司机多为本地人，男性居多。
- 他们对城市各个地方了如指掌，即使是最偏远的地方他们也能不费吹灰之力地将你送达。
- 如果你要去的地方他们不知道，他们也不会看街上的指示牌，而是迅速打电话给自己的同事问路——耐心等他们把电话打完。
- 他们会说英语，当然是所谓的新加坡式英语，因此你们的沟通可能会有点困难。把你的目的地用英语写在纸上，阅读英语对他们来说应该不在话下。如果你们确实有点“鸡同鸭”讲，是该你的新加坡式英语出场的时候了，记住在每句话后面都要加上“lah”（参看第八章：不同的语言）！
- 出租车司机还会问你想走哪条路，“ECP、CTE还是CBD？”他的基本意思是问你愿意走近路（但得多付过路费），还是走远一点的路（少交钱）。
- 新加坡的出租车大都干净、舒适，车内装有空调，有时座位背袋内还有杂志。
- 你无须给司机小费，但他们还是很欢迎你给整数不要找零。
- 他们也许会很直接地问你一些很私人的问题，但只是为了活跃气氛，不要太当真或放在心上。
- 最重要的是，有时候你会觉得有点晕车，因为他们喜欢蜻蜓点水式的加速。也许他们认为加速后滑行，再加速，再滑行，使汽车保持在一定速度上可以省油。我不是太肯定事实是否如此，但如果交通拥挤时晕车的感觉会更强烈。

出租车

在繁忙的马路上要想叫到出租车，最好的办法是在出租车停靠站（Taxi Queue）排队。每家大型商场、大部分办公楼和城内主要的饭店外都有这种出租车停靠站。如果附近没有停靠站，在不会对交通

新加坡街景

造成大的影响的前提下，你也可以随时在路上挥手叫车。新加坡有四家大型出租车公司：城市出租（City Cab）、康福公司（Comfort）、SMRT出租车和Yellow-Top，同时还有些私人出租车运营商（如Maxi Cabs，London Cabs）提供更高级的服务，主要运营车辆多是梅赛德斯·奔驰轿车。还有一些有关新加坡出租车的信息是你必须知道的：

■ 出租车的起价介于2.10～3.10新元，取决于出租车的类型和上车的时间。这是1公里内的价格，以后每240米加0.1新元（10公里以内），其后每225米加0.1新元（10公里以上）。

■ 从樟宜机场出来的出租车要收附加费（5新元），在早、晚高峰时期上车也要多加1新元。平时的高峰时期是从早上的7:30到9:30，下午的4:30到晚上7:00；周六则是从早上的7:30到9:30，上午的11:30到下午2:00。

■ 经过电子收费系统时所交的费用由乘客负担，车内装置会显示金额的多少。

■ 你可以打电话叫出租车，但是需要在车资外多付3.50新元。如果提前半小时或更长时间预定，则需要额外支付4.80～5新元。

■ 如果你在午夜至早上6:00之间打车（有的出租车晚上11:30开始运营），到达目的地后需额外支付车费的50%。

■ 如果你在公共假日前一天的晚上6:00到假日那天的午夜期间打车，则需额外支付1新元。

班车

新加坡还有一种方便的交通工具，那就是穿梭在市内各主要地点以及附近游人众多的旅游景点之间的免费班车。例如：

■ 地铁市政厅站到新达城线。

■ 乌节路到大世界城线。

■ 地铁裕廊东站到新加坡科学馆线。

游览新加坡

在这个面积狭小、布局紧凑的小岛上找路，真的非常困难！许多主路蜿蜒曲折，名字还变来变去，不小心拐错一个弯，你就会面对像迷宫一般的小巷、死胡同和环形路。因此，记得时时携带一份最新出版的道路指南，在市内各大书店、报刊亭和便利店都能买到。这种道路指南详细列明了每条街道、政府办事处和每座大厦、停车场及它们的名字。你也可以在网上找到这种指南：

http://www.streetdirectory.com.sg

中国新年装饰

购物

新加坡向来被视为购物天堂，这个国家也不遗余力地为自己的这种形象大作宣传。但亚洲这几年发展非常迅速，世界几大国际性连锁店和精品店现在相继在新加坡的几个邻国开设了分店，因此新加坡独享的优越性现在已经消失殆尽，而且老实说，你别指望找到物美价廉的商品，新加坡的东西可不是亚洲最便宜的。尽管如此，购物在新加坡还是全民性的消遣活动，在这么一个小岛上，购物中心和社区商店的数量之多实在令人咂舌。乌节路的人行道是我见过的最宽的人行道之一，但是到周末和晚上这里的人总是多得挤不下。乌节路还设计了地下通道，方便行人穿越街道到达各个商场（如果你还有力气上下台阶的话）、地铁站，突降大雨时还可以到这里避雨。但只要在新加坡的大街小巷走过之后，你就会突然理解和庆幸这些装有空调的商场的存在。和新加坡的其他事物一样，这么多商场的存在自有它的

新加坡滨海风光

道理。

至于新加坡是不是购物天堂，这倒可以商榷（特别是联想到商品的价格时），但是新加坡销售的来自欧洲和亚洲的商品种类极其丰富，这一点使它能脱颖而出。再加上在岛内可以四处穿梭，购物轻松、便捷，这里确实不负购物天堂的美誉！

总的来说，从大商场和连锁店的数目看，新加坡适于用现金和信用卡购物，而不适合讨价还价。尽管如此，我还是鼓励你在小零售店或商铺购物时要个“好价钱”。一般他们会给你一个优惠价。当然，如果你在选购电器、地毯、古董或中式家具时还是可以讲讲价。砍价时看看店老板的脸色，商品是不是有价签，如果你运气好，说不定能拿到原始报价20%～40%的折扣。

如果我们把选购的商品分成日用必需品和休闲商品，有一条原则可以遵循——如果想要最合理的价格，就到本地商店去。绝大多数组屋大楼的附近都有新加坡本地的职总连锁超市（Fariprice grocery），超市内的梳洗用品（toilertries）和食品价格非常便宜，并不比鲜活农产品市场和小水果摊上的产品价格高（更多信息请参阅第六章：美食当前）。在市中心和郊区以及一些居民区，如宏茂桥（Ang Mo Kio）、中巴鲁（Tiong Bahru）、碧山（Bishan）、勿落（Bedok）和马林百列（Marine Parade），也能找到物美价廉的好东西。你不妨在周末的时候四处走走，观察一下当地人的生活。我向你保证，你要么会找到很多好吃的食物，要么会发现很多购物的好去处。这样做真的很值得!

至于休闲式购物，新加坡人已经把它发挥到了极致。这里的绝大多数大型购物中心都已经变身为“娱乐购物广场”。广场顶层通常是影城，中间几层则是店铺，底层是杂货店和餐饮区（也就是通常所说的小吃街）。除此以外，这些购物中心面对的总是某一个特定的消费群体，所以你可以很方便地找到你想要的某一类商品。

以下是本地的几个大型购物中心。这里并没有囊括所有的商场，只是几个规模最大和我自己常去的购物中心。整个名单以各家商场的地理位置为序，从乌节路首家商场开始，因为乌节路是条单向路，我将从乌节路最尽头的商场开始介绍，直到另一头的最后一家商场。

■ 东陵大厦（Tanglin Mall，东陵路163号）

这是最适合外国人购物的地方，有着大型超级市场——东陵市场。市场内各种肉类、奶酪和熟食品应有尽有，还有一个货架专售美国和欧洲进口食品。市场内有多家质量上乘的欧洲鞋店（提供大尺码的鞋），销售成人鞋和儿童鞋。这里的服装店销售的都是亚洲风格的服装，颇受西方人的青睐。还有各种小店销售来自英国和印度的古玩、亚洲风格的艺术仿制品。另有一间大型健康食品店以及宠爱孩子的父母们最爱去的金宝贝和金德慕斯克（Kinder Musik）亲子学习班。

■ 福临广场（Forum the Shopping Mall，乌节路583号）

大型的Toys“R”Us旗舰店是这个商场最吸引人的地方，这里还有一些专卖儿童服装、书籍、手工艺品和玩具的商店。底层有几家设计师品牌服装店（阿玛

新加坡环球影城

尼、D&G、Max Mara等），这样妈妈们也有地方可逛。你还可以在底层的咖啡座小憩，休息一下疲惫的双脚。

■ 文艺复兴广场（Palais Renaissance，乌节路390号）

这个商场内值得一看的是很多华丽的装饰品或者高档时装店，如普拉达（Prada）、唐娜·卡伦（Donna Karen）、The Link（进口奢侈品专营商）、吉姆·汤普森（Jim Thompson，专营精致的泰国丝绸、精品服饰和纺织品），还有有钱的时髦妇人最爱流连的位于地下一层的玛玛内德·潘特立（Marmalade Pantry）餐厅。

■ 伟乐坊（Wheelock Place，乌节路501号）和烈大厦（Liat Towers，乌节路541号）

这两座大厦毗邻而建，伟乐坊内有鲍德斯（Borders）书店、新的苹果电脑专卖店（Apple Centre）、玛莎百货和多家餐厅及精品店；而烈大厦则进驻了广受欢迎的西班牙扎拉（Zara）品牌服装店和莫西莫·达蒂（Massimo Dutti）服装店，在那里可以买到各种男装、女装和儿童服装。

■ 远东购物广场（Far East Plaza，史各士路14号）

这是一座热闹非凡、熙熙攘攘的大厦，在这里开店的都是本地崭露头角的一些青年服装设计师，因此商品也趋向年轻化和时尚化。底层则全是街头风格的首饰和装饰品店。

■ 诗家董百货公司（C K Tangs，乌节路320号）

这家百货公司历史悠久（1932年首次营业），已经成为亚洲特色的标志，在国际上也享有盛誉。底层的厨房用品部绝对不能错过。

■ 威势马广场（Wisma Atria，乌节路435号）

这座大型的日本百货商店是一所综合性的商业大厦，里面有独立设计师的高级女性用品、珠宝等奢侈品。在底层商业展位则有更多设计师高级街头流行风格的时装店，如法国连线（French Connection）、安特普里马（Anterprima）、保罗·乔（Paul & Joe）、托普店（Topshop）和维尔豪斯（Warehouse）。

新加坡义安城内的圣诞树

■ 幸运购物中心（Lucky Plaza，乌节路304号）

周末时家庭帮佣们最喜欢到这里聚会。游客在这里可以淘到各种小饰品、古玩、电器和衣服。这里是测试你讨价还价技巧的好地方，尤其是淘电器的时候。

■ 义安城（Ngee Ann City，乌节路391号）

除了大型的日本百货商场高岛屋，这里还有上百家特色店，如纪伊国屋书店（Kinokuniya，东南亚最大的书店）、家居用品店、品牌服饰店和珠宝店。新扩建的第四层则有很多专业的艺术用品店、漂亮的纸张店和儿童精品店。这里的东西只有你想不到的，没有你买不到的，因为这里有超市、图书馆、邮局、画廊、各种风味的餐厅和乌节路上最繁忙的美食中心之一（餐饮区，请参看第六章：美食当前）。商场门前还有一大块空地，经常举行时装表演、各种比赛、音乐会和周末娱乐表演。

■ 百丽宫（Paragon，乌节路290号）

百丽宫与义安城隔街相望，是一家重新装修及扩建过的商场。商场内大多是高档奢侈品店，如古奇（Gucci）、高田贤三（Kenzo）、杰尼亚（Ermenegildo Zegna）和普拉达（Prada）。此外就是大型百货公司，如英国的玛莎百货（Marks & Spencer）和本地的美罗百货（Metro），以及一系列特色精品饰品店

新加坡风光

和手工制品店。

■ 麒麟大厦（Hereen，乌节路260号）

这家商场内有大型HMV唱片零售店，并且以第四、第五层的安尼克斯（Annex）店为最知名。这家店的经营理念类似于东京的原宿（Harajuku）和中国香港的比佛利兰（Beverly Land），销售的都是街头风格和名牌时装、品味独特的饰品、怪诞的玩具及化妆品。

■ 先得坊（Centrepoint，乌节路176号）

新加坡最大、最受欢迎的购物中心之一，最适合全家大小一起来逛。这里最有名的是罗敏申百货公司，还有各种销售古典音乐唱片、休闲服饰、电器、家居装饰品、东方风格的地毯、体育用品、艺术品、亚洲风味的古董、书籍以及其他各色商品的专卖店。

■ 狮城大厦（Plaza Singapura，乌节路68号）

最近，随着法国大型连锁超市家乐福（Carrefour）和澳大利亚艺术制品和原材料店斯波特莱（Spotlight）的进驻，这家乌节路上最早的多层购物中心（建于1975年）又被注入了新的活力。这里值得一逛的还有大型综合电影院、唱片店、书店、服饰店、家居用品店、电器商店以及各式各样的特色专卖店。

以上介绍了乌节路上最具代表性的商场，当然，新加坡全岛还有很多有趣又值

得一逛的好地方，例如莱佛士城（Raffles City Shopping Centre）以及旁边的地下商城（Citilink），附近的新达城和滨海广场（Marina Square）购物区。莱佛士城就邻近地铁市政厅站。

购物去处

在下面这两个网站上能找到关于新加坡的商场和购物中心最全面、最详细的介绍：

- http://www.visitsingapore.com/publish/stbportal/en/home/what _to_do/shopping/where_to_shop.html
- http://www.entersingapore.info/couontry/Shopping/shopsA _Z.htm

如今，新加坡也新出版了一些购物指南，例如《城市快报》（City Scoops）就对一些更有特色的小店作了有趣的报道。当然各家商场的口碑也很重要，特别是如果有人强力推荐这些商场。最重要的是，自己去发现某家商店或购物区能让你的购物之旅更添趣味。这样不仅能找到一些意想不到的好东西，也丰富了你的经历。以下是我自己总结的几个值得一探的购物宝地：

■ 荷兰村（Holland Village）

当地人和外国人都爱到这里来逛街和吃东西，因为这里有风格各异的露天商店和小型商业街，售卖种类繁多但价格昂贵（以外国人为主要销售对象）的亚洲特色艺术品（陶瓷、蜡染布、木雕、家具等）和纪念品。路边还有卖报的小贩，叫卖各种国际性杂志。商业街的后面则是行家才知道的选购平价电器的帕里斯尔克（Pari Silk），那里售货员的电器知识非常丰富。马路对面是加兰·美拉·沙加商店（集美园Chip Bee Gardens的一部分），现在已逐渐成为有趣的画廊和特色商品店（Galerie Cho Lon精品店就综合了书籍、唱片、家具、饰品和来自印度、中国、越南和其他国家的古玩，其收藏既有趣又怪异）聚集的地方。这里还有很多食肆和食材店，包

行人标志

牛车水风光

括达·保罗（Da Paolo，这里供应很多可以带走的美味小吃），而布彻和彭华公司（Butcher and Phoon Huat & Co）最出名的则是食品原材料和烘烤食品所需的材料。这个地方唯一让人觉得不方便的就是停车位不足，地铁站建成后这种状况能有所缓解。

这里不同民族的聚居区也值得一逛。Dominique Grêlé 所著的《走遍新加坡》（Discover Singapore on Foot）是一本不错的参考书，里面详细介绍了狮城的历史、建筑和有趣的故事。

■ 牛车水（Chinatown）

这个华人聚居的地方至今仍很热闹，有着独具特色的华人商店、药店、小吃店，散发着早期新加坡的迷人魅力。中国农历新年和中秋节时一定要到这里逛逛，当然你平时来也绝对不会失望。你可以看看宝塔街（Pagoda Street）上的华裔馆（Chinese Heritage Centre）和裕华国产百货有限公司（Yue Hwa Emporium），这是中国香港裕华百货公司在新加坡开设的分店，共五层楼高，出售的商品包括中国草药、各式服装、家居用品、乐器、艺术和手工艺品、瓷器和家具等，地处交加街（Cross Street）和余东璇街（Eu Tong Sen）交会处。牛车水还以其典型的中式建筑风格和色彩以及新加坡最古老的庙宇（即新加坡最古老的清真寺——南桥街218号的詹美清真寺和附近南桥街242号的

马里安曼兴都庙装饰

马里安曼兴都庙）而闻名。马里安曼兴都庙是新加坡最古老的印度教神庙（始建于1827年，重建于1843年）。离牛车水中心仅几步之遥的就是俱乐部街（Club）和安详路（Ann Siang Road）的交叉口，那里有美丽如画的两层楼和三层楼的店铺、手工作坊以及人潮拥挤的夜市。另一个方向则是厄士金路（Erskine Road），通往著名的麦士威尔美食广场（Maxwell Food Centre），加上时髦的思佳丽酒店（Scarlet Hotel，拥有气氛悠闲的屋顶咖啡馆）和几家风格有趣、怪异的家用装饰品店，这里已成为游客必到之地。

■ 小印度

屠妖节（Deepavali，即印度新年）时你一定要到这里来，届时每条街道和每个商铺都张灯结彩，装饰一新。你尽可以在大街小巷穿梭，欣赏具有历史意义的店铺，领略原汁原味的印度风情。另一个你不可不去的地方是慕达发中心（Mustafa Centre，实龙岗路和塞阿威路拐角处）——新加坡唯一一家一周七天都24小时营业的大型商场。在这里你可以讨价还价，适合那些有足够耐心逛完四层楼所有商品的人。

■ 阿拉伯街

属于甘榜格南（Kampong Glam，离滨海路和Ophir路不远）的一部分。这个东南部穆斯林聚居区近年来变化颇大。随着几家小咖啡馆和餐馆的开业，其夜生活逐渐丰富和轻松起来。这里的街道不长，有些只允许行人进出，方便人们在各个小店铺之间漫步。这些小店铺挂满了各种篮子、丝带、东方风情的香水、纺织品、地毯、二手商品以及新加坡旅游纪念品和古玩。

安全问题

在当今这个时代，外出游玩时考虑一家大小的安全问题绝非杞人忧天。这就是生活的一部分，如果你的安全能得到有效保障或者感觉到自己是安全的，那么你很幸运。在新加坡，人们感觉非常安全。也许这只是一种心理状态，有哪个地方的人是真正安全的呢？没有人能够保证绝对安全。但是在新加坡人们觉得安全，因为政府值得信赖，人民善良、友好，对种族和宗教差异宽容，国土面积狭小。

2005年伦敦地铁爆炸案后，在对519名新加坡人所做的调查中发现，74%的受访者认为尽管受到恐怖主义的威胁，新加坡仍是全世界最安全的地方之一。绝大部分（88%）的受访者相信政府会采取必要的措施保证国家安全。为应对该地区日益增多的恐怖行为，新加坡加强了本国的安全保障措施：政府增加了在地铁站中巡逻的警察的人数，加强了对机场托运货物的安全检查，规范了预付费移动电话卡的销售（在国外的恐怖行动中，有些恐怖分子利用匿名的预付费电话卡实施恐怖袭击），还在集装箱码头安装了放射性探测仪。2006年1月，新加坡国民卫队（SCDF）还进行了大规模的反恐怖袭击演习，演习结果令人鼓舞。很显然，新加坡严格执行了“紧急情况预备”政策。

这让我想到了新加坡人生活中另一个重要的方面——严格的法律法规。新加坡这样一个弹丸小国，却因为其严苛的司法制度名震天下。严格的法律制度使新加坡既成了依法治国的典范，又背上了限制国民个人自由的坏名声。对新加坡法律的争论还将

小印度街景

持续很长一段时间。然而，在这里居住相当长的一段时间后，你要考虑是否愿意拿自己的自由来换取社会和个人的稳定与安全？在当今这个社会，很多人愿意为此付出代价。

我们需要了解并理解政策制定者们的意图。在他们看来，他们限制的是一切危害社会稳定和安全的因素。通过实施罚款、监禁、鞭刑和死刑，新加坡政府成功地维护了社会的和谐和秩序。

曾经有一个风行一时的T恤设计图案，上面写着："新加坡是一个美好（也可以译作'刑罚'）的城市，我们有各式各样的刑罚。"此言不假，而且罚款数额也不低，例如，对于乱扔垃圾或擅自穿越马路的初犯，罚金能高达500新元或更多。以下是新加坡独有的一些法规和惩罚办法：

- 使用厕所后不冲水违法。
- 随地吐痰将被罚款。
- 不得销售、进口和持有口香糖，否则将被处以高额罚款。这主要是因

新加坡国会大厦

为去除大街上的口香糖成本很高，难度极大。

■ 如果在街道和公共场所乱扔垃圾，被抓住超过一次，就要被罚穿上鲜黄色的夹克衫到街头进行公务劳动（Corrective Work Order），甚至还会邀请媒体到现场进行报道。

■ 未获得政府许可，禁止将防弹衣、玩具枪和手枪、武器或者尖刀带入新加坡。

■ 严禁携带咀嚼烟草、玩具钞票和淫秽物品。

■ 公共汽车、出租车、电梯、剧院、电影院、政府部门、开放空调的餐馆、商场和某些新建的公共汽车站内禁止吸烟（将来禁烟的范围还可能扩大）。初犯将被处以1 000新元的罚款。

■ 吸烟的人将烟蒂扔在地上，将被视为乱扔垃圾并被处以罚款。

■ 地铁列车和地铁站内禁止吃东西或者喝饮料。违者最低罚款额为500新元。

■ 开车时打手机将被处以最高10 000新元的罚款。

1994年迈克·费伊（Michael Fay）事件（美国青年Michael Fay因破坏他人财物罪被处以鞭刑）后，世界上对新加坡的鞭刑似乎有了更多的了解。鞭刑是由一位武术专家手持浸过盐水的1.8米长的藤条完成，处罚对象通常是破坏他人财物、违反移民法和其他法律而获罪的人。对强奸和贩毒等罪行的惩罚中，鞭刑是强制性惩罚的一部分。

如果贩卖毒品且数量巨大，其刑罚则是死刑。新加坡于1975年开始实施死刑。如果贩卖超过15克海洛因、30克吗啡、30克可卡因、500克大麻、200克大麻树脂或者1.2公斤鸦片其中任何一种的剂量，就将被判处死刑。这项法律非常明确，只要你携带超过上述剂量的毒品，就将被视为贩毒并被处以死刑。按人均来算，新加坡拥有全世界最高的死刑核准量。

这些大大小小的法律和严苛的惩罚确实使新加坡显得缺乏个人自由，但它也是亚洲犯罪率最低的国家之一。这里有美丽的公共花园和公园，干净的街道、海滩和安全的社区以及公共交通设施，你永远不会因为摸到某人留下的陈年口香糖而吓一跳。绝不能以为外国人或者游客就不受这些法律的约束，只要你站在新加坡的土地上，就得遵守这里的法律。最后再说一句，这些法律确实严格，但更重要的是，它们非常有效。

新加坡法院

第六章

美食当前

“新加坡人并不是为了活着才吃东西；吃对于新加坡人来说是一种社交和庆祝活动。他们热爱饮食，包括不同民族的美食，种类丰富的配料，不同的烹调方式，这些都构成了最具新加坡特色的饮食文化。”

——《不只是美食指南·新加坡》

新加坡自诩是美食爱好者的天堂，在这个小岛上你能品尝到几乎各种风味的食物。这一点倒不足为奇，因为新加坡本身就是个多民族混居的国家，又是亚洲重要的交通枢纽。但是这里食物种类之丰富还是会让你大开眼界——从极具亚洲风味的中国菜、印度尼西亚菜、印度菜、泰国菜、日本菜，到享誉国际的法国菜、意大利菜、埃及菜、俄罗斯菜，你想吃什么，这里就有什么。

既然我们讨论的是世界美食，不妨再探讨得深入一点。如果你只喜欢吃本国的食物，不用担心，在这里就能尝到。这些食物的味道也许非常正宗，也许会添加一点亚洲特色。新加坡的书店内有无数美食指南，各种报纸上也能读到大量的美食文章。如果你喜欢美食，睁大双眼，张开耳朵，很快就能找到自己最中意的餐馆。

新加坡的餐馆供应来自世界各地的美食，最近又有一些国际连锁餐厅和咖啡馆开业（本章稍后会有更多介绍）。但是这也意味着国外的食物相对会贵一点。抛开价格不谈，你在这里能尝到一些世界上最美味的食物，因为很多国际知名的厨师都相继在新加坡开店。总之，你的味蕾将能得到最大的满足。

新加坡风光

当地美食

新加坡司令酒

如果你属于那种勇于冒险的人，敢于一尝本地的美食，那么你太幸运了！新加坡本地的美食颇具特色，并且以中国、马来、印度和娘惹风味菜肴为主。因为新加坡人主要是华人、马来人、印度尼西亚人和印度移民的后裔，所以他们现在吃的食物受到祖先的影响极大。但是这些饮食习俗并非一成不变，随着时间的推移，它们逐渐演变成了现在的新加坡式饮食。多民族文化的融合也意味着各种文化之间相互影响、相互借鉴，他们的饮食文化也是如此。例如，新加坡的很多中国菜会加入红辣椒或其他香料，而这些菜原本的口味应该更清淡，更柔和；同样马来菜和印度菜也受到了中国菜的影响，他们的很多食物里面会加上面条。

要深入介绍新加坡本地的食物，可能会占用太长的时间，太多的篇幅，因此，记住新加坡美食的主要特色就可以了。如果想全面地了解新加坡食物，你可以请一位新加坡人全程陪同，并给你作最详细的介绍。岛上有数不清的餐馆，你可以一一品尝不同的风味美食，或者某一风味美

米饭也可以做成其他形式。马来人常做的就是大马饭团（ketupat，也叫作 longtong），将生米放在树叶中蒸熟。由于米饭熟后膨胀，整个饭团会显得鼓鼓的，这种饭团通常配开胃菜和香料如椰浆牛肉咖喱（rendang）或沙爹酱（satay sauce）一块吃。华人也常以米饭为主制作一些小吃，例如水粿（chwee kueh）就是将生米磨碎做成米糕配辛香蔬菜。肉粽（bak chang）则是以糯米为主要原料。

食的不同口味。另一本很好的参考书就是《不只是美食指南·新加坡》，这本书不仅详尽地描述了不同民族的各种美食，还给出了到哪里品尝这些美食的建议。

主食

考虑到新加坡人中大部分属华裔，他们的主食当然主要是米饭了，面条则是第二种选择。新加坡人不管是在外面还是在家里吃饭，蒸米饭是他们的首选，搭配米饭的则是几种下饭的菜肴，如蔬菜、海鲜、肉类等。如果你想入乡随俗，不妨到经济什菜饭（名字很怪，但也恰如其分）或者马来菜饭（nasi padang）大排档吃点什么——后者和普通的穆斯林大排档差不多，所以这里的食物是按伊斯兰教习惯做法制作的清真食品，非常洁净。这里也有一些以米饭为基础的盘子饭（one-dish meal），例如炒米饭、鸡饭（当地最受欢迎的一种食物，但是富含卡路里）、烤肉饭、椰浆饭（nasi lemak）和黄姜饭（nasi bryani）（请参阅本章“新加坡最受欢迎的美食”这一部分

甘榜格南户外咖啡馆的椅子

获得更详细的信息）。有的时候，这种菜饭中的米饭还会稍稍有些变化，例如鸡饭中的米饭混有香料并用班兰（pandan）叶、黄油和鸡汤蒸煮过，因此略显油腻。椰浆饭中的米饭也以椰汁煮过，而黄姜饭则是把印度大米和香料放在一起煮，使米饭能呈现一种黄色。

面条

你也许已经知道新加坡面条是中式意大利面，面条也可以以多种形式烹调：

- 鸡蛋小麦面条共分两种，细一点的叫作面线（mee kia），厚一点、扁平的叫作面薄（mee pok，如果你觉得这个名字很奇怪，那我得告诉你，在福建话和潮汕话中面条就叫作mee）。
- 有一种黄色的面条是福建面或者叫作湿面（sek mee），面条的颜色偏黄并非是加入鸡蛋的缘故，而是因为加入了碱。
- 有一种扁平的米粉就是人们常说的河粉（kway teow），有时人们也直呼其中文发音，唤作“hor fun”，特别是那种较宽的米粉。
- 炸酱面（chor bee hoon）也是将米磨成粉制成，但面条更长且呈圆形，形状上类似福建面条。

这些面条加上其他作料后就能成为不同形式的小吃。华人能将面条做成馄饨面、炒牛河、鱼丸面，而马来人则有米暹（mee siam，米粉下在甜酸肉汤中）和马来面汤（mee soto，福建面条下在鸡汤中）。印度人有马来炒面（mee goreng，辣椒和蔬菜炒面条）。在许多情况下你可以指定自己想吃哪种面条。特别是一些中国风味的面条，分干面和汤面两种，你得说清楚自己要的是哪一种。记住，干面中通常会加一点辣椒，如果你吃不了辣的，提醒他们不要放。

对于印度人来说，面包也是一种主食。它们不是你常见的那种三明治式面包，而是印度式面饼——搭配不同作料制成的生面团，以不同的方法揉制、烘烤而成。最流行的几种印度面饼包括：印度抛饼（Roti Prata，又脆又薄的一种饼）；烤饼（naan），即筒状泥炉中烘烤的发酵薄饼；麦香烙饼（Chapatti），就是将小麦粉制成的薄饼放在煎锅上煎炸而成。

“我们通常将鱼头扔掉”

20世纪80年代，一位英国绅士被总公司派驻新加坡视察当地工厂的生产，为期六个月。刚到工厂的头几天，工厂的经理（一位华人）带这位绅士四处转悠，让他熟悉一下环境和当地的饮食。这位英国人很想尝一下当地的食物，并表示特别偏爱辛辣的风味。于是经理建议他尝尝咖喱鱼头，但是他发现这位英国人露出迷惑的神情。英国人解释道：“我们在英国从不吃鱼头。我们只吃鱼身，而将鱼头扔掉。”工厂经理费了好大的劲儿，总算说服了英国人和他一起去吃咖喱鱼头。结果，这位英国绅士惊奇地发现鱼头是那么的好吃，以后只要有机会他就会去吃这道菜。

肉类和海鲜

其实，新加坡的其他食物并不像你想象的那么怪异，所以你不用担心自己会不得不尝尝油炸蚕蛹、炒蟑螂或是炖鱼眼。这里的食物会不会让你毛骨悚然，完全取决于你的习惯以及你有多勇敢。某些会让你觉得“匪夷所思”的食物不过就是些鸡杂、动物内脏、生扇贝、青蛙（牛蛙和padi frogs）、骨髓、鸽子、海螺和带脚一起煮的乌鸡。

你还等什么呢？这里每天都有无数的海鲜被打捞上来卖到市场和餐馆，但小一点的大排档用的还是冷冻海鲜（特别是冷冻鱼）。所以，如果你对口感和味道特别敏感，就要更小心一点。至于肉类，这里有不同的种类可供选择。禽类肉中最普遍的是鸡肉和鸭肉，畜类肉中最普遍的是猪肉、牛肉和羊肉。记住，穆斯林不吃猪肉，但他们还是挺爱吃牛肉、羊肉、鸡肉和海鲜的。印度教徒不吃牛肉，大部分人也不吃猪肉，所以你会发现，他们吃的通常是羊肉、鸡肉和海鲜。华人几乎什么肉都吃，但是也有小部分人不吃牛肉，以表示对他们所崇拜的某一位神的尊重。

甘榜格南市场上的蔬菜

令人惊异的绝技

对于许多新加坡人来说，榴梿是水果之王。榴梿是土生土长的水果，有一种强烈独特的气味，人们要么非常喜欢，要么非常讨厌。这种水果由绿色、带刺的外壳包裹着柔软、多汁的果肉。打开外壳后，里面分成六块到八块，每块中有几片黄色的果肉。果肉中心有籽。如果榴梿的品质很好，果肉呈乳脂状，籽也非常小。

打开榴梿壳时需要一些技巧，还要小心壳上的刺。大部分人在将榴梿掰开前会用小刀将底部切开一条缝。西特（Seet）是一位经营多年的水果商，有一次他的一位顾客声称不用任何工具就能将榴梿掰开。卖榴梿这么多年，西特还从来没看到过有谁能只用手就将榴梿弄开，他很怀疑这个人说的是不是真的。他告诉这位顾客，“如果你能用手将榴梿弄开，这个榴梿就是你的了。”五分钟后，西特发现他少了一个榴梿，因为那个人先用大拇指指甲将榴梿的尾部切开一条缝，然后再用手使劲将榴梿掰开。西特简直不相信自己的眼睛，但是他很佩服这个人的力气，便欣然让他把榴梿拿走了。每次只要是这位顾客到他那儿买水果，西特就会让他表演自己的绝技。

蔬菜和水果

新加坡有很多热带绿叶蔬菜，大多数蔬菜在当地都有自己的名字。其中，有菜心（chye sim，即中国的盖菜）、空心菜（kang kong）、豆苗（dou miao）和芥蓝（gai lan）。这些蔬菜既可以炒、煎，也可以放在汤里煮。西式蔬菜则有花椰菜、卷心菜、胡萝卜、卷心莴苣、土豆、秋葵荚、茄子和菠菜。

火龙果

这里有些亚洲水果你可能听过但没见过，例如红毛丹（Rambutan）、番荔枝、菠吉柿（cempedek）、木菠萝、荔枝、龙眼、刺果番荔枝、杨桃、人参果（chiku）、火龙果；当然，还有榴梿。

素食

新加坡有很多素食餐厅，供应的不是中式素食，就是印度素食。印度素食主要以蔬菜、小扁豆、荷兰豆为原料。中式素食则以油炸蔬菜为主，也有以豆腐为原料制作的仿肉食品。例如，有些素食餐厅供应鹅肉、鱼肉或叉烧（char siew），尽管这些菜外表看起来与肉制品极其相似，其实它们都是由豆腐制成。有时候这些菜的味道也与真正的肉食品相差无几。

爱不释口

你到新加坡几周后就会发现，新加坡人喜爱美食，一天中几乎可以不停口。所以这个岛上有着数不清的餐厅、大排档，有些餐厅甚至坐落在你觉得不可能有人去的地方。新加坡面积有限，要跨越整个小岛去一饱口福也不是件难事。而且，还有些餐厅是24小时开放，在这里你永远不会觉得肚子饿。

这里的一些小吃也值得一尝，它们可能并不比大餐逊色。其实你也无须请求别人的帮助，逛商场或者沿着乌节路漫步的时候你会发现很多小吃摊，小吃摊上卖的东西都是你可以边走边吃的。很快你就能找到自己最喜欢的小吃。

甜品和饮料

这里甜食的种类多得能让你挑花了眼，有不同风味的糕点（kueh）、热甜汤和撒满水果与冰块的甜食。最受小孩子欢迎的要算浇上各种糖浆的颜色丰富的刨冰（ice kachang），刨冰底下还藏着红豆、碎果冻、甜玉米、米粉豆以及聂帕榈种子。这种流行多年的刨冰现在又有了新花样，就是在其上加上一块榴梿或草莓浓汁或一勺冰激凌。在炎热的夏天吃这种刨冰最为解暑，但是要小心，吃完之后你的舌头会变得麻麻的。新加坡人还有一种特殊的吃冰激凌的方法，那就是将其挤在一片面包上享受。乌节路两旁有很多卖冰激凌的小贩（都推着一辆载有冰箱的小车），他们就卖这种独特的冰激凌面包。

新加坡清真寺

这里的人也很喜欢喝果汁和以果汁为原料的饮料，你肯定也想尝尝用当地水果榨成的果汁。人们最常喝的是一种甘蔗汁，直接将甘蔗放进一种榨压器内榨出。甘蔗汁里还会放点冰块，这样喝的时候更加冰爽可口。享受了一顿热辣的美食之后，人们最喜欢喝青甘柠橙汁（kalamansi lime drink）。这种果汁由青甘柠（小的酸柠檬）和果汁加糖浆调和而

新加坡海南鸡饭

新加坡最受欢迎的美食

中国风味

■ 鸡饭：调味米饭[生米以班兰(pandan)叶和人造黄油调味，再与鸡汤蒸熟]配上酱油焖、煮的鸡块或烤鸡。

■ 馄饨面：面条配上叉烧（酱成红色的烤猪肉）和馄饨，馄饨可煮、可煎。

■ 辣螃蟹：将螃蟹切开（通常为斯里兰卡品种），加上各种辣椒拌炒。

■ 炒河粉：将米粉与鸡蛋、蔬菜和肉以及黑酱油、甜面酱拌炒。

■ 肉脞面（bak chor mee）：字面上的意思就是“碎肉面”，即面条拌老陈醋、食用油和猪肉。猪肉可以是多种形式，其中一种就是肉末。肉脞面也可以做成汤面。

■ 萝卜糕：将米粉和白萝卜打碎，与鸡蛋、碎洋葱和腌萝卜共同煎熟。有些厨师会在萝卜糕上浇上酱油，使它呈现一种棕黄色。

马来风味

■ 椰浆饭：将米饭与椰汁同煮，然后拌上辣椒酱（samba），由混合辣椒和其他佐料调制而成，和香脆的凤尾鱼、花生、煎蛋卷、江鱼仔（ikan kuning），有时候还配上鸡翅和烧烤海鲜酱（otah otah，将鱼酱、辣椒和淀粉混合进行烧烤而成的辣酱）。

■ 米暹：将米粉（bee hoon）和豆芽下在甜酸汤中。

■ 椰浆牛肉咖喱：将肉（通常为牛肉）放在香料、椰浆和水中慢慢熬煮。

■ 沙爹：抹上鲜辣花生酱的烤肉串。

■ 夹肉面包（roti john）：这是当地人发明的一种吃法，将肉丁、鸡蛋和洋葱丝夹在法国棍子面包中，开口朝下放在锅上煎热。

如果你受邀参加华人的宴会，一次只会上一道菜，而且是一桌的人都吃这一道菜。但是在有些新式的中国餐馆，他们会事先在厨房将菜分好，再分别端给用餐者。

印度风味

- 黄姜饭：印度香米（basmati）与香料和肉同煮。
- 印度抛饼：一种薄似纱绸的饼配咖喱酱一起吃。
- 印度罗惹（Rojak）：油炸面饼（可加也可不加土豆等馅料）配花生酱。
- 咖喱鱼头：当地特产，将鱼头煮熟后浸在很浓的咖喱酱中。

娘惹风味菜

娘惹风味（Peranakan）

- 叻沙（laksa）：将面条和肉放在浓、辣的咖喱汤中，也叫浓叻沙（laksa lemak）。
- 娘惹叻沙：将面条和鱼放在酸辣鱼汤中，也叫酸叻沙（assam laksa）。

成，口感酸甜清爽。如果你喜欢软饮料，那就注意，你在餐厅或咖啡厅以及茶吧外点的咖啡或茶，都将变得更浓、更甜，已经变得更适合新加坡人的口味了。

新加坡人的饮食习惯

除非受邀参加正式的宴会，大部分新加坡人在用餐时并不那么讲究。很多马来人和印度人都喜欢用手抓饭，特别是在家吃饭时。而华人不论是使用叉子和勺，还是使用筷子，都非常得心应手。以下是你在吃东西的时候应该注意的几个方面。

集体吃饭

在绝大部分的亚洲文化中，不管是在家里还是在餐馆里，不管是在正式的还是非正式场合，和很多人一起吃饭是非常普遍的事。主菜一般放在桌子的中间，每个人都可以想吃多少就吃多少。新加坡健康促进委员会（Health Promotion Board）曾大力提倡所有的餐厅都提供公共用勺，但是有些餐厅还没有执行。如果你不习惯每个人都把自己的餐具伸进菜碗里，你完全可以再要一个勺或叉子作为公共餐具。此外，在使用公共餐具时不要让它碰到你的盘子。

比较典型的一顿饭会有三个到八个菜，菜的数量取决于用餐人数的多寡。如果你负责点菜，最好能每种风味的菜都点一两道，这样就能照顾到所有人的喜好。

清真食品

前面已经提到过，穆斯林只（被允许）吃清真食品。如果你和穆斯林朋友出外吃饭而且点了非清真食品，注意不要让你们的餐具混在一起，或者将非清真制品放在盛放清真食品的餐具内。如果因为不会用筷子，就在吃中国菜时用清真食品店的叉子和勺，是一种非常严重的失礼行为。当然，如果餐具是一次性的就不会有太大问题。

用手吃饭

有时候你可能会想“入乡随俗”，像马来人或印度人那样用手吃饭。这样做没有任何问题，而且当地人还会佩服你是个勇于尝试新鲜事物的人。只是你要记住尽量用右手拿食物。那么怎么用手指将食物送到嘴里呢？你可以先用餐具将食物弄到你的盘子里，然后用手指取一点菜放在米饭上，将菜和饭捏成球状后用大拇指送进嘴里。诀窍是尽量只用指尖触碰食物。张开整个手掌抓取食物或让食物掉落到肘上都会被视为粗鲁的行为。这一切虽然听起来很复杂，但你尝试的次数多了，就会发现掌握起来很快。

新加坡的很多餐馆都设有洗手池，方便顾客在吃饭前将手洗干净。穆斯林餐馆也

清真寺外景

另一件让外国人觉得很新鲜的事情是，亚洲人吃东西时都是左手拿叉，右手拿勺。所以尽量学着用左手拿叉子吧！

用筷子夹菜

有水壶和洗手池，所以一定要记得洗净双手。

吃某些食物如螃蟹或虾的时候，是必须要用到手的。此时你不必不好意思，勇敢地用手拿起食物，然后好好享受你的美味吧，因为饭后服务员一般会给你送上湿毛巾或一小碗柠檬水来洗手。

筷子的使用

要学会使用筷子也不是一朝一夕的事，不用太在意人们教给你的所谓正确的使用方法。只要能用筷子将食物送进嘴里，你就成功了。关于筷子的使用要注意以下几点：不要将一双筷子上的食物弄到另一双筷子上；不要将筷子竖直插在碗中，因为只有在葬礼仪式上人们才这样做；如果你在餐馆吃饭时桌子上有筷子托，吃完饭后要记得将筷子放在上面，这是在示意服务员可以将你的餐具拿走了。

餐桌礼仪

正确做法

- 从主菜中取食物时使用公用勺。
- 如果你愿意的话，可以学习像马来人和印度人那样用手吃东西。
- 吃螃蟹或对虾这种海鲜时完全可以用手。
- 努力学习使用筷子。
- 如果就在你的面前有筷子托，将筷子放在上面示意你已经将面前的菜吃完。

餐饮场所

与其他文化相比，新加坡人更经常出去吃饭。午饭通常就在工作地点的附近解决，少数人会将午饭打包回家。在办公室辛苦忙碌一天后，人们也不愿意站在热烘烘的灶台前做晚饭，因为只花几美元他们就能买到既好吃又能填饱的食物。如果家里有正在上学的孩子，那一家人可能会聚在一起吃晚饭，而晚饭通常是由家庭帮佣或者父母中不用上班的那一位负责。也有些家庭（有孩子或没有孩子）会长期在某些餐厅订套餐。套餐的内容很丰富（包括各种米饭、肉和蔬菜），每一个月或两个月换一种。对很多人来说这是一个两全其美的办法，既能在家吃饭，又省去了做饭的麻烦，而且开销也不大。

那么，当新加坡人决定出去吃饭时，他们会去哪里呢？这里有几种地方可供选择，完全视你想吃什么、想要什么样的气氛、想花多少钱而定。下文可视为一个快速指南。

辛辣的新加坡菜

应避免的做法

- 不要让公共用勺碰到你盘子里的任何东西。
- 不要拿清真食品专用的餐具取用非清真食品。
- 绝不要用左手接触即将放进嘴里的食物。
- 不要误把洗手水当作汤或饮料。
- 将一双筷子上的食物转移到另一双筷子上是不礼貌的行为。
- 不要将筷子竖直插在碗中，这会让人们联想到葬礼的仪式。

小贩中心（Hawker Centre）

这是新加坡历史最悠久的饮食场所之一，已经存在了几十年，通常是在一个大型市场内聚集了多家食品摊贩。在这里吃饭可能会汗流浃背，因为这种小贩中心条件比

出名的小贩中心

新加坡绝大多数大楼内都有小贩中心，每个小贩中心内总有一两家档口供应的食物令人赞不绝口。如果你有足够的时间，不要错过任何一家。但是如果你只想去口碑最好的，那就看看下面推荐的这些地方：

- 纽顿美食广场（Newton Food Centre）
- 中峇鲁（Tiong Bahru）市场美食广场
- 麦士威尔美食广场
- 东海岸拉贡美食村（Lagoon）
- 牛车水熟食街
- 老巴刹（Lau Pa Sat）节日市场
- 竹脚（Tekka）中心市场美食广场
- 亚当路（Adam Road）美食广场
- 老机场路市场/小贩美食广场

人潮汹涌的小贩中心

较简陋，只有屋顶或者挂在墙上的电风扇。如果这个小贩中心有幸处在四面通风的地方，就会凉快很多。如果你要参加某个高端会议，去小贩中心吃饭前要三思，因为在离开的时候你身上肯定会满是油烟味。这主要是因为小贩中心的通风都不太好，油烟味没法散出去。

小贩中心有各种档口，供应品种多得数不清的食物。点菜前你可以绕一圈看看自己对什么感兴趣。绝大多数档口都备有食物的照片和价目表。如果你看到价目表上写着“3/4/5新元”，这就表示小份、中份和大份的价格。如果你不知道某道菜的名字，就用手指一下这道菜的图片。多数摊主会讲一点英语，或者至少能听懂你想点什么食物。如果他们实在听不懂你说什么，就用手比画或借助图片，一般旁边总有人能给你做翻译，帮你点餐。

小贩中心的餐桌和椅子通常直接固定在地上，设计时考虑可坐四个到六个人。每个桌子都有一个编号，你在点菜时一定要指出自己坐在哪一号桌，特别是你要求他们将食物给你送来时。有些档口会挂着“自助”的标牌，这就表示你必须点菜、付款后在原地等着，然后自己将食物端走。在大一点的小贩中心，你坐的地方可能和你点菜的地方隔得很远，所以你只好点菜后在原地等着再将食物端走。

小贩中心在早晨、中午和晚上时人会非常多，那些比较受欢迎的档口前人更多。这些人不一定站在那里排队，但你要过好久才会等到自己的食物送过来。如果你赶时间，可以先问问还要等多久。如果没有时间等，你最好还是到别的档口点餐或者点别的菜。

如果吃饭的人确实太多，你可能需要和别人在同一张桌子上用餐。如果你们是一群人，最好留一个人看着桌子，其他的人去点菜。有的人看到桌子空着以为没人，就会坐下来。这时留下的这个人就可告诉他已经有人坐在这里了。另一个保留座位的办法就是放点东西在上面。但是可千万别放手机。人们最经常放的是伞和餐巾纸（顺便提一句，小贩中心有流动的小贩卖餐巾纸，因为各家档口不提供餐巾）。这在中央商业区是很普遍的做法，因为每个人都是在同一个时间到这里吃午饭。记住，这里大家都有个默契，如果有人躺在某张座位上，你不要坐在那里。买了食物后再找座位不是个明智的做法，到时候你会托着一盘食物漫无目的地到处游走，结果找不到一张空着的桌子。

咖啡店

当地人把咖啡店叫作咖皮店（kopitiam），这在很多组屋楼的底层都能找到。有

煮炒（Cze cha）来源于中文，字面上就是“煮、炒”的意思。这也是煮炒屋命名的来历，因为绝大部分菜都是炒熟的，只有在极少数情况下，你会看到炖菜或蒸菜。

些咖啡店则设在商场或其他建筑物内，也可以叫作快餐店。尽管名字叫作咖啡店，其实它就是个小型小贩中心，也有些小档口出售各种不同的食物，一般为中式、清真或印度食品。最近新开张的一些咖啡店开始提供更多品种，如日本风味的食品，甚至还有比萨。

很多咖啡店里还有煮炒（Cze cha）屋，只在晚上营业。煮炒屋一般下午5:00开张，一直营业到晚上11:00或者午夜。煮炒屋就像迷你餐馆，供应各种套餐，即米饭配菜。煮炒屋卖的主要是中餐，但是近年来一些穆斯林也开始学习这种经营理念并开设了清真煮炒屋，供应的饭菜也基本相同，只是拿其他肉类（例如鸡肉）代替了猪肉。

煮炒屋比经济菜饭排档价格稍高一点，但你不用到档口指着你想吃的东西点菜，他们会提供菜单，尽管菜单上没有实物照片。不妨问问服务员他们推荐什么菜，这道菜的主料是什么。当然别忘了询问价格。有些服务员看到你是外国人，会推荐一些比较贵的菜。大部分套餐定价在6新元或者稍多一点，蔬菜和豆腐最便宜，而海鲜或者其他特色菜较贵。

如果你们打算去煮炒屋，又只有两个人，最好不要点太多菜，否则用完餐后你会需要一个袋子，将吃不完的东西打包带走。你们可以点两个套餐或者米饭配两到三个

新加坡的星巴克咖啡

芽笼（Geylang）

这是新加坡著名的红灯区，也是探寻美食的好去处。从傍晚到第二天凌晨，芽笼区的街道总是挤满了到这里品尝各种美食的食客。从简单的点心（dim sum）到美味的牛肉河粉，这里都能找到，即使是青蛙腿粥和台湾臭豆腐这样难得一见的小吃，你也总能觅到它们的芳踪。这里当然还有路边水果摊，售卖榴梿和其他热带水果。买完水果后，顾客就可以在旁边的餐桌和椅子上享受一顿香甜的水果大餐。

永远热爱足球

只要是有重要的足球比赛——英超联赛、世界杯抑或是新加坡足球联赛的日子，球迷们总喜欢聚集在咖啡店，点好饮料并且共同观看比赛。这也许是体验赛场气氛最好的方式，大伙儿一块看球总是特别兴奋，特别是进球的时候。

菜。光临煮炒屋的时候最好多找一些朋友，这样你们就能品尝到很多不同的菜。

咖啡

咖啡店则是另一个消费不高、但又可以解决温饱的地方，因为这里一般没有空调，只是方便小区居民吃饭的便利店。人们总是吃了就走，不会在这里停留。然而，一旦吃中饭和晚饭的人潮退去后，也有些人在这里“逗留”。他们都是些上了年纪的人，和朋友们在这里聊聊天，吃点东西，喝点饮料，可以是咖啡店自制的饮料，也可以是普通啤酒或者烈性黑啤酒。几乎家家咖啡店都在墙上装有电视，在这里吃饭的人可以看看新闻或者电视剧。这也是人们为什么愿意坐在里面不走的原因。

咖啡店中间会有一个饮料柜台，你可以到柜台前去点饮料，也可以等着服务员过来招呼你。咖啡店人多的时候，为了节省时间，有的人会大声告诉柜台内的服务员自己要点的饮料，这样服务员可以立即将饮料准备好。这里的服务员很好认，因为他们都系着腰包（用来装零钱）。有些咖啡店（甚至某些小贩中心）晚上还有啤酒女郎，

开路先锋

新加坡首家美食广场是设在史各士购物中心地下一层的史各士食阁(Scotts Picnic)。自 20 世纪 80 年代开张以来，史各士食阁一直人满为患。经历了几次整修后，这家美食广场仍为业界先锋。

鱼尾狮像

她们受雇于各家啤酒公司，在这些地方兜售公司生产的啤酒。这些啤酒女郎都穿着和她们推销的啤酒同色的制服或T恤，所以你一眼就能认出来。

美食广场

美食广场其实就是装了空调的小贩中心——更干净，照明也更好。它一般坐落在大型商场内，并隶属于某个连锁集团，例如福将坊（Food Junction）或咖啡店（Kopitiam），所以不同商场内的美食广场有着相同的特点，尽管这些美食广场的经营者是不同的人。最近还出现了清真美食广场（Banquet and Fork and Spoon），这里供应的食物和其他美食广场差不多，只是猪肉多以其他肉类代替。与小贩中心相比，美食广场唯一的缺点就是每个档口只售一种风味的食物，而在小贩中心可能有几

营业时间

大部分美食广场上午 10:00 或 11:00 开始营业，晚上 10:00 关门。而咖啡店和小贩中心的营业时间并不相同，多半由摊主自行决定，有时候也与经营的食物品种有关。有的专营早餐和午餐，所以早上开门，一直营业到下午。有的专营午餐和晚餐，所以中午才开门，一直营业到晚上。当然，有时候食物卖完了，他们也就关门了！对于那些很受欢迎的档口，如果某天生意太好，食物销售一空，他们就会提前打烊。如果你真的很想尝尝某个小吃或某道菜，最好早点去，而且还得做好排队的思想准备。有些小店只在晚饭时开始营业，但是会一直工作到第二天凌晨。美食广场则是一周营业七天（某些地区的美食广场每周歇业一次）。小贩中心或咖啡店一周至少停止营业一天（有些两周歇业一天）。这样他们能好好休息一下。他们一般不会在周末停止营业。由于美食摊档多半是家族生意。摊主一年会停业一到两周去度个长假。要完全掌握这些摊档的营业时间需要一点时间，但是，很快你就会了解自己比较喜欢的那些摊档的具体营业钟点。

午饭时间是去一家新的餐厅试吃的最佳时机，因为在这个时段，每家餐厅会提供多种简便午餐，价格也不贵，如果你觉得这里的师傅手艺不错，可以下次再来品尝全套正餐。

家档口供应的是同一种风味的美食，这样顾客就能有更多选择，特别是当某家档口的食物品质并未达标的时候。

美食广场的租金较贵，环境更好，毫无疑问消费也更高。一般在小贩中心一顿饭只花2～3新元，而在美食广场你至少得花3.5新元。美食广场多为自助式服务，即使饮料也是如此。由于你可能需要和别的顾客拼桌子，所以，在这里人们很少将自己的物品留在桌子上占座。

餐厅

新加坡有各种档次的餐厅，既有比较大众化的，也有品位高雅、全是精致的陶瓷和水晶摆设并供应各种亚洲和国际美食的高档餐厅。从一间餐厅的装修就能看出这里菜肴的价格，装修高雅大方的地方价格自然比较贵。这里也有一些价格很昂贵，但并非供应大餐的时髦餐馆。每家餐厅的门口都有一份菜单，这样你可以方便地了解这家餐厅的价位和供应的食物。在绝大部分的餐厅中，你可以随到随点，但是在高峰时期，如周末或者节日（如情人节或母亲节）时，你最好提前预订。

新加坡莱佛士酒店餐厅

如果去餐厅吃饭，穿着最好比较得体。越高档的餐厅，你的着装应该越正式；而高档休闲服则适合所有的餐厅。穿着短裤和T恤进餐厅吃饭会不太招人喜欢。如果你对自己的着装不太有把握，先打个电话问一下。有些餐厅不太希望顾客携带小孩前来就餐，尽管他们不会明确指出来，你尽可以打电话询问。如果他们支支吾吾或者干脆说“不行”，那你还是带着全家人另找一家欢迎儿童就餐的餐馆吧。

由于可供选择的餐厅太多，你可能会头疼，不知该去哪一家。问问朋友们有什么好的建议。报纸上也有介绍新开张的餐厅和最近流行吃什么的美食文章。类似《新加坡饮食指南》和《新加坡美食报告》这样的杂志也会登载一些餐厅指南。如果你有信用卡，每月你都会收到发卡银行和多家餐厅合作进行促销的宣传册或是宣传单。

快餐店

如果你的孩子喜欢吃快餐，他们的选择也很多，而且新加坡的快餐店有逐年增加的趋势。岛上随时都能看到麦当劳的巨大金色标志，当然也少不了必胜客、肯德基、朗·约翰·西尔弗和汉堡王（Burger King）等。塔可钟（Taco Bell）在新加坡还不太流行，而A&W和温带餐厅在新加坡的分店已经关闭了。另外，卡尔于2005年在新加坡开了第一家分店。来自日本的汉堡连锁店莫斯汉堡于1992年涉足新加坡市场，现在已超过15家分店。

辣椒螃蟹

咖椰烤面包（Kaya Toast）和咖啡

咖椰烤面包配咖啡是本地人最喜欢吃的早餐（也可当作小吃）。咖椰是一种很香的椰子蛋黄酱，人们将它和黄油涂在烤面包上，就做成了咖椰烤面包。如果按照传统做法，人们会将面包放在炭火上烤熟再抹上咖椰，最后抹黄油，这样黄油会因为面包的高温而溶化。对很多人来说，这种咖椰烤面包的味道香醇无比，特别是再配上一杯刚调好的本地咖啡时。品尝这种早餐最经典的地方是基利尼咖啡店（Killiney Kopi Tiam），但是现在人们又喜欢上了亚坤传统咖啡店（Ya Kun Kaya Toast Tiam）。这家咖啡店在岛内已有多家分店。还有些崭露头角的咖啡店，那里的咖椰面包和咖啡的味道也不错。

在新加坡开设的快餐店食物种类可能不如本国的快餐店多，主打产品大多是大麦克或是胡伯这样的大汉堡。当然为了适应当地人的口味，他们也会有些特色产品，例如，汉堡王就推出了椰浆牛肉咖喱汉堡（汉堡加浓咖喱酱），必胜客也有香辣鸡肉比萨，麦当劳有香辣鸡腿汉堡，有时候还会供应武士汉堡（汉堡加日式烧烤酱）。而肯德基就有两种口味的汉堡可供选择，一种是原味，另一种则是香脆鸡柳堡，口味偏辣。

熟食店和咖啡馆

新加坡还有很多熟食店出售大三明治、蛋糕和咖啡。这些熟食店中有些是国际性连锁店，例如，星巴克和斯宾利（Spinelli’s）是咖啡店，而赛百味（Subway）和奥利佛（Oliver’s）则主营三明治。除此以外，就是一些本地土生土长的企业，如咖啡俱乐部（Coffee Club）、咖啡连锁店（Coffee Connection）、达利弗朗斯（Delifrance）和贝克辛（Bakerzin）。很多糕饼店也制作不同口味的面包、蛋糕、糕饼，有些点心的味道非常特别，因为加入了本地特有的香料，如桑巴咖喱（sambal，一种咖喱调味料）、肉松（茸毛状的干肉）和烧烤猪肉（bak kwa）。

我曾经在前面提到过，在小贩中心和咖啡店买到的咖啡和茶多半已经本土化。有些美食广场的咖啡可能品质稍好一点，但大部分咖啡的味道并不那么正宗。如果你想要某个品牌的爪哇咖啡，你所付的价钱可能是本地咖啡的10倍！

肉骨茶

消费税、小费和其他收费

小贩中心和咖啡店一般不提供账单或收据，各档口会挂有招牌明码标价，顾客应该自己看清楚。在这些地方吃饭的好处是不用付消费税，只在你有特殊要求时才另收费，例如，你想为自己的叻沙多加点扇贝或者有时候你想要打包带走。

美食中心各档口标示的也是净价，而且你还能得到收据。如果仔细检查收据，你会发现净价中已经包含了7%的商品及服务税（Goods and Services Tax, GST），许多熟食店和咖啡馆也同样如此。

如果你是在餐厅吃饭，情况就不同了。新加坡人没有给小费的习惯，但餐厅会自动收取10%的服务费。服务费会被计入账单，而消费税则以账单总数目为基础计算。一般这种税费的后面会带有“++”的标记。如果菜单上某道菜的价格是“29新元++”则表示你总共须支付34新元。

尽管在新加坡没有给小费的习惯，服务生也不会等着你的小费，但是如果你认为得到的服务非常出色，也可以给点小费，适当表示一下自己的满意。唯一的问题是很多餐馆有条不成文的规定，如果当天有额外的收入，应由所有当班的工作人员平分。

某些餐厅也有些隐性收费，如果你一时大意，可能会被狠狠地宰一刀。这些隐性收费包括：开胃小菜（例如中餐馆会提供一点花生或泡菜，而印度和泰国餐馆则提供一些饼干）；茶水（在餐馆吃饭时如果点了茶水，服务员会给你上一壶茶，并不停地给你续水，直到你吃完饭。这种茶水一般按人头收费）；餐巾费（包在锡纸或塑料袋中的湿餐巾）。有些煮炒摊点会向顾客收取餐巾费，如果你的账单和你吃的东西对不上号时，看看他们是不是收了此费。

各种标志

分级标志

小贩中心或美食广场的每个档口都会悬挂印有字母的彩色标志牌，这是新加坡环境部（ENV）颁发的显示一个饮食营业机构卫生清洁程度的标志牌，即使是最高档的餐厅也会悬挂这种标志。这种标志分A到D四级，A级为卫生程度最高的标志。环境部会定期对这些饮食摊点进行检查，以保证它们能随时保持干净整洁。但令有些人奇怪的是，卫生程度高的餐厅里的食物并不见得最好吃。这也许就应了一句谚语：萝卜青菜，各有所爱。

健康生活标志

越来越多的食品摊档开始在门口贴一张宣传标语，表示他们会“少放油，多加蔬菜”，以响应政府发起的健康生活运动。如果看到这张标语，你可以让他们少放点盐，少放点油或者多放点蔬菜。

新加坡伊斯兰教理事会（MUIS）认证标志

你可以很容易地辨认出那些供应清真食品的饮食摊档，它们都会悬挂由新加坡伊斯兰教理事会颁发的认证标志。这种标志每年颁发一次，并须悬挂在店铺内显眼的位置。你在新加坡伊斯兰教理事会的网站上能够查到已经取得认证标志的摊档的名单和标志的到期时间。

圣淘沙风光

赞美之词

既然新加坡举国皆爱美食，那么每年有众多与美食有关的电视节目、新闻报道、网络排名和宣传哪些地方的东西最好吃的文章也就不奇怪了。各个餐厅都非常重视与自己有关的各种报道和文章，并自豪地将这些剪报放在最显眼的位置，作为对餐厅最好的宣传。但是你得记住，每个人对食物的喜好不尽相同，别人喜欢吃的食物并不代表你也会喜欢。当然，在发现自己真正喜欢的食物之前，看看这些报道也算是一种最初的了解。

饮料

免费的自来水

在绝大多数餐馆吃饭时，服务生都会为顾客免费送上一杯水。而且这些自来水也是可以饮用的。然而更高级点的餐厅一般会提供进口的瓶装水，这些瓶装水的价格都很贵，有的可能高达10新元一瓶。因此，你可以事先说明自己只需要普通的并且是免费的饮用水。如果你是白种人，餐馆的服务生会自动给你送上瓶装水，并询问你是需要加气的还是一般的。我的一位美国朋友有一次到五星级的东方酒店吃饭，那里一位服务生的表现让他大开眼界。这位服务生自豪地表示饭店有14种瓶装水可供选择，并且一口气报出了所有瓶装水的牌子。不幸的是，我的这位朋友却选择了普通的冰水，因为冰水最解渴。

咖啡店、小贩中心或者美食中心则没有免费的水喝，如果你想喝水，只能自己去买一瓶。当然这里的水并不贵，不到两新元就能买到一瓶500毫升的瓶装水。

啤酒

有些快餐店也免费供应饮用水，但是你得主动提出来要。用来盛水的杯子都很小，这表示他们更愿意你买一杯饮料或者瓶装水。

葡萄酒 / 自带酒或食物

喝葡萄酒在新加坡正日渐

流行，很多餐厅也提供种类繁多的葡萄酒，并且价格非常实惠。尽管并非所有的餐厅都能提供品种齐全的葡萄酒，也总有些红葡萄酒和白葡萄酒可供选择。但是，你得记住，如果自己带酒到餐馆吃饭，有些餐馆会收取一定数量的开瓶费，一般为15～35新元。因此，除非你喝的真是好酒，否则开瓶费比普通的葡萄酒还贵！

近年来新加坡有越来越多的商店开始销售来自世界各地的葡萄酒，大型超市里也能找到不同的品牌，尽管种类可能不是很多。但是如果你对葡萄酒有非凡的品味，那就得去葡萄酒专卖店。你可以在电子指南网站（http://www.eguideglobal.com/sg）上找到一系列对葡萄酒专卖店或葡萄酒/烈酒的介绍，或者参加一些葡萄酒品酒协会，在那里你一定会大有收获。

啤酒和酒精饮料

如果拿新加坡啤酒的价格和本国内的价格相比，很多外国人肯定会大吃一惊。尽管啤酒和酒精饮料的价格并不便宜，有时候你还是能找到买一送一或者其他的促销活动。新加坡有些很不错的爱尔兰酒吧，例如驳船码头（Boat Quay）的幕迪·墨菲（Muddy Murphy）酒吧和赞美广场（Chijmes）的弗兰根老爹（Father Flanagan’s）酒吧。这些酒吧酿造的爱尔兰啤酒口感非常好。当然，这里也有些类似宝莱纳·勃拉豪斯（Paulaner Brauhaus）和布鲁威（Brewerkz）的特色啤酒屋。如果你对喝酒的环境要求不高，也能找到一些很热闹的地方，那里的啤酒价格相对便宜多了。一扎鲜啤酒价格在13～45新元，但是大部分在25新元左右。如果是出去喝酒，最好把车放在家里，千万不要酒后驾车，因为新加坡对酒后驾车一直是予以重罚的。

莱佛士酒店

采购食品

炒粿条

新加坡人一般都去哪里买菜呢？要买到最新鲜的食品，最好的地方就是鲜活家禽/菜市场。这种菜市场一般上午6:00到10:00营业，但是心理承受能力比较弱的人最好别去那里，因为菜市场大多又脏又乱。这就是当地人管这种菜市场叫“湿巴刹”的原因，千万别指望这里面既干净又整洁。菜市场内分成蔬菜、禽、蛋、肉等不同区域，每种菜都非常新鲜，只是这里的空气中总弥漫着各种怪味，地面也总是泥泞、潮湿的。

你也许会问，人们为什么要忍受各种怪味和脏乱到这里来买东西。有的人来这里是想挑到最新鲜的食物，而且在这种菜市场，你可以随心所欲地挑选。这里有各种各样的鱼可供选择，你还可以检查这些鱼的鱼鳃和眼睛，看看新不新鲜。每个小摊上都挂着刚刚宰杀的新鲜肉，你可以指着自己看上的那块肉让卖肉的人把肥肉割掉。在干货区，你可以打手势告诉摊主你想要买什么，如果跟他关系不错，还能便宜几毛钱。你还可以微笑着走到常去买蔬菜的摊主那儿，让他给你五毛钱的辣椒，并帮你用报纸包好放在塑料袋中。有时候我不禁想，对新加坡人来说，这就是一种社交方式，他们的父母和祖父母也都享受过同样的生活乐趣。

绝大多数居民区内都有湿巴刹，但是，如今这些市场内的物价也随地段的不同而有高有低。皇后镇地区（新加坡历史最悠久的居民区之一，老龄人口较多）的蔬菜价格一般在1新元左右，而在淡马锡这种新近发展起来的、富裕的中产阶级占多数的地区，蔬菜的价格就涨了一倍。

第一次逛湿巴刹的时候，最好找一位“老手”带路。很多年轻的新加坡人到了湿巴刹都会迷失方向，不知所措，所以你更需要一位有经验的人领着四处转悠。有时候你还可能不小心撞上满载而归的家庭主妇或者赶着去上班的经理。

如果你对湿巴刹毫无兴趣，那就去超市吧，那里的环境舒适多了。新加坡有两大超市经营商：职总超级市场（FairPrice）和牛奶农场（Dairy Farm）超市集团。前者属合营性质，全国各地大多都有它的门店。这里的商品价格非常低廉，并充分满足了各地区顾客的不同需求。他们还设有网上（http://www.fairprice.com.sg）超市。

牛奶农场（Dairy Farm）集团也有几家连锁企业经营中低高档各种价位的商品，但是我比较喜欢的是这家超市的冷鲜区，因为那是一个很大的市场。市场里销售来自世界各地、质量上乘的产品，有时你还能找到自己以前在国内常常购买的商品，当然价格要稍高一些。你可以浏览他们的网站（http://www.coldstorage.com.sg）查询各连锁店的信息，还可以在他们的网上商店购物。不过，并非所有门店的冷鲜区货物都非常齐全，规模较小的超市种类就比较有限。此外，并不是牛奶农场（Dairy Farm）集团所有的门店都接受信用卡，只有乌节路、义安城、百丽宫和东陵大厦内的分店可以使用，而在先得坊牛奶农场（Dairy Farm）超市，除了现金和网络电子付款之外，只能使用超市发行的内部积分卡。

家乐福（法国超市企业）最近才进入新加坡市场，只开了两家分店，并有着相对固定的客户群。家乐福与前两家企业稍有不同，他们更像是一种“一站式购齐”的超市，商品门类并不仅限于食品和日用杂品。如果你想要在一家超市购齐所需的所有物品，这种超市是最佳的选择。

至于那些对日货特别感兴趣的顾客，新加坡为数不多的几家日本超市，应该可以满足他们的要求。这些超市都位于新加坡最大的日式百货店内，你可以一次买到所有物品。

小印度的慕达发中心食品店也有大量的豆类、谷物类、香料和清真食品可供

购物中心内景

咖喱鱼头

选择。

以下是一些颇有特色的食品店，不管是肉店还是美食屋，你都可以去见识一下。

■ 绿林大街的瑞士肉食店（Swiss Butchery）内供应多种欧式风格的肉类食品。肉店伙计还会根据你的要求将肉切好。

犹太食品（Kosher Food）

很遗憾，新加坡没有售卖犹太食品的商店。不过你可以在职总超市和牛奶农场这样的大超市购买原材料。或者，你还可以到滑铁卢街的犹太礼拜堂经营的商店购买原材料。犹太教会堂在巫魔大会（Sabbat）和犹太教节日时也会供应犹太食品。

■ 荷兰村内肉店的店主是澳大利亚人，专营腌渍肉和烤肉以及野餐会专用肉。

■ 另一个值得一提的肉店是汤申路（Thomson）上段和公园路广场（Parkway Parade）购物商场内的埃斯普利多·桑托—拉丁·达利肉店（Espirito Santo–Latin Deli），这里的肉类很多，还有巴西特色的食品和肉类。

■ 库琳那（Culina）食品店（http://www.culina.com.sg）专卖意大利特色食品，并开设了两家分店：乌节大道（Orchard Boulevard）和武吉知马路（Bukit Timah Road）上的帕克·豪斯（Park House）食品店。

■ 花拉路（Farrer Road）旁塞伦中心（Serene）的特纳瑞美食店（Tiernery’s Gourmet）内有很多在别处买不到的欧洲食品、墨西哥和拉丁美洲配料，以及各种口味的巧克力和特色应节食品。

■ 专卖德国食品和糖果（不卖食品和糖果还能卖啥呢）的德国食品店（German Food Shop）。

■ 如果你是来自纽约、风格时髦的顶级超市丁和德鲁卡（Dean and Deluca）的忠实顾客，你在俱乐部街的弗朗特·洛店（Front Row）内能找到他们的产品。

■ 南波那维斯达路（South Buona Vista Road）上的如此美味（So Delicious）店里专卖丹麦奶酪、肉食和其他食品。

■ 武吉知马路旁的塞拉·多（Cellar Door）店里能找到新西兰和澳大利亚出产的奶酪、葡萄酒和特色食品。

■ 宜家（Ikea）店里有一家规模不大的食品店，出售瑞典和斯堪的纳维亚地区的食品。

如果你忘了买明天吃的面包，而到离家最近的超市也得走15分钟，这时候你该怎么办呢？那就到7-11店（7-Eleven）、社区零售商店和加油站的便利店去。和全世界的7-11店一样，新加坡的便利店也是24小时营业。这里也销售一些方便食品，例如三明治和微波食品。新加坡所有的居民区都有零售商店，要么是组屋楼一层的一排小店，或者是楼外空地上的一间小屋。［后者有时候被称为“麻麻商店”（“mama shop”），因为这种小店一般由印度人经营，当地人称印度人为“麻麻”（“mama”）。尽管人们对印度人的这种称呼已经渐渐遗忘，但这种小店的名字却保留了下来。］这些零售店销售的商品也许并不齐全，但是总有一些生活必需品，一旦你发现自己忘了买些诸如牛奶、鸡蛋、大米、酱油、洗发水或者面包之类的东西，这种小店完全能够满足你的需求。大部分加油站也有一间小小的便利店，你在回家途中到加油站加油时，可以到那里挑些自己需要的东西，例如冰激凌和宠物食品等。

招待客人

新加坡人可能在家里，也可能在餐馆招待客人。不管是在哪种场合，送点礼物给主人或者以任何形式表示一下谢意都是一种礼貌。巧克力、葡萄酒和鲜花会是很好的选择，但是主人不会当场与其他客人一起分享你送的东西。一般情况下，女主人已经精心准备了各种佳肴，你送的礼物会在其他时间分享。如果你将要拜访的朋友是穆斯林，注意所赠送的食品必须有清真标志。到华人家里做客时千万不能带菊花，因为人们只有在人过世时才送这种花。同样，如果你受邀到印度教徒家里做客，不要送任何跟神圣的牛有关的礼物。

中国餐馆

新加坡人在很多社交场合中习惯迟到，这一点已经声名在外。但是他们对于正式的午餐或在家中吃饭又很讲究。如果受邀吃饭，尽量能准时或者比指定的时间提前15分钟到达，因为你的主人肯定已经提前将饭菜准备好了。除非正式的宴会前是鸡尾酒会，否则早一点或迟一点到都没关系。

如果到新加坡人家中做客，进屋前最好先脱鞋，并将鞋放在门口，所以穿一双易穿易脱的鞋比较合适。然而，现在这种趋势似乎发生了变化。所以我建议你瞄一眼主人的脚。如果他们穿着鞋，你就照着做。至于服装，穿着比较时尚的休闲服就足以应付大多数场合了。如果主人对客人的着装有一定要求，一般会提前通知。一旦你拿不定主意，就事先确认一下，以免到达后赫然发现大家都西装革履、正襟危坐，你和你的伴侣却穿着T恤和短裙。

如果主人和自己的父母或是一位长辈同住，你应该首先和他们打招呼，称呼他们“伯母”或“伯父”，千万不要直呼其名，即使他们向你作介绍时说，这是我的父亲——布莱恩。也许你不习惯这样做，但是有礼貌的称呼能让老人对你有一个很好的印象。这就是亚洲文化中对老年人表示尊重的方式。

朋友请你吃饭后，也许你想表示一下谢意，回请他们。那么，在家中还是在餐馆吃饭倒无所谓，最重要的还是要记住，大部分场合穿着时尚休闲服就足够了，除非你想邀请他们到非常高档的餐厅吃饭。那些你可能会接触到的新加坡人大都见惯了各种场面，任何场合他们都能应付自如。你只需记住在饮食中不要触犯他们宗教上的禁忌就可以了。

总之，一句话，尽量做到周到细心，借助自己的常识来进行判断。一旦出现了问题或者发生了意想不到的情况，善于利用自己的幽默化解危机，并且记住下次宴请客人时要倍加小心。

滨海湾金沙风光

第七章

畅游新加坡

“非常”是描绘新加坡的最好词语。这座活力四射的都市充满了对比和色彩，你可以在这里找到不同文化、饮食、艺术和建筑的完美统一。这座城市洋溢着无限的能量，充满了令人吃惊的事情，带给你数不尽的非同寻常和等待你发现的难忘记忆。

——新加坡旅游局网站

现在既然你对这些不同寻常的事情有了大致了解，那就坐下来，轻松一下，看看新加坡还有什么好玩的。

俱乐部和各种团体

想了解最近流行什么，简单方法便是与那些曾经有过同样困惑，但现在对此却了如指掌的人进行接触。你可以加入这里众多的移民协会及俱乐部，他们都能为你指明正确的方向。本书最后的“信息资源指南”中罗列了其中的一些，另外，你也可以从本国驻新加坡的大使馆方面得到相关信息。

在新加坡还有一些妇女团体，这些团体的建立是为了帮助妇女们找到有共同背景、语言、兴趣爱好的女性朋友。同样，你可以咨询大使馆并与这些团体进行接触，了解她们近期的活动计划。妇女团体通常每月至少组织一次早茶会，大家通过早茶会可以更好地相互了解。早茶会通常在会员家中、俱乐部或者公共礼堂举行。有时还会邀请嘉宾向大家介绍她们正在开设的各种课程。如果你正想交朋友，或是想寻求新的爱好或者活动以打发时间，这可是个大好机会，不仅对你，对你的孩子也同样有好处。配合一年之中的各种节日和活动，俱乐部和妇女团体也会组织各式各样的活动，如组织烘烤食品特卖会、小型的露天游乐会、短途旅行以及筹办慈善活动等。作为

滨海湾金沙和鱼尾狮

会员，你会定期收到团体寄来的信件，告知你活动的具体安排。

城市雕塑

当地的社区活动中心或者俱乐部（如Cairnhill、ang mo kio、marine parade等）同样是交朋友和参与新的活动（他们提供健身、艺术、烹饪等课程）的好地方，在这里你可以和邻居、整个社区里的人日渐熟悉。我的一位朋友就做得很好，她甚至在当地的一个活动中心教授如何烹饪法国食物。她所开设的课程大获成功，也成为来自各国的人们进行文化交流的好地方。

看得广，玩得乐

和许多大都市相比较，新加坡的世界级景点很少。但是当你考虑到它的面积大小时，这里各种景点的数量之多也许会让你喜出望外。以下只是一个小小的介绍。想

玩得高兴

蒂娜（Tina）是一个英国人，她为我们讲述了她和家人以及来自美国的一个朋友到夜间野生动物园参观的经历。“这并不是我们第一次来，但是这是我们一家人第一次一起来。动物园一开门我们就进来四处逛，等待第一场动物表演。我们都是大人，想象得到会看到些什么，但是对于孩子们来说，这真是棒极了。我们最喜欢的是，可以近距离地观看老虎。如果你不是和老虎面对面地接触，你永远都不会知道它有多大。它的手掌就和我的脸一样大！步行走过鸟舍也是件有趣的事，因为这里有许多的果蝠倒挂在低矮的树枝上。我知道我们不应该去触摸它们，但是我兄弟为了好玩，便抓住其中一只果蝠翅膀看看能拉多长。令我们吃惊的是，这只果蝠并没有反抗。经过一个又长又热的夜晚，我们看到的景象让每个人都兴奋极了，我的朋友也玩得十分尽兴。毫无疑问，对他来说，这是一次难忘的旅行。在出口处旁边的F & B商店里我们还买了冰啤酒，这让我们的旅行有了一个完美的结束。”

要获得更多信息，可以咨询一下你的朋友、同事，看看当地报纸的“生活大发现”（look through the life）板块，抑或是询问你的侨民朋友。

更多详情请点击：

- http：//www.zoo.com.sg
- http：//www.nightsafari.com.sg

新加坡动物园和夜间野生动物园

新加坡动物园于1973年首次对外开放，这是一个世界级的“开放”模式动物园。

动物园里的猩猩

所有动物园中最受欢迎的项目这儿都有，例如，这里专为那些想和鸡、鸭等小动物亲密接触的孩子们开辟了一小块“宠物园地”。只要你保持一颗年轻、勇敢的心，你还可以触摸一条黄色的大蟒蛇，或是让它蜷在你身上合张影。北极熊展厅很受大众欢迎，尤其是在喂食时间。1990年，这个地处热带的公园里诞生了第一只雄性北极熊幼崽（Inuka）。这可是公园历史上最值得骄傲的时刻之一。尽管新加坡天气潮热，这些北极熊（和隔壁围栏里的帝企鹅）仍然生活得十分快乐。别忘了给孩子们带上泳衣，因为在“宠物园地”旁有一个水上游乐中心，孩子们可以在那里尽情玩乐、享受凉意。

鹦鹉

世界上第一家夜间动物园——新加坡夜间野生动物园于1994年开放，主要提供夜间观赏服务，开园时间为晚上7:30至午夜。如果你有充裕的时间，最好先乘电车将整个动物园大致游览一遍，然后再选择一条你喜欢的路线观赏。在电车上你不但可以看到大片的被细心呵护的植物，也能看到喜欢在夜间出来觅食的动物，没准它们就出现在电车旁。但是你千万不要鲁莽地触摸它们，尽管它们被困在这里，可还是半野性的动物，谁也无法预料会发生什么。你可以在指定的区域内行走：看看夜间动物们在笼中吃草；带着孩子们步行穿过吊桥；隔着厚厚的钢化玻璃与老虎、美洲豹面对面。

万里胡姬花园（Mandai Orchid Garden）

万里胡姬花园位于万里湖路（Mandai Lake Road），在动物园和夜间野生动物园的旁边。这里是所有爱花者，尤其是喜爱胡姬花者的怡人去处。山坡上开满了200多种胡姬花，草地上也有各种园林：一个草药、香料园，一个水上植物园和一个热带水果园。想要获得更多资讯请浏览：http：//www.mandai.com.sg

裕廊飞禽公园（Jurong Bird Park）

裕廊飞禽公园成立于1971年，其面积与规格日渐扩大。这个公园现为亚太地区最大的鸟类动物园，聚集了东南亚600多种飞禽。其四个鸟舍中有世界上最大的步行鸟舍及世界最高的人造瀑布。与新加坡动物园一样，这里也为孩子们准备了游乐场和水

新加坡植物园风光

上乐园。欲获知更多信息，请浏览：http：//www.birdpark.com.sg

新加坡植物园

1822年，史丹福·莱佛士爵士在福康宁山（Fort Canning）设立了新加坡第一个植物园。到1859年植物园才发展成现在的规模。如今的植物园及园内的国家胡姬花园（National Orchid Garden）均隶属于国家公园局，这里是举行乐队表演等户外活动的最佳地点。植物园正不断地提升它的服务品质，并热忱欢迎志愿者，尤其是那些热爱大自然的人前来。想了解更多，请上网查看：http：//www.sbg.org.sg

汇丰银行树顶吊桥（HSBC Tree Top Walk）

位于麦里芝蓄水池（MacRitchie Catchment Area）内的树顶吊桥是新加坡乃至东南亚的第一座林间吊桥，全长250米，以麦里芝蓄水池周围两座最高的山作为起点和终点。有两种方法可以到达这个吊桥：从麦里芝保护区或维纳斯车道（Venus Drive）的小径走到这里，或者沿汤姆森路（Thomson Road）走来。但无论走哪条路，到达树顶吊桥前你都得走很长一段路（并且要时常爬坡）。你最好穿上徒步鞋和适合徒步行走的衣服，并且走得轻松点，否则，炎热、潮湿会让你无法尽情享受这一切。因为地形并不平坦，需要不时爬上爬下，所以这项活动不适合老年人参加。如果你想带着小孩走过树顶吊桥的话，也得三思而后行，因为大部分时间你都得背着他们。

想了解关于树顶吊桥的更多资料，请浏览国家公园局的相关网页：
http://www.nparks.gov.sg/nparks_cms
display_level2.asp?parkid=8&catid=9

双溪布洛湿地保护区（Sungei Buloh Wetland Reserve）

双溪布洛湿地保护区于1993年向游人开放，位于市区的北部。在保护区内，你还能看到马来西亚柔佛州（Johor）的一小部分。这里是观鸟者的天堂，因为很多候鸟如白鹭、珩科鸟把这里作为它们迁徙途中的主要停留站。除了红树林沼泽外，这里还有苍鹭和翠鸟等不会迁徙的鸟类。这里很适合团体游玩，特别是孩子们。想获得更多信息，请浏览官方网站：http：//www.sbwr.org.sg

武吉知马自然保护区（Bukit Timah Nature Reserve）

1883年建立的武吉知马自然保护区最初是一个森林保护区，是新加坡政府宣布的四个保护区之一。另外三个分别是中心流域预备资源自然保护区（Cetnral Catchment Nature Reserce，麦里芝自然保护区附近）、拉柏多公园保护区（Labrador Park Nature Reserve）和双溪布洛湿地保护区。武吉知马自然保护区占地164公倾，其中大部分为原始热带雨林，树木种类远超北美大陆。这里开辟的小道都有清晰的标记，因此游人无须担心会迷路。你还可以爬上保护区内海拔164.3米的武吉知马山，这里是新加坡最高的地方。

麦里芝自然保护区（MacRitchie Reservoir）

这是新加坡的第一个水库，1868年完工，其意义远非只是为新加坡储水。水库内专为喜欢探索自然的人设置了许多木板路和步行小道。在这里你可以独自步行欣赏风景，也可以加入免费配导游的旅行团。

猪笼草

裕华园 (Chinese Garden) 与星和园 (Japanese Garden)

裕华园与星和园相邻，里面分别融合了中国、日本经典的建筑，是两个非常适合周末放松心情的好地方。想要从繁忙的都市生活中偷得半日闲，又不想花费太多的时间，这里就是你的首选。中秋节和春节的时候（本章稍后会介绍节日），千万不要错过这里举行的灯会。这可是个举家外出的好机会，因为这里通常会为孩子们准备特别好玩的。

民族文化区

由于有着多元文化的背景，新加坡自然有各民族的主要聚居地。马来人大多住在甘榜格南和芽笼士乃（Geylang Serai），华人住在牛车水，印度人则住在小印度。各聚居区都有其鲜明的特色，借此你可以进一步了解新加坡各民族的建筑、历史和从事的行业。有空的话可以去看看。

在新加坡旅游局的网站你可以找到更多的信息：http://www.visitsingapore.com/publish/stbportal/en/home/what_to_see/ethnic_quarters.html

长颈鹿

圣淘沙

这个小岛原名布拉康玛提岛（Blakang Mati），1972年发展成为一座功能齐全的岛上度假村，将来还会被建设成为一个综合娱乐城（Integrated Resort，IR）。岛上1982年开始运营的单轨列车已在2005年停运，取而代之的是在2006年年底运行的轻轨系统。通过新加坡地铁东北线，将圣淘沙岛与新加坡本岛联结起来。你可选择驾车、乘坐巴士或

新加坡圣淘沙风光

缆车来圣淘沙。大多数想要从高空鸟瞰小岛全景的人都选择坐缆车。如今，圣淘沙有宾馆、小木屋、温泉和各种景点吸引着人们不断前来。这里有迷人的音乐喷泉、海滩、皇帽摩天塔（Carlsberg Sky Tower，高131米，是新加坡最高的公共观景台）以及新加坡海底世界和西罗索炮台（Fort Siloso）。想了解更多，包括其未来的规划，请浏览网址：http：//www.sentosa.com.sg

给战争史爱好者的小贴士：

如果你对新加坡的战争史感兴趣，可以去这些地方看看：

■ 圣淘沙岛上的西罗索炮台是一个具有120年历史的海滨炮台，在“二战”期间，它起到了至关重要的作用。如今，它已成为纪念“二战”历史的博物馆。

■ 福康宁(Fort Canning)公园内的碉堡在“二战”期间是英军在马来亚最大的地下指挥中心。

■ 樟宜教堂（Changi Chapel）与博物馆，详情请登录网站：

http：//www.changimuseum.com

■ 拉柏多公园内的拉柏多隧道在“二战”期间曾被英军作为新加坡战略防御中的地下隧道，2005年才对公众开放。

■ 克兰芝阵亡战士纪念碑（Kranji War Memorial）是为了纪念在“二战”中为自由而献身的英国、澳大利亚、加拿大、斯里兰卡、印度、马来西亚、荷兰和新西兰等多个国家的勇士们而建。

乌敏岛（Pulau Ubin）

乌敏岛位于新加坡本岛西北部，岛上还保留了新加坡20世纪60年代的风貌。美丽的乌敏岛在马来语中为“花岗岩岛”的意思。你可以随团旅行（尤其适合初来乍到的游客），与一群朋友骑上自行车到处走走，在海滩边露营，住在小木屋里。但不要太随心所欲，出发之前做个周全的准备，了解一下哪些地方是不可以涉足的，因为新加坡的大部分荒野还处于这个国家的管辖之下。你可以浏览一下网站以获得更详细的资料：

- http：//www.nparks.gov.sg/nparks_cms/display_level2.asp?parkid=6&catid=1
- 也可以上网站“聚焦乌敏”看看，网址是：http：//www.foucusubin.org

新加坡科学馆

想要给大脑充充电吗？那就来新加坡科学馆吧。1977年建成的科学馆旨在通过直观的现场展出向大众普及科技知识。自成立以来，该馆就大受学校的学生们的欢迎，现在他们还自己出版了一系列关于生命科学的书籍。科学馆还主持举办过许多巡回展出，包括《魔戒》《星球大战的艺术》等。想要了解正在这里进行的展出，请浏览网址：http：//www.science.edu.sg

反转笨猪跳——终极蹦极（G-Mzx The Ultimate Bungee）

位于克拉克码头（Clarke Quay）的反转蹦极跳是个能让你肾上腺素急速上升的新体验。坐在电动座椅上，以200公里的时速瞬间将你送到60米的高空上，在血液突然涌入大脑的时候，想叫多大声就叫多大声吧，没有人会介意的。更多信息请浏览网址：http：//www.gmax.co.nz

圣淘沙风光

鸭子和河马之旅

在亚洲尚属首次开放的鸭之旅用的是一种水陆两栖船——有轮子的船，既可以在陆地也可以在海上行走，带你畅游城市（陆地）与港口（大海）。详情请查询：

http：//www.ducktours.com.sg

由同一家公司经营的河马之旅则是由一辆敞篷双层巴士带你游遍这座城市著名的景点。你可以到设在乌节路的游客信息中心购票，并查询具体的行程路线。

缆车

追寻文化遗迹

国家文物局（National Heritage Board，NHB）为喜欢历史的当地人和外国移民介绍了许多已渐渐被人们遗忘的历史遗迹。你可以上网查询更多的信息：

http：//www.nhb.gov.sg/discover_heritage/discover_heritage.shtml

你也可以与文物局联系，请他们将整年度的活动安排以电子邮件的形式发给你。这些活动有时是组织去考古现场，有时则是组织在晚上探寻人们不太熟知的景点。

在雪中蹒跚学步

显然这个小家伙是随父母第一次来雪城，他并不知道接下来会发生什么。这是一个韩国家庭，看上去他的父母以前玩过雪，所以想带他们的儿子出来玩，以度过一个快乐的周日上午。小男孩大概两到三岁，还站不太稳。穿着暖和的衣服、靴子，戴着手套和头盔，他就活像个正在行走的圆球。小男孩勇敢地爬上楼梯来到滑雪场的顶端，然后他的爸爸抱着他，两人一块坐在充气筏上，从斜坡高处冲下来。哇！风吹过他的脸颊，这可爱的小家伙因为激动脸都变成粉红色了，他又准备再来玩一次了。

龙舟

体育活动

或许除了滑雪和溜冰外，你可以在新加坡参加任何一种体育活动。其实这种说法并不准确。实际上新加坡有一个人造滑雪场和人造溜冰场。它位于裕廊的雪城（Snow City），毗邻新加坡科学馆，这个人工滑雪场除周一外每天都对外营业。但滑雪项目只开放给有经验的人，且仅限于每晚的固定时间，你必须要提前预订。白天时，公众可以在这里玩滑雪板。对于那些玩过此项目的人来说，这也许不太好玩。可是对于生长在热带国家的大人和小孩，他们能在这里度过一个非常愉快的下午。

位于裕廊娱乐中心（Jurong Entertainment Centre）的富士冰宫（Fuji Ice Palace）是新加坡仅有的溜冰场。你可以和朋友们在这里玩个痛快，也可以选择学习溜冰。因为这里经常会因为有人训练而暂停对外营业，所以去之前最好打个电话询问一下。想要了解这里的收费及开课项目，请上网查询，网址是：

http：//www.fujiice.com.sg

水上运动

新加坡四面环海，所以这里有很多的水上运动，如风帆、独木舟、皮艇、帆板、滑水、航海等。随着滨海湾（Marina Bay）地区的发展，新加坡政府也希望能在此承办更多的国际赛事，相信会有更多的水上运动出现。想在水上玩个痛快，你可以向商家（主要在东海岸）租用各种设备（有些也许仅提供给会员）。想获取相关的更多信息，可以浏览人民协会（People' s Association）的网站。人民协会经营着五个水上运动俱乐部。它们的网址是：

http://www.pa-online.pa.gov.sg/NASApp/maps/online/sscms/common/OSK_SCCIndex_A01.jsp

但是新加坡水上运动的发展并不仅仅如此。新加坡的游泳运动员和水球运动员夺得过亚洲金牌，所以这里有那么多公共和私人游泳池遍布各种大楼、共管公寓、酒店和俱乐部。如果你正接受严格训练，需要一个标准的奥运会比赛游泳池，你可以去这里实地考察。想了解每个泳池的设施，请登录新加坡体育理事会（Singapore Sports Council，SSC）的网站（http：//www.ssc.gov.sg）查询"体育设施"一栏。

其他运动

新加坡也有许多的陆上运动，但你得找到一群合适的同伴。尽管得花上一点时间，你还是能找到一些朋友去玩那些需要两个或四个人参加的运动。你可以在网上（http：//www.ssc.gov.sg）找到并在线预订你要玩的体育设施。由于有些运动更受大众欢迎，所以想要确保自己的愿望不会落空就得提前预订。

在新加坡颇受欢迎的运动有：

■ 足球

在新加坡，这项运动一直广受欢迎，球员与球迷的数量多不胜数。2000年新加坡足球协会成立了新加坡国家足球学院（National Football Academy），以激励

圣淘沙的海滩船

运动员们实现他们的梦想。足协也经营着众多的项目和课程，街头足球问世虽没多久，却已经开始风靡新加坡了。

■ 高尔夫

你能相信在国土狭小的新加坡就有14个高尔夫球场，且其中一半以上都是18洞吗？大多数球场都是会员俱乐部，但是有四家接受临时预订，分别是东陵高尔夫球场、实里达高尔夫基地、格林花威高尔夫球场（Green Fairways）和总裁高尔夫球场（Executive Golf Course）。除了东陵是5洞的球场外，其余均为9洞球场。

■ 乒乓球

近几年新加坡在国际和地区比赛中夺得了乒乓球项目的奖牌，燃起了人们对这项运动的热情。

■ 羽毛球

这项运动一直深受新加坡人的喜爱。

■ 网球

网球在新加坡颇受追捧，但是这里难以预料的天气可能会让你打一场湿漉漉的比赛。

■ 攀岩

近年来风靡新加坡的一项运动。

■ 轮滑

尽管轮滑问世较晚，但它已在过去五年里拥有了大量的爱好者。你可以看到许多人（不论年长或年轻）在附近的公园里或在东海岸海滩边的砖石路上练习轮滑。

足球和新加坡国旗

亚洲体育运动

想尝试或观看具有新加坡本地或亚洲特色体育运动的话，你可以考虑下面的几种：

■ 藤球

这是一项在东南亚国家非常盛行的运动。玩藤球就像是用你的脚去踢排球，而球体使用的是类似于藤条的材料。你可以在当地的社区活动中心咨询相关信息。

■ 武术

武术涵盖了一系列的中国武术运动，太极拳便是其中之一。介绍一个不错的武术网站给你：http：//www.singapore-wushu.com

■ 希拉

马来武术称为希拉，它在东南亚颇受欢迎。你可与新加坡马来武术总会（http：//www.persisi.org）联系，以获取更多信息。

■ 合气道

合气道是一种日本武术，越来越受当地人和外国人的喜爱。去合气道（新加坡）总会的网站（http：//www.aikidofederation.com）看看，这可是你的首选。

健身

如果你不想做这些剧烈的运动，只想进行健身锻炼的话，可以去健身中心，诸如加利福尼亚健身中心（http：//www.californiafitness.com）全真概念

极限运动

由于诸多原因，极限运动在新加坡发展得很缓慢。一方面是因为这里面积太小，即使是摩托车手都很难在这里找到合适的地形挑战自己。滑板在新加坡已出现多年，但是当你在街上或维护很好的人行道上玩时，很可能会遭遇旁人的白眼。此外，可能遭遇的危险、过度关爱子女的父母干预以及周遭的环境都使得极限运动在新加坡的发展很受限制。但是现在情况似乎已有所改善，社会发展、青年及体育部举行了许多针对青少年的民意调查，并组织他们进行各项活动，以提高极限运动的地位和公众对此的认识。这个进程也许会较为缓慢，但毕竟是一个开始。有一些团体和机构，如新加坡国立大学，就想要改变现状，并已经开始在校内倡导登山运动。

运动

健身俱乐部（http：//www.tuefitness.com.sg）。你也可以选择去15家健身俱乐部（Club FITT）健身中心中离你家较近的一家锻炼，在新加坡体育理事会（SSC）的网站上（http：//www.ssc.gov.sg）能找到它们的具体位置。

十几年前，瑜伽在新加坡十分风行，许多人都加入了学习由社区活动中心与俱乐部开办的课程。如今，大多人都在练习瑜伽和普拉提，也有越来越多的人在学习气功。当然，俱乐部也开设了这些项目的学习课程。你可以去人民协会的网站上（http：//www.pa.gov.sg）查阅相关信息 。

夜生活

不可否认，新加坡的夜生活没有曼谷那般多姿多彩，但是近五年来，情况已经有了显著的改善。爱泡吧的人应该去莫罕默苏丹（Mohammad Sultan）一带转转，这里有众多夜总会、酒吧，每晚都是人声鼎沸，熙熙攘攘。赞美广场（Chijmes）则是另一个很受欢迎的地方，你可以在这里和朋友相聚，享用一顿美食后流连于各个酒吧之间。如果你在中央商务区工作，可以向同事打听一下附近的酒吧或夜总会。乌节路沿街也有许多这种娱乐场所，最受欢迎的都在邻近先得坊的翡翠山一带。

有一些酒吧允许在吧台上跳舞，这对喜欢随着音乐起舞的人来说是个好消息。你可以尽管一试，最糟糕的结果不过是被人哄下台。位于里峇峇利（River Valley）的Zouk俱乐部备受蹦迪爱好者的欢迎，在克拉码头新开张的迪厅音乐之城（Ministry of Sound）里有着本地最大的舞厅，同样也是顾客盈门。但是如果你喜欢安静一点的地方，晚餐秀（Dinner Show）也许合你的口味。克拉码头正在进行世界闻名、被称

克拉码头夜生活

小岛上的休闲之旅

民丹岛（Bintan）和巴淡岛（Batam）也是很有人气的两个小岛，岛上均有度假酒店，只需坐渡船就能到达。许多商人都喜欢在周末时来巴淡岛打高尔夫球，想要放松的则愿意去民丹岛。向你的朋友打听详情，或者在网上查询，也可以看看当地的报纸，选择你最想去的地方。

在旭日东升里航行

想要放松一下身心，又不想长时间地驾车、飞行或坐着不动，何不尝试一下坐游轮旅行？旅行时间的长短由你所选择的航线决定。游轮上提供各种餐饮和娱乐服务。你要做的就是尽量地放松、尽情地享受这一切。

为“疯马”的巴黎皮克布（peek-a-boo）表演。如果你对这些都不感兴趣，想看点儿更本土化和通俗的，可以去豪杰大厦（Orchard Tower）的黄沙剧院酒吧（Gold Dust Theatre Bar）或厦门街（Amoy Street）的蹦蹦室（Boom Boom Room），在这里你能看到本土的反串艺人古玛的搞笑表演。尽可能地去理解他们的幽默，因为观众有时会被邀请加入他的演出。

旅行者的故事

在新加坡似乎每个人都患上了幽闭恐惧症，大家都需要时不时地出去透透气。即使是当地人也是如此，只要有机会他们就会出去度假。最不费事的地方当然是马来西亚，你可以去柔佛待上一天或是在马六甲度过周末。时间越长，你就能去越远的地方。如果想在柔佛有一个轻松、自由的“探险之旅”，你可以在克兰芝地铁站乘车前往，这里有三趟班车。记住随身携带好你的护照和移民卡，因为沿途将会有检查。选择这条道你会经过新柔长堤（Causeway），缺点是如果没选对合适的时间，你要排很久的队。不过让人觉得有趣的是，似乎任何时间去都会碰到一大堆人。如果交通拥挤，而你又身强体壮，天气也不错的话，不妨考虑步行穿过新柔长堤。当然在海关你还得排队，不过你过桥的速度可能要比公共汽车快多了。

如果你还想去更远的地方，甚至去泰国的话，你可选择自己驾车或是乘坐每天

樟宜国际机场里的扶梯

数辆的长途汽车［你也可以坐火车去，但火车趟数不多。你可以查询地铁公司的网站（http://www.ktmb.com.my）或是东方快车网站（http://www.orientexpress.com）］。许多公司都提供成套服务，包括车票和住宿。但服务质量参差不齐，做决定前你最好多看几家。有一些公司甚至还提供类似飞机上的餐点服务（例如，提供套餐、车内卫生间），有些公司的运营时间非常方便，还有些公司的客车上则有大大的椅子和活动空间。你所需要考虑的是会和谁一块乘车，希望享受到多少豪华的服务以及愿意掏多少钱。

尽管廉价航空公司在新加坡最近才出现，但是发展速度很快。这儿甚至有一个专为乘坐廉价航班的乘客提供的候机厅。香港和曼谷是比较受欢迎的目的地。你可上网查询相关票价：

- 惠旅航空（Valuair）

  网址：http：//www.valuair.com
- 捷星亚洲航空公司（Jestar Asia）

  网址：http：//www.jestarasia.com
- 老虎航空（Tiger Airways）

  网址：http：//www.tigerairways.com
- 亚洲航空（Air Asia）

  网址：http：//www.airasia.com

本地的报纸都会刊登这些廉价航空公司机票价格和促销活动的分类广告。新加坡全国旅行社协会（National Association of Travel Agents Singapore，NATAS）每年都会举办旅游展览会，你可以到这个展览会上了解有关信息。本地的一些大型旅行社，例如，曾氏兄弟旅行社有限公司（Chan Brothers）等自己也会举办旅游展览会，他们通常会在报纸上刊登有关展会的连篇广告，所以注意看看报纸。

你可以在艺术中心（Arts Central）频道上看到一些正在进行的艺术活动的广告。

关于文化

就在十几年前，曾有许多人（既有新加坡人也有外国人）哀叹新加坡本土文化的消亡，但是现在情况已大有改观。新加坡的艺术一直是，也将永远是新旧文化的结合。其多种族的背景、多种文化传统在这里一代一代相传，是上天赐给新加坡的礼物。同时新加坡也是一个年轻的、正在成长中的国家，正如幼年的孩子一样，其极易受到外来文化的影响。因此，在这个小小的国度里，你会发现许多受西方文化影响的艺术形式，例如，绘画、戏剧、音乐、文学和舞蹈风格。这些影响如此巨大，使得民族艺术几乎黯然失色，因而引起了多年的争论。保守派痛斥外来文化的影响，而激进派则欢迎不同文化之间的交流。传统主义者坚持他们的观点与做法，而理想主义者则期望不同文化要相互融合。我们无法判断谁对谁错，接受什么、摈弃什么，要由大众决定。

新加坡国家艺术理事会（National Arts Council，NAC）成立于1991年，以“培养发展艺术”为其宗旨。该理事会不断地寻找新的方法、举措，以提高公众对视觉艺术、舞蹈、音乐、文学艺术和戏剧的认识，所以你不知道他们下一步将会有什么行动，随时上网追踪吧，记住网址：

http：//www.nac.gov.sg

新加坡美术馆

美术与雕塑

十年前，提到新加坡的艺术，人们只能想到几家不错的画廊和几个艺术家。但是现在新加坡的艺术已从绘画、雕塑发展到表演、装饰。一些画廊定期从海外带回一些作品，所以，这里总会有供你欣赏的艺术，喜欢的话还可以买回家。下面的网站能给你指明正确的方向：

- 新加坡美术馆（Singapore Art Museum，SAM）

  网址：http：//www.nhb.gov.sg/SAM

  东南亚最早的艺术品博物馆之一，1996年移至修葺过的圣约瑟书院。如今，它的永久收藏品数量已达7 000件，是该地区收藏作品数量最多的美术馆。在其网站上可以查询到馆中的展品。

- 新加坡艺术画廊指南（Singapore Art Gallery Guide）

  网址：http：//www.sagg.com.sg

  这是一本月刊杂志，由移民芮尼·丹尼尔（René Daniels）策划。这本杂志介绍有关展览、艺术家和当月的各个展出地点。你可以在较大的书店买到，也可以在上面提到的网站上订购。

- 新加坡美术

  网址：http：//www.singaporeart.org

  这是一个综合性的网站，提供了当地艺术家、展出地点、艺术品供应商和组织机构的各种信息。

- 雕塑广场（Sculpture Square）

  网址：http：//www.sculpturesq.com.sg

  新加坡首个（而且是迄今为止唯一的）用于展出三维艺术品和雕塑的地方。从新加坡美术馆步行一小段路即可到达雕塑广场。这里有两个画廊，其中一个由19世纪的巴巴·美索迪斯特（Baba Methodist）教堂改建而成，教堂内高达9米且无立柱支撑的空间非常适合展出雕塑作品。

- 博物馆之友

  博物馆之友（FOM）为参观者提供精彩、丰富的活动，帮助他们了解东南亚文化和艺术，能引领你参观一系列博物馆。新加坡的博物馆之友全年还赞助很多论坛和活动。请浏览其官网获取更多信息：

  http://www.fom.sg

亚洲美术展

“艺术新加坡”（ART Singapore）是为展示当代亚洲艺术举行的年度艺术展，5天的时间将展出来自亚洲各国的艺术品。这个艺术展自2000年创办以来便广受好评。你可以在其网站上看到更多资讯：

http：//www.artsingapore.net

表演艺术

音乐

在这里，你随时都可以欣赏到西方音乐，还可以在本地商店内找到自己喜爱的歌手的唱片。这里有全球性的唱片连锁专卖店HMV和波德斯（Borders），也有本地的三巴旺唱片店（Sembawang Music Store）、格拉姆风唱片店（Gramaphone）和音乐交汇唱片店（Music Junction）。在任何一家商场内，你至少能找到一家唱片零售店。

本地音乐界也受到了一些西方的影响，所以你能听到流行音乐、嘻哈、饶舌和爵士乐。有些音乐属于原创作品，其他音乐则混合了多种风格。亚洲地区的歌曲与歌手，尤其是来自中国台湾与香港的，在这里十分受欢迎。一些新加坡歌手也转战中国的台湾、香港，在那里成名后再回到本国。这样做也是出于商业上的考虑，因为涉及唱片的销量。不论你在新加坡有多少歌迷，与亚洲其他国家的歌迷相比，其数量还是微乎其微的。对于马来西亚歌手来说，他们也面临同样的窘境，尽管他们有很多歌

新加坡音乐厅

现场娱乐表演

在新加坡旅游局（STB）的网站上列出了许多大受欢迎的娱乐场所的名单，有些夜总会就有现场表演。其网址是：

http://www.visitsingapore.com/publish/stbportal/en/home/what_to_do/nightlife_in_singapore/nightspots/experiences/live_entertainment.html

迷。同样，许多马来西亚与印度尼西亚歌手在这里很受欢迎。

如果你喜欢听现场音乐，这里的许多酒吧和夜总会有乐队现场演奏。想听轻松的爵士乐，就去驳船码头（不妨试试Harry's Bar）。离这里不远的克拉码头的一些俱乐部会在某个晚上有摇滚乐队演出。

喜欢古典艺术的人同样有地方可去。新加坡交响乐团（Singapore Symphony Orchestra，SSO）有定期的演出，有时还会邀请客座艺术家参加。报纸上通常会刊登相关广告，你也可以提前上网预订。它们的网址是：http：//www.sso.org.sg

新加坡建筑

想欣赏更民族化的音乐，可以去下面的地方看看：

- 新加坡华乐团（Singapore Chinese Orchestra）

  网址：http：//www.sco.com.sg

- 新加坡马来乐团

  网址：http：//www.omsyouth.blogspot.com

- 新加坡印度交响唱诗班（Singapore Indian Orchestra and Choir，SIOC）

  这个乐团暂时没有独立的网站，它隶属人民协会（the people's Association，PA）并由该协会管理，你可以与其联系获取相关信息。人民协会的网址是：

  http：//www.lifeskills-lifestyle.pa.gov.sg/html/services/box_office.htm

此外，你还可以到人民协会咨询马来乐团（Malay Orchestra）的情况。

正在跳霹雳舞的男子

舞蹈

显然，西方舞蹈在新加坡占了主导地位。你可以欣赏到国外著名舞蹈团的表演，如俄国芭蕾舞。这里也有一些民族舞蹈团体，他们的演出内容会在当地报纸的娱乐演出信息（Life! Events）板块上登出。这些舞蹈团似乎想把民族舞蹈的元素融入现代西方舞蹈中，反之亦然。新加坡有一些文化艺术公司，他们设有相关的课程，你可与他们联系：

■ 化生艺术团（Arts Fission Company）

网址：http：//www.artsfission.org

■ 态度舞蹈工作室（Attitude Dance Studio，拉美舞蹈）

网址：http：//www.asiasalsa.com

■ Bhaskar' s Arts（印度舞）

网址：http：//www.bhaskarsartsacademy.com

■ Country Line Dance Association（排排舞）

网址：http：//www.cldas.com

■ 聚舞坊（Dance Ensembles Singapore）

网址：http：//www.des.org.sg/dance.htm

■ Ecnad

网址：http：//www.ecnad.org

■ John & Josephine Dance Creative（舞场）

网址：http：// www.johnjosephinedance.com.sg

■ 新加坡“O”剧场当代舞蹈团（Odyssey Dance Theatre）

网址：http：//www.odysseydancetheatre.com

■ 新加坡舞剧团（Singapore Dance Theatre）

网址：http：//www.singaporedancetheatre.com

■ Sri Warisan Performing Arts（马来舞）

网址：http：//www.sriwarisan.com

■ 艺术殿堂（印度舞）

网址：http：//www.templeoffinearts.org/sg

舞蹈班

有些社区活动中心和俱乐部开设舞蹈班，教授社交舞、舞厅舞和排排舞。他们还为小朋友们开设了芭蕾舞、印度古典舞等课程。如果你对此感兴趣的话，可上人民协会的网站看看：http：//160.96.187.35/NASApp/cconline/main.do

你只需点击你所属的社区活动中心或者你选择的舞蹈中心提供的舞蹈课程并查看相关信息。

剧院和戏剧

新加坡的戏剧表演非常繁荣，蜚声国内外。在新加坡，有许多本地戏剧团体（包括英语、华语、马来语、印度语和土生马来华语）表演本土和国外的艺术作品。你能在国家艺术理事会（NAC）的网站上找到这些剧团的详细信息：

网址：http：//www.nac.gov.sg/the/the07.asp

戏剧演员

电视、电影

本地华语电视连续剧的制作播出已有数十年的历史，有些已出口到其他国家。相比较，英语电视节目的制作较为滞后，并且不如华语电视受观众欢迎［但《成长》（Growing Up）这部片子是个例外，播出时的收视率非常高］。英文的情景喜剧稍微强一点，比如《同一屋檐下》（Under One Roof）、《鬼马家族》（Phua

新加坡式的《周末夜狂热》

1998年本土“鬼才”魏铭耀（Glen Goei）创作并执导了他的首部影片《功夫舞王》。这部影片融合了《周末夜狂热》（包括约翰·特拉沃塔在里面的招牌舞蹈动作）和《舞国英雄》里的许多元素。影片风趣幽默，描述了一个在超市工作，但是有着金子般心灵的小伙子的故事。故事中采用了许多在新加坡十分普遍的名字，并很快风靡全岛。除此之外，电影中的音乐也十分流行，在本岛放映后不久，米拉麦克斯（Miramax International）公司便购买了这部影片，并更名为《我就喜欢那样（That's the Way I Like It）》后在美国播出。

Chu Kang Pte Ltd）都有一定的观众群。

本地的电影制作最近才有所发展，最开始只是一些短片和独立电影。直至1998年星霖电影公司成立后，富有洞察力的梁智强（Jack Neo）拍摄的影片获得首个国际金奖，本土电影才在商业上获得成功。

歌剧

在新加坡，西方歌剧并不那么原汁原味，除非新加坡交响乐团（SSO）邀请了女歌唱家与他们一同演出。新加坡本土的歌剧有哇扬戏（wayang）和中国街戏，这是19世纪的中国移民带来的两种艺术形式。在离地约2米的地方搭起一个舞台，人们在四处围观（如果有椅子的话可以坐着看），一边看戏一边大声谈论。因为中国戏剧的音乐伴奏由锣、鼓和弦乐器组成，声音震耳欲聋，大声说话并无不妥。至今戏剧的音乐和动作都还没有改变，有时观众中还会发出嘈杂的声音。

戏剧最初时候的表演者都是男性，随着时间推移，女性也加入了表演队伍。演员

新加坡图书馆

们脸上往往涂着重重油彩，身上穿着精致的中式戏服，头上戴着华丽的头饰。舞台上一般不会同时出现好几个演员，他们以吟唱的方式进行表演。表演中有时会加入杂技和哑语动作。

中国哇扬戏的确要花点时间才能适应，尤其是你听不懂他们在说什么时（他们通常用广东话、闽南话、潮州话来表演），就连许多本地的华人都不太能接受。但是，观看他们的表演可是个难得的经历。

正在书店看书的孩子

怎样开始

如果想要了解新加坡不同的戏剧种类和表演团体，你可以浏览新加坡国家艺术理事会（NAC）的网站：

http：//www.nac.gov.sg/the/the07.asp

文学艺术

新加坡人的读写水平很高，达到了90%。但是很奇怪，他们并不是真的爱读书。新加坡国家图书馆管理局（National Library Board，NLB）已经采取措施想要扭转这种局面，他们通过各种竞赛、活动吸引国民阅读更有趣和通俗易懂的书籍。国家图书馆的李光前参考图书馆（Lee Kong Chian Reference Library）位于维多利亚街（Victoria Street），是一幢13层楼高的建筑，于2005年7月启用。岛内有众多的地区和社区图书馆，你可以在国家图书馆管理局（NLB）的网站（http：//www.nlb.gov.sg）上查询离你最近的。

新加坡四种官方语言文学艺术的发展都十分繁荣。新加坡国家图书发展委员会（National Book Development Council of Singapore， NBDCS）在鼓励写作、出版、阅读本国文学作品方面做出了自己的贡献。同样，你也可在国家艺术理事会（NAC）的网站上查到各种文学艺术团体的名单：

http：//www.nac.gov.sg/lit/lit07.asp

在舞蹈中度过除夕夜

新年对于新加坡人来说是充满欢乐的时光，即使在20世纪的五六十年代，人们也会兴高采烈地庆祝新年的到来。一位70多岁的新加坡老太太就讲起了新年前夜在维多利亚纪念堂人们如何举行的盛大庆祝晚会。大家打扮得漂漂亮亮，戴着宴会帽，载歌载舞，一起倒计数迎接新年。有一年，这位老太太和她的一群朋友受邀参加了朋友的叔叔举行的私人庆祝会。这个庆祝会在别墅中举行，有丰富的食物、饮料和音乐。但是他们最享受的莫过于跳舞——其中有华尔兹、恰恰、狐步舞和快步。而在午夜时分钟声响起时，他们举杯痛饮香槟，迎接新年。

一年的庆典

在新加坡，一年中有10个公众假日。不必吃惊，因为这些公众假日代表了不同民族的文化，其中也有些是西方的传统节日。

非宗教节日

元旦（1月1日）

和世界上其他地方一样，新年时新加坡会敲响钟声。在12月31日的午夜时分，你会听到响亮的钟声。通常在庆新年活动中会有一个倒计数迎接新年的环节，你可以和当地的

滨海湾风光

名人一起进行。如果你够幸运，还能与来自其他国家（如亚洲）的艺术家们一起参与。最近几年5频道都会现场直播，通过公共汽车上的电视也能收看。

国家公众假日

以下是由政府公布的法定公众假日。

元旦	1月1日
伊斯兰教哈芝节（Hari Raya Haji）	不固定，因伊斯兰日历而异
春节（Chinese New Year）	不固定，2天，通常在1月底到3月初之间
耶稣受难日（Good Friday）	不固定，通常在4月份
劳动节（Labour Day）	5月1日
卫塞节（Vesak Day）	不固定，通常在5月份
国庆节（National Day）	8月9日
屠妖节（Deepavali）	不固定，通常在10月或11月份
伊斯兰教开斋节（Hari Raya Puasa）	不固定，因伊斯兰日历而异
圣诞节（Christmas Day）	12月25日

新年倒计数活动举行的地方每年都不相同［2005年在新英卡（Seah Im Car）公园举行，即港湾Harbourfront路对面］，但每年必定有一个盛大的狂欢活动。近几年比较著名的有在圣淘沙海滩上举行的“泡沫”派对，从元旦前夜的晚上持续至元旦的凌晨。

劳动节（5月1日）

五月份的第一天是劳动节，但没有什么特别的庆祝活动。很多人期盼这一天是因为可以休假一天，如果正巧碰上是周末

的话那更棒，大家可以休一个长假。如果你喜欢购物的话，留意报纸，那上面会有许多大商场、超市在此期间优惠打折的信息。

新加坡总统府开放日（Istana Open House）

新加坡总统府是总统的官邸，坐落在乌节路，狮城大厦旁边。总统府平时不对外开放，但是在每年有五个特定时间让公众参观：

- 劳动节
- 国庆节
- 春节
- 伊斯兰教开斋节
- 屠妖节

新加坡人和永久移民（PRs）可以免费参观，外国人参观须支付 1 美元。这笔钱主要用于地面修整。你在这里可以欣赏到乐队表演，时间凑巧的话你还能看到总统夫妇并与他们合影。外国政府及要人赠与新加坡的礼物也放在这里展出。

只要再支付 2 美元，你就能看到总统办公室。这里面有纪念品出售，所有收入（包括门票）均捐献于慈善事业。

国庆节（8月9日）

这一天标志着新加坡脱离马来西亚，成为一个独立的国家。大家都期盼这天晚上举行的国庆庆典。在总统检阅完仪仗队后，会有一场规模盛大的户外音乐会，以新加坡的历史和独立后取得的成就为主题。音乐会通常在大众都喜爱的绚丽烟花中结束。

看组织者如何创新、丰富每年的游行大会真是件有趣的事情。毕竟，你能想出多少方法来叙述历史呢？老实说，你会看到游行一年胜过一年。庆典的参与者都觉得这是件很光荣的事情，不论他们参加的是严肃的抑或是轻松的表演，大家都提前数月进行练习，以确保万无一失。

牛车水贺新年场景

国歌

在国庆节的前一个月，你就会听到电视台重复播放着一首歌，这就是该年度国庆日的歌曲。在你想要对这首歌冷嘲热讽或是表示怀疑之前，它已经广为大众所接受了。这种做法起源于20世纪90年代早期，当时很多人批评新加坡人整体上来说没有国家自豪感和爱国主义精神。于是新加坡的国歌就应运而生了。20世纪的国歌内容多是新加坡人如何以自己国家所取得的成就和自己身为新加坡人而自豪，21世纪的国歌则以期待未来、在新加坡自由自在这样的内容居多。

飘扬的国旗

观看庆典的票是免费的，可是并不容易拿到。但游行前两周会有一次着装彩排，所以如果你拿不到国庆演出的票，可以选择看彩排。每位观众都有一个国庆节礼品包——一个中等大小的背包，里面装有你在观看游行中所需要的东西（水、用来挥舞的灯棒）和可以带回家珍藏的大事记。

政府大厦前面的广场（Padang）是以往举行国庆游行的地方（游行还曾在即将翻修的国家体育场举行过数次，2006年是最后一次在体育场内举行），而2005年是最后一次在此地游行。从2007年开始，国庆庆典将在滨海地区的海滨举行。

总理的国庆演讲是另一件值得期待的事，演讲在各主要电视台都会做现场直播。在演讲中总理将检讨过去，瞻望未来。我猜有很多人会将此演讲与美国总统所做的国情演讲相提并论。在新加坡，接下来的数周，人们都会谈论此次演讲。

其他节日

近几年，西方的一些其他节日在新加坡也日渐流行起来。

■情人节（2月14日）：庆祝方式和世界其他国家基本相同，花（尤其是玫瑰花）的价格也一路飙升。

■圣帕特里克节（St.Patrick's Day，3月17日）：通常在新加坡的爱尔兰人会过这个节日，岛上的许多爱尔兰酒吧会有各种各样的庆祝活动。

- 母亲节（5月份的第2个星期天）：家人与母亲一起外出享用一餐美食。
- 父亲节（6月份的第2个或第3个星期天）：与母亲节的庆祝方式类似。
- 万圣节（10月31日）：参加的人并不是很多。孩子们并不能玩不给糖就捣蛋（Trick-or-Treating）的游戏，除非他们住在很大的私人公寓或者去美国人聚居的地方，那里通常举行盛大的邻里交流活动。

学校庆祝活动

如果你的孩子已在当地学校就读，你将很快知道学校有三个假日，在这期间孩子们不用上学。“青年节”（Youth Day）在7月份的第1个星期天，随后的周一同样休假，所有在校读书的学生都放假休息，无论是就读小学、中学还是大学、学院的学生。为此而举行的新加坡青年节庆祝活动包含一系列的竞赛（主要是音乐和舞蹈方面），积极鼓励所有学校参与。

教师节在9月1日，是为了表示对所有那些把知识传授给下一代人的教师的敬意。与此相对的儿童节在10月1日，这是所有在校就读的孩子们的节日，但是只有小学生才放假。在一些学校，老师们鼓励孩子展示他们的课外专长，所以你会欣赏到专场音乐会和孩子们自己的演出，这通常都是在老师的指导下进行的。

华人节日

华人新年

华人新年不仅仅是新加坡华人，而且是遍及全球的所有华人的最重要的节日。这标志着中国农历新年的开始。春节通常在1月底至3月初，长达15天，尽管只有前两天

华人新年场景

是公共假日。春节前，华人会打扫房间、置办新衣服和年货来迎接新年的到来。

节日食品

春节前到处都有年货出售，每个华人家庭都会买上部分年货。

■甜蜜卷（love letters）：也就是库·白兰达（kueh belanda）。这种香脆蛋卷由面粉倒入特制的模具制成。

■凤梨饼（pineapple tarts）：这是一种酥脆的糕点，涂有或包裹着一层开胃的凤梨浆。

■万吉糕（Kueh Bangkit）：一种进口即溶的白色椰浆烤制的饼干。

■海绵蛋糕（kueh baulu）：外面裹着一层脆脆的皮，里面松软可口。

■肉干（kueh baulu）：烤肉（通常是猪肉），在新加坡的一些商店可以看到人们排几小时的队购买。

■花生：寓意身体健康、长寿。

■糖果：有象征意义的物品。其甜味意味着吃糖的人会有一个甜甜蜜蜜的明年。

■巧克力：通常被制成硬币的形状，它和花生都象征着金钱。有时巧克力也有鸡蛋形状的，象征着新生命。

■虾卷：近几年才流行起来，通常由油炸过的干虾粉与红辣椒用蛋皮包着油炸而成。

在这期间，牛车水热闹非凡，到处都张灯结彩，彩旗飘扬。沿街随处都是出售年货的货摊，只要是能渲染过年气氛的，从小货品到装饰品到衣服，应有尽有。如果你不介意这里汹涌的人潮（或者即使你介意的话），来此转一圈亲自体验一下吧，特别是晚上，气氛将达到高潮。可千万别开车过来，在唐人街没有地方停车，所有通往这里的路也都挤满了人。所以，还是坐出租车或搭地铁来此为好。

中国新年食物

尽管有些商品卖得很便宜，但有些商品的价格一路上涨。如果你要买的东西数量不多（如买一个要4新元，买3个只需10新元的那种），那就别费口舌和摊主讨价还价了，要么你就批量购买。不过因为过节，有的卖主也许愿意打折，你尽可以开开心心地游逛。

那些心理承受能力较强的人甚至可以在春节前一天晚上9:00或10:00前来牛车水，

中国新年书法

当地人买什么

这是一个飞速变化的时代，许多年轻人家庭并不会因为过节而大费周折装点自己的家。当然，他们会买些吃的放在家中，以备有客人上门拜年。更传统的家庭会买些特定的年货，以确保来年万事如意，风调雨顺。下面就是他们常备的年货。

■香肠、腊鸭

听起来也许很怪，这些都是漫长的冬季中要吃上好几个月的菜。在中国，人们以这种方式保存肉类，春天一到，大家就想法吃掉它。这个传统在海外华人包括新加坡华人中一直流传。只有在新年期间，你才能吃到腊鸭，但是香肠（腊肠，lark cheong）现在全年都有，在许多油炸食品中作为一种作料加入。

■糖果和水果

通常被装在有八格的盘子（或漆具等）里，数字八意味着幸运。糖果和水果寓为明年过得“甜甜蜜蜜”。

■年糕

用香蕉叶子包着糯米蒸煮而成的糕点。在农历腊月二十三日灶王爷回到天庭这天，年糕是不可缺少的供品。传说灶王爷对你家中的每件事都十分清楚，在回到天庭后他会将所有的事情汇报，会决定第二年你们这个家庭的命运。年糕，又黏又甜，有两个寓意：一个是年糕够黏，它会将灶王爷的嘴粘上，使他无法开口说话；另一个是年糕够甜，这让灶王爷只会说好听的话。

■年货

如前面所提到的，许多家庭都会或多或少地买一些。或者在这 15 天里用来招待客人，送给亲戚，用于做团圆饭，或是其他的宴请。

■桃花

能带来感情上的好运气。

■金钱橘树

中文单词里的金钱与金钱橘树的发音相同，希望借此带来财运。

■水仙花

正月初一前人们就把还未开放的水仙花买回家中。如果在正月初一那天开了白色的花，就意味着吉祥如意。

新加坡新年场景

■凤尾花

中国商人十分喜欢凤尾花，这种植物能预知来年的生意好坏。正月初一那天，凤尾花开几朵，就意味着今年生意成功几次。

■猫柳

是一种象征长寿的植物。有时候一些喜庆的物品如红包等（后面有介绍）会被挂在这种树枝上。

这时所有商品的价格会大跳水，因为这是摊主们最后一次倾销这些应时商品，到午夜前他们就要收摊回家了（你会惊异地发现他们似乎一瞬间就又消失了）。唯一让人觉得遗憾的是，此时大部分商品已经卖完，已经没有太多物品可供选择了。所以你自己决定吧，是这个时候来，还是再早几天。

在除夕夜，有一顿最重要的团圆饭，这也是来自中国的老一辈移民流传下来的一种习俗。届时家庭成员从各个地方赶回来，聚在一起迎接新年。由于新加坡是一个小国家，所以大家聚在一起过年比过去容易多了。另一个主要的改变就是团圆饭已逐渐搬到饭店里去吃了。过去，母亲和女儿们为了做一顿团圆饭，要在灶台边忙碌一整天甚至好几天。如今，传统团圆饭的精神还是没有变，那就是必须为每个人准备丰盛的食物，让大家吃得心满意足，还得有剩菜，这表示明年他们不会为吃的东西发愁。现在很多家庭都会在餐馆或煮炒屋吃年夜饭，很多饭馆也专门为此制作了特别的菜单，包括鱼、虾等许多菜，所有这些菜在中文词里都有特别的祝福意义。

还有一个变化是，许多年轻夫妇要吃两顿团圆饭：和丈夫的家人吃一顿，和妻子的家人再吃一顿。在过去，几乎不会有这种现象出现，因为女儿一旦出嫁，她便是别家的人了，没有必要再重回自己的娘家与家人团聚。

牛车水新年舞龙表演

寓意为吉祥如意的菜

无论你是在家吃还是在外面下馆子，有些菜因为其特殊的意义，传统的中国人想方设法都要吃到。

- ■鲍鱼：因为很贵而备受青睐。华人在吃年夜饭时不像平时那么以节俭为重，他们认为吃一顿丰盛、富足的年夜饭象征着来年也能同样丰盛、富足。
- ■发菜：一种海藻，烹饪后像头发。在中文单词里它的读音与“发财”相同，象征财富。
- ■大葱（中国韭菜）：潮州人认为吃这种植物能保证明年财源滚滚。
- ■鱼：中国话特别是广东话中，鱼的读音与“多余的”相似。如果餐桌上有鱼，就说明来年你很富有。
- ■虾：广东话中的“虾”是“har”的读音，这和广东话“嘻哈大笑”联系起来，就是说这一年中你都会哈哈大笑，即没有烦恼、天天开心的意思。
- ■鱼生：这种鱼生沙拉仅在农历新年的前 15 天里才能吃到。现在许多店铺至少提前 5 天供应鱼生，你可以选择买点来做团圆饭。鱼生的每种配料都有一个吉祥的寓意，把所有的配料搅和在一起，以筷子夹起它们往上捞。捞得越高就代表来年风生水起，运势大好。
- ■年糕：一些人把这当成甜品。除了用它敬奉灶王爷（如前所述），年糕的名字也寓为年年高升。

虾

对于那些想体验春节的人，可以在除夕夜参观巴刹，因为巴刹此时通宵营业，并且在大年初一停业（许多摊位至少停业三天）。此时，人们会进行大采购并将采购的物品储存起来。尽管超市全天营业，你在初一到初三都能买到东西，可是旧的习惯不是那么容易改变的，许多中国人还是愿意买新鲜的食物。记住，午夜的市场价格比其他时候要稍微高一些。

初一这天许多家庭都会起得很早，有一些人会带上贡品去附近的庙中祈祷。在组屋的附近，你会看见一些用来烧“纸钱”的大箱子。纸钱是给那些已过世的人在另一个世界用的。有一些人会在这天去亲戚家拜年，不过大家可不会空着手去的，他们一定会送给主人两个橘子。橘子象征着吉祥，祝愿这家在新的一年里会有好运。而且这

新年问候

即使你不去拜访朋友，你还是能听到以各种中国方言说出的新年问候。最常说的是“恭喜发财”，普通话里是“祝你富有”的意思。另一句是“新年快乐”，就是“在新的一年里高高兴兴”。也会有人对你说“年年有余”，这是祝你每年都过得富裕充足。对年纪大的人通常会说“岁岁平安”，这是祝老人们年复一年平安快乐。

新加坡新年红彤彤的灯笼

可不是单方面的，主人也会回赠你两个橘子。中国人相信“礼尚往来”，简单地说就是“你来我往”。拜年时不带礼物被认为是自私的表现，因为大年初一这天会预示这一年的运气。所以不带礼物，一年都不会有好运。

大多数小孩爱过农历新年是因为他们可以收到装有钱的红包。红包最初起源时是送给年轻人的，希望他们能幸运、平安。如今，红包最初的意义已经发生了改变，只要是未婚男女都能收到红包。但是大多数时候，似乎有个约定俗成的规定，只要你参加工作了，即便是单身，也不会再收到红包。当然也有例外，尤其在家庭成员之间。

红包里装的钱不尽相同，但一般来说都是偶数。通货膨胀对红包也有影响，一般来说，最少也要给4新元（一些人会认为这太少了，而且4听上去也不是个吉利的数字）。红包通常由家中的女性来分发，你经常看见她们的包里装着厚薄不一的红包，数量不同的红包分别装在不同的袋子里。孩子们收到红包的多少取决于送红包的人和孩子这家

中式建筑风格屋顶装饰

迷信

与农历新年有关的迷信不少，其中主要的一个就是你得在新年前把借的钱全部还掉，这样第二年你就不会负债了。另一个就是如果你想剪头发，那就赶在年前。因为头发的发音与“发”谐音，年后再剪头发就寓为你把来年的财富都剪掉了。

大年初一那天你可千万不能在家里打扫卫生，否则，你就把你的好运气都扫没了。孩子们被再三告知，在初一的时候不能与其他人争吵，因为这表示人们之间不和谐——绝对不是个好兆头。“死”这个话题是不能谈论的，在一年的开始谈论结束被认为是不吉利的。令人奇怪的是，有些中国人认为如果有人在过年前生重病，那么他就有一个坎儿要过。过了正月初一这个坎儿，他还要过正月十五这个坎儿。如果过了正月十五，他还没事的话，那么接下来的这一年他都能平安度过。

过年时每个人都会被邀请吃些甜食，这样他们一年的日子都会甜甜蜜蜜。过年时不提倡买裤子和鞋子。如果非要买的话，就在新年前买好。一些人说这是因为“鞋子”在广东话中与“粗暴”相似，而另一些人则说是因为“鞋子”在广东话中的发音与人叹气的声音十分相像。裤子有着同样含义。“裤子”的发音（至少有两种中国方言）与中文词“苦”谐音。但是我相信，现在你也看到新的现象已经出现。

传统上，中国商人会在春节期间歇业10天（有很多人确实关门过节去了）或整整15天。有部分商人会在大年初二营业一两个小时，主要是为了祈祷，否则他们要到大年初四才能开张做生意。因为大年初三做生意被认为是不吉利的。现在已经很难弄清楚这传统的来历了，但一般认为，第三天是容易和别人争吵、起冲突的一天，在新年的时候这可不是个好征兆。

一些企业会请舞狮队或舞龙队来表演（有一些人家也会这么做）。年兽是传说中的一种食肉性动物，它偶尔会到地球上来走一遭，它只害怕龙和狮子。舞龙、舞狮者弄出来的响亮声音似乎也能把霉运赶走。

人的关系是否亲密，或是送红包的人想要留给孩子的父母多深的印象。如果你的孩子收到了一个红包，你也应该回赠人家的孩子一个红包，除非她家的孩子都长大了或者她还没有成家。

农历大年初七是“人日”（或是每个人的生日）。在古代中国，这一天甚至比大家自己的生日那天更重要。在这一天吃面是必不可少的，因为长长的面条寓为长寿。在新加坡，许多人都吃面条，但是“鱼生”（yu sheng）也不能缺少。也有一些人会在这一天吃素。

福建新年

农历初九是福建人的新年，这也来源于古代中国的习俗。关于这个习俗的起源有一种版本是，一次一群外省来的士兵（一说是澳门人，另一说是广东人）在年前路经福建省。他们想要问路，但是因为语言不通没人听得懂他们说什么。他们误认为是村民故意找他们取乐，于是对村子里的人发起了猛烈的攻击，无奈村民只有躲进甘蔗园里。士兵们在这里盘踞数日，村民唯有吃甘蔗维生，并向天公祈祷逃过这一劫。士兵们最终走了，福建人从甘蔗园里出来时，发现这一天已经是农历初九了，是天公大宴宾客的日子。还有什么会比挽救过他们性命的甘蔗更好呢？从此，甘蔗便成为福建人庆祝过节的主要供品。

农历新年并不仅仅是走亲访友，许多人都期待着在这期间举行的两大活动。一个是在乌节路举行的妆艺大游行（Chingay）。这是一个梦幻绚烂的游行，与美国的玫瑰花车大游行类似。1973年，妆艺大游行首次在新加坡举行。当时主办妆艺，主要是取代以前被禁止的燃烧爆竹活动。第一次妆艺游行十分单调，由人民协会主办，并有多家拳击协会参加。如今的游行，不仅有花车、表演，还有不同种族、不同国家的人参与。此前二十几年的游行都是在不同的组屋区举行的，但是1985年的游行便改在乌节路的重要地段举行（千禧年除外）。想要获知妆艺大游行的更多信息，请上网查看：

http：//www.chingay.org.sg

穿旗袍拜年的女人

妆艺只持续一个晚上（如果你把带妆彩排也算进去的话，可以算成两次活动，有一些人特意来看彩排），而春到河畔迎新年（Singapore River Hong Bao）活动则持续两个多星期，在农历新年前就开始，一直持续到农历新年结束或更迟一点。1987年首次举行该活动的目的是为新年庆祝活动增添活力，弘扬中华文化。现在这个活动涌现出了不同的艺术形式和民俗表演，如书法表演、看手相、小型花车，也有许多的文化表演如民族舞、杂技，还有儿童花车和食品展销。每年该活动都在滨海宝龙坊（Marina Promenade）举行，2006年为了纪念该活动举办20周年，特别移至海滨公园（Esplanade Park）举行。想知道下一届在哪儿举行，可到新加坡旅游局的网站上（http：

新年舞狮

//www.visitsingapore.com/cny）查找相关信息。农历新年的最后一天即正月十五是元宵节，有时也被称为中国的情人节。到这个时候，每个人都已经完成了带着礼物探访亲人、朋友的任务，也吃足了好吃的年货。在古代中国，单身的女子在这天晚上会往河里扔橘子，祈盼来年遇到如意郎君（也许有人在河里放纸船）。今天的新加坡华人已不再保留这样的传统，但是有些家庭也在这天吃团圆饭，还有些家庭在这天吃汤圆。

清明

清明的字面意思是“干净、明亮”，是中国的万灵节（All Souls Day，或译为追思亡者节）。清明节是冬至（见“冬至”部分）后的第106天，一般在4月4日或4月5日，这取决于当年是否为闰年。在清明的时候，大家会来到坟前为已过世的家人扫墓。正因为如此，清明节也是一些国家的扫墓节。人们会在坟前摆上祭品，点上线香，并祈祷祝福。

端午节

粽子和龙舟有什么联系？如果你问华人，他们会告诉你这两者关系密切。很多人相信它们与屈原的故事有关。屈原是一位爱国诗人，他因对自己腐败的国家心生绝望而投江自杀。伤心的村民十分敬重屈原，他们为了不让鱼接近屈原，便在江中划船、敲鼓。可是这招并不管用，于是他们又往水中倒入生米，希望屈原的灵魂能吃到这些米，不会死去。据说屈原曾出现在一些渔民面前，诉说村民给他的米全被一条龙给吃了，他还是很饿。他要村民将米包在一个三角形的丝绸袋子里，这样龙就偷吃不到了。

粽子

这个传说流传至今，而农历五月初五的端午节就是为了纪念屈原。今天三角形的丝绸袋子已转变成粽子，糯米里面掺着肉，以竹叶包成三角形。一年四季你都可以在商店里买到粽子，但是端午节时人们喜欢自己做，有些人还有家传的秘方。

另一个与此相关的节日就是龙舟节。新加坡每年都会在滨海湾举行龙舟竞赛，邀请世界各国的队伍来参加。如果你想了解更多，可浏览新加坡龙舟协会的网站：

http：//www.sdba.org.sg

饿鬼节

据说，农历七月是一个不祥的月份，因为阴曹地府的门打开了，所有的鬼魂都来人间游荡。这个时间一般在七月底或八月。大人们告诉孩子（和年轻人）这期间不能在外面待很晚，因为你知道这些鬼会带来什么。你会发现这时候的烟雾比平时都大，因为人们在烧纸钱与线香。就算你不相信有鬼出现，也得注意别踩着纸灰或者没燃尽的线香上，这可是很不吉利的。你也许不会招惹那些鬼，但你会让正在这里烧纸钱祈祷的人心里不舒服。

饿鬼节的另一个亮点就是户外表演——歌台。你会发现歌台的表演者老少都有，主要演唱中文歌曲，无论是怀旧的还是最新金曲。人们相信这样做会让鬼魂们感到高兴，尽管有些歌曲好像是想吓走那些鬼魂。歌台通常由华人社区在特定的地方举行，

赛龙舟

结婚

自然，农历七月并不适合结婚。许多人都会在这之前或之后的一个月举行仪式，选后者的人较多。现代社会，尽管许多年轻人都信奉基督教，但这种思想仍然盛行。因为他们的父母（或亲戚，或父母的朋友）仍然抱有这种传统的思想。传统的父母会强烈地反对在农历七月举行婚礼，就算不反对，他们也会发现亲戚、朋友都不会来参加婚礼的。而且，对新人们来说，这也不是个吉祥的开始。

如果你真的不介意将婚礼安排在这个时段的话，你会发现酒店方面有很多优惠，因为这时段的生意实在不好。但请记住，你的华人朋友和同事可能会推托而不愿来参加。

可以是一些家庭或企业主办，也或是某人为了还前一年许下的愿而举行。

一些人喜欢现代歌台，而另一些人却喜欢传统的中国哇扬。饿鬼节期间会有筹集慈善资金的拍卖会。

月饼

中秋节

也是我们所知道的月饼节或灯笼节，在农历的八月十五日。一般是在9月中旬至10月中旬期间。中国人认为这天的月亮是一年中最大最圆的。在中国，这一天也正是秋天丰收的季节。

与中秋节有关的浪漫故事很多，其中一个是嫦娥吃了长生不老药后飞向月亮的故事。有人说在中秋晚上，你盯着月亮看时，也许能看到嫦娥和陪伴她的兔子。另外一个故事是说起义者将密信藏于圆饼中，告知追随者起义的时间、地点。由于起义十分成功，人们为了纪念胜利，便吃像月亮一般圆的饼。

吃月饼的习俗已沿袭了数个世纪。从前你仅能买到红豆馅和莲蓉馅的月饼。时至今日，月饼的种类五花八门，多得你都想不到。

灯笼在这个时节随处可见，它不但能为你照亮前进的方向，也同样是好运与财富的象征。这里有各种样式、各种大小、五花八门的灯笼，有的是小小的折叠式的，有

灯笼

的是半透明塑料式的，它们被做成公鸡、兔子或是你的孩子所喜爱的那些有更复杂形状的角色（比如Kitty猫）或超级英雄。位于裕廊的裕华园会在这期间举行引人入胜的灯展，在这里你能看到大大小小的、新潮新颖的各种灯笼。

冬至

在古代，这一天对于农民而言标志着冬天的开始，也标志着秋收的结束。这天的夜晚是一年中时间最长的，正如西半球国家的“冬至”。冬至一般来说在12月21日或22日。这天并不像农历新年那样有大肆的庆祝活动，但是许多传统的华人家庭会聚在一块，享用丰盛的大餐和汤圆。汤圆是用糯米制成的圆球（空心或夹心），盛在热汤里享用，寓意为家庭的团团圆圆。

九皇爷诞辰

这个较少为人知道的节日是九皇爷诞辰，主要是道教徒在进行庆祝。九皇爷被认为具有疗伤治病的能力，能赐予你长寿和好运。庆祝地点是实龙岗路（Serangoon Road）的九皇爷庙（意即九个皇帝）。庆祝活动持续九天，而农历九月初九是正日子，庙里将变成一片欢乐的海洋。福建戏剧、诵经不但让神仙们感到高兴，也给前来祈福的人带来一片喜庆。最后一天是神仙们回天庭的日子，这时会有一个声势浩大的送别仪式。神仙们被供奉在由四个人抬的轿子里游行，然后朝双溪实龙岗（Sungei Serangoom）行进（水被认为是非常重要的，因为九皇爷是经由水来到人间的）。轿子被放在一个平坦的筏子上，随后被点燃送入大海深处。

佛教节日

卫塞节（Vesak Day）

佛教徒在一年中有许多节日要庆祝，但是卫塞节是最重要的。卫塞节是纪念佛陀诞生、成佛以及涅槃三期同庆的大日子，在农历卫塞月月圆之夜庆祝，通常在4月底至5月间。在这一天，所有佛教寺庙都会用灯、花和旗子作装饰，欢迎前来朝圣进香、祈祷冥想的人，而和尚也会进行诵经、说法。许多人都遵守这样一个仪式，手持一勺有香气的水经过婴儿悉达多（释迦牟尼成佛前的名字）的塑像前，这意味着净化一个人的思想和行为。同时将笼中的小鸟放飞空中，这意味着囚禁的心灵得到解脱。

所有的佛教徒在这一天都吃素（如果他们平时不吃素），而且大部分人都会在庙里吃素菜。这一天积善布施（也叫dana）得到大力提倡，佛教徒们会帮助穷人和处在困境中的人。佛教徒们也会组织前往医院参加献血活动，或将他们的快乐传递到收容所、老年公寓、监狱和康复中心。

庆祝活动的尾声是一个大型的秉烛游行，穿过街道来到一个公众场地集合后结束。他们也欢迎非佛教徒加入在寺庙举行的庆典活动。

其他佛教节日

达摩节（Dharma Day）是纪念释迦牟尼第一次布道，在7月的月圆之日。

僧伽节（Sangha Day）一般在10月份，以表达人们对佛教的忠诚与皈依。和尚与尼姑在这期间经常会静修，以再度表明他们的信仰。

穆斯林节日

伊斯兰教历新年（Awal Muharram）

伊斯兰教历的1月1日称为回历新年。伊斯兰教元年始于公元622年，这一年先知

甘榜格南伊斯兰教堂

穆斯林教历

以月亮周期为基础，一年 12 个月，以月亮的月圆月缺为一个月。一个月有 29 天或 30 天。因为穆斯林教历比公历年天数要少，所以会出现重要的宗教节日（如开斋节）往往一年要比一年早的情况发生。就算你不是穆斯林，也最好记住斋月是什么时候，以便与你的穆斯林朋友、同事小心相处。在此期间，给他们提供食物、饮料或坚持邀请他们与你共进晚餐，是很不礼貌的行为。

穆罕默德逃脱了敌人的追捕，从麦加前往麦地那。这被视为是一个好的征兆和新的开端。穆斯林人也会把这天当作许多事情的开始，但是他们不会像其他种族那样随意，而是很严肃地对待这一天。许多人会去清真寺礼拜或听道。

圣纪节（Maulud Nabi）

伊斯兰教历的3月12日是穆罕默德诞生的日子。穆斯林们为了纪念先圣，会在清真寺里诵经、讲述圣人的事迹。

斋月（Ramadan）

斋月是伊斯兰教历第九个月，是穆斯林们反省、节制、布施的时间。在斋月期间，穆斯林人遵守伊斯兰教五功之一的斋戒。成年男女穆斯林人，只要他们能承受，

阿都卡夫伊斯兰教堂

都必须在这个月内禁食。但是老弱病残、孕妇、哺乳期妇女除外。经期妇女可以不必禁食，可是她们在斋月过后必须补斋。

阿拉伯食品

斋戒是指在日出之后、日落之前必须戒食、戒饮、戒欲。在大多数家庭，会有人起很早做好早餐（如sahur），而早餐要在日出前吃掉。日出、日落的具体时间由新加坡伊斯兰宗教协会（MUIS）决定，并每天在报纸与新闻上公布。新加坡伊斯兰宗教协会（MUIS）负责印刷每年的伊斯兰教历，教历上告诉你每年的祈祷时间（你也可以上他们的网站查看：http：//www.muis.gov.sg）。一般来说，早上礼拜前的15～20分钟你必须停止吃东西，晚上礼拜后15～20分钟你才能开斋进食。

在斋月期间，穆斯林们反省他们的好运，并期待思想的安宁。通过戒食、戒饮，提醒他们记得世上那些饥饿和干渴的人们。禁欲则练习他们的自控力和净化他们的身体。在这期间，穆斯林还会做五功之一的纳天课（zakat），以便学习关怀和帮助那些不幸的人。另一个慈善之举便是把他们的捐献物放在清真寺的盒子或罐子里。

如果正好在斋戒时间你与穆斯林朋友一块出去，你也许要祝福他们斋戒期间一切顺利。祈祷前穆斯林人会先吃3～6个枣子，然后开斋。如果没有枣，他们会吃些甜食。这之后，就会有一顿可口的开斋饭。一些人在开斋后会吃由清真寺提供的粥，据说通常在下午的祈祷后才有供给。

斋月期间，晚祈祷（tarawih）每晚都在清真寺举行。所有的穆斯林都要诵读《古兰经》（Qur'an）。每晚读一小段《古兰经》的话，在斋月结束时，你就能把这本圣书完整地看一遍。

斋月以后便是伊斯兰教开斋节（Hari Raya Puasa），下一小标题会有详述。穆斯林们为庆祝开斋节将花费不少的时间。他们将房屋打扫干净，换上新的窗帘，整个房屋都用灯饰装扮，有时灯饰会延伸到房子外面，带来一片节日的气氛。人们制作各种各样的点心，有些还与中国农历新年的年货差不多（如凤梨饼、果仁饼干）。大部分人都自己制作这些食物，就算是买的，也会是朋友或朋友的亲戚自己在家做的。人们还会购买或缝制新衣服。

为了开斋月，许多穆斯林人会参观芽龙士乃（Geylang Serai）或甘榜格南（Kampong Glam），在此期间，尤其是晚上，这两个地方将成为活动中心。因为斋月和开斋月的缘故，这里被装饰得焕然一新，灯火通明。巨大的帐篷里一个个货摊售卖着马来传统糕点（kueh）、小玩意儿、衣服和家具装饰品。这些货摊有时下午就开业，直到午夜。到了开斋前的晚上，节日的气氛会越来越浓。许多穆斯林人会早早结伴来到这里，他们在食品摊前转悠，买不同的食品当晚饭。但是他们会等到开斋后才吃，而且在祈祷前吃得很快。吃完后他们又会四处转转，为开斋节准备一些东西。

想要亲身感受这样的节日气氛，就和穆斯林人一样做吧，在这里吃晚饭。吃过饭后在街上闲逛，将自己沉浸在节日的气氛中。但是你得注意，开斋节市场是愈晚愈热闹。你在这里能看到各种各样的传统服装［如旁遮普式的衣服（Punjabi）、传统马来服（baju kurung）、沙龙（sarong kebaya）］和现代衣服牛仔、T恤摆放在一起；还能找到波斯与土耳其地毯，狮子（shisha）烟斗，艺术品与手工艺品，服装珠宝，印度彩绘（Kolamas），窗帘、枕头和枕套等。如果你觉得晚餐不太合胃口的话，可以在遍布帐篷四处的食品店铺找到好吃的。这里有汉堡、鱼丸串、蜂蜜鸡翅、海鲜烧烤、烤肉串，甚至土耳其冰激凌。

伊斯兰教堂大门

开斋节（Hari Raya Puasa）

斋月的结束意味着开斋节的开始，这是穆斯林教历上非常重要的日子。在马来语中，开斋节是庆祝斋戒的意思。开斋节持续一个月，通常是前三天到五天是最热烈的庆祝时间。

在开斋节的第一天早晨，穆斯林们会去清真寺祈祷，然后有些人会去为亲人扫墓，并向阿拉祈祷。一些家庭会提前几天

有些时候，新加坡的开斋节要比其他伊斯兰国家的早一天。实际上，开斋节是在看见新月后的第二天。在许多伊斯兰国家，一旦看见新月就由宗教领袖宣布斋戒结束，开斋开始。如果没有看见新月，斋戒便会再延续一天。看见新月的地方是本国还是麦加将会决定开斋的时间。新加坡伊斯兰宗教协会(MUIS ）有稍微不同的标准，他们在斋戒的第 29 天观看月亮并决定开斋节的时间。想要知道确切的时间，到新加坡伊斯兰宗教协会（ MUIS ）的网站上查看：http：//www.muis.gov.sg。

扫墓，然后去清真寺内祈祷，接着回家为即将来访的客人做饭。

走亲访友一般都在下午进行。有些人在家中等着亲朋好友的光顾，而另一些人则有许多的家庭要拜访。人们穿着华丽的衣服，有些家庭甚至全体穿着颜色协调的服装。穆斯林们会到每个家庭成员的家中，感谢家庭的团结并乞求谅解自己在过去一年犯下的过错。孩子们也盼望这个时刻的来临，因为他们可以收到一个小小的绿色袋子，里面放了一些钱。

庆祝活动期间人们会准备丰富的食物。如果有人去穆斯林家里做客，而主人家没有用食物、饮品好好地招待客人的话，会被认为极没有礼貌。你能吃到一些美味的食品，如饭团（ketupat）、辣椒鱿鱼、炸鸡、干咖喱牛肉（Rendang）和咖喱鸡。

如果有人邀请你，最好带上礼物。酒肯定不能考虑，那些未按伊斯兰教规宰杀的牲畜制成的食品也不能携带。不要买用猪皮制成的任何东西（如包、皮夹等）。一套漂亮的玻璃杯、一组精致的茶具，或者从你本国带来的任何东西，都会受到主人的喜爱。如果你有疑问，问问你的朋友或同事，最好是穆斯林人或是其他曾经有过这样经历的人。如果办公室中的一群同事都收到邀请，当他们都在为集体购买礼物讨论时，你可以看看是否可以加入。

大多数新加坡穆斯林们思想都较开放，但是你去他们家里拜访时最好衣着整洁。如果他们家里有老人同住，衣着整洁是表示对老人的尊敬。如果你的衣着不得体，老人们不会在你面前说什么，可是在你离开后他们的孩子或孙子会受到严厉的训斥。帮帮你的朋友、同事吧，注意自己的衣着和礼貌。

哈芝节（Hari Raya Haji）

哈芝节在伊斯兰教历的12月10日。这一天标志着一年一度的麦加朝圣开始了，这

印度的神灵湿婆与天使像

印度彩绘（Kolams）

印度人相信这种彩绘（在印度某些地方也叫 rangoli）能带给家庭财富与长寿。它的做法是用米粉将对称的图案绘在屋前的地上。在南印度，女主人会在每天早上做彩绘，并让它在人群的来来往往、风、雨中自然褪色。第二天她又会重新绘制。在新加坡，印度彩绘仅在特定的场合出现，例如结婚、生日或过节时。如今，人们用乙烯基画棒代替了米粉。

也是伊斯兰教五功之一。每个穆斯林教徒，如果经济与身体条件允许的话，在有生之年至少要去麦加朝拜一次。这一天也是纪念先知亚伯拉罕为真主所做的奉献。穆斯林教徒聚集在清真寺祈祷后，便会举行“献祭”仪式。仪式中会将人们奉献的羊宰杀，其中2/3的肉分发给穷人，剩下的肉分给那些奉献祭品的人。这种方式使整个穆斯林社会团结一心，互相照顾，减少特权。余下的时间穆斯林教徒会用来走亲访友。

印度节日

泰米尔新年

泰米尔历的第一天是泰米尔新年，即公历4月的某天。泰米尔历为阳历，有12个月，每月有29天或30天。据说在这天，印度神梵天（Brahma）开始建造这个世界。所以对每个印度人来说，这一天是新的开始。和中国人庆祝农历新年一样，印度新年也在欢乐祥和中度过。这样就意味着未来一年都会过得很好。新年临近前，人们会清扫房间，购买新衣，自制或购买美味食品。随着点燃传统油灯，新年的第一天开始，随后油灯被放置在祭台上。屋前的地上用印度彩绘做着各种各样的装饰，门道上挂着粿果树叶。印度人将在这天去寺庙祈祷，如果他们平时不吃素，会在这天吃素食。印度人也像中国人和穆斯林人一样，在新年时去拜访亲友。

屠妖节（Deepavali）

又称万灯节，在泰米尔历的7月14日，通常在公历的10月或者11月。关于屠妖节的来历有许多传说，但是大部分都源于印度史诗《罗摩衍那》（Ramayana），而且每一个传说都是为了庆祝正义击败邪恶，光明战胜黑暗。为了纪念这一伟大时刻，在此期间，每个家庭都会点上明亮的灯。南部印度人会以“油澡”仪式来开始他们的这一天。每个人在洗澡前都会将一滴油轻轻拍在前额上，这是净化的象征。洗完澡后，一家人会去寺庙做祷告。

屠妖节期间，人们会在家门口画上彩绘，并以粿果树叶装饰门道。每户印度人家都会点上油灯，当有亲戚、朋友来访时，会吃到美味的食品，如一种又脆又辣，但是很好吃的饼（murukku）和一种用小扁豆做的糕点（vadai）。

在节日期间小印度被各种各样的灯装饰一新，有陶瓷做成的小油灯，也有现代的灯泡。街上的小货摊出售花环、食物、珠宝、香料和华丽的印度莎丽。这里传统的印度舞表演也为节日增添了不少气氛。

马里安曼兴都庙神灵像

九宵节（Navarathiri）

九宵节这个词是“九个晚上”的意思，所以你不要惊诧于这个10月份的节日会历时九个晚上、十个白天。印度人载歌载舞，以此表达对三位一体的女神的敬意。三位女神分别是达伽（Dhurga）、拉什米（Lakshmi）和萨拉特（Saraswthi）。达伽代表着力量，保护印度人不受邪恶的侵扰。因此，头三天是用来纪念她的。接下来的三天是用来纪念拉什米的，她代表着财富，信徒们会给她敬献供品。萨拉特则是知识和智慧的象征，最后的三天是纪念她的。第十天，也就是大家所知道的达善节（Vijaya Dasami），是为了庆祝三位一体的女神战胜了一位残忍的国王。在屠妖节的十天内，印度人严格遵守苦行与节欲的清规，每天都只吃一顿饭。屠妖节期间一个精彩的节目便是格鲁表演（golu）。在这个表演中，你可以看到印度众神和寺庙中供奉的重要人物。庆祝活动中另一个必不可少的环节便是赠送堰布兰（thambulan）——槟榔子、叶子、水果、姜黄、朱砂、花，有时候也有精美的小饰品——这些都放在golu的旁边。在节日的最后一天，人们会将精心装饰的女神像放置在一辆由银色马拉的马车上，沿着寺庙巡游。

蹈火节（Theemidhi）

蹈火节在泰米尔历的8月举行，即公历的10月或11月。正如其名字所显示的那样，此时信徒们会赤脚走过炙热的炭火堆。这是为了纪念女神蒂劳柏迪（Draupadi），她曾经赤脚走过炭火堆以证实自己的清白。仪式本身持续的时间并不长，可信徒们为了参加庆祝活动，必须提前数周禁食并节俭地生活。在这一天中，他们在走炭火堆前，必须从一个寺庙步行四公里走到另一个寺庙。

丰收节（Ponggal）

丰收节是在泰米尔历10月份的第一天，主要是南印度人庆祝丰收的节日，时间长达四天，通常在公历1月。“丰收节”原文的字面意思是“与幸福、繁荣、成功一起沸腾”。在丰收节的第一天早上，人们将一种甜米（通常用的是加了牛奶和糖的新米）放至新锅中煮至沸腾，象征着兴旺。蔬菜、甘蔗和香料被作为供品献给神，晚

印度神庙

莱佛士酒店

些时候作为净化仪式的一部分，人们会将其吃掉。四天中的仪式都不尽相同：第一天与家人共度；第二天是纪念雨神英德拉（Indra）；第三天将牛洗干净并涂上亮丽的色彩，用花环与成捆的玉米作装饰；最后一天，妇女们用米喂奶牛和小鸟，以祈求她们的兄弟们安康。

大宝森节 （Thaipusan）

在泰米尔历的10月，通常在公历1月或2月。大宝森节或感恩节是一个宗教游行，印度信徒们在这一天表示对苏布拉马尼亚（Subrahmanya）神的感谢，或是祈福、还愿。苏布拉马尼亚是邪恶的终结者，代表着美德、力量与青春。在大宝森节的前一天，人们将精心装饰的苏布拉马尼亚神和他的妻子们的雕像放在马车上，从一个寺庙巡游到另一个寺庙。此举代表他从他的哥哥那里寻求祝福。而在节日的这一天，巡游会从第二个寺庙进行到第三个寺庙。一些人头顶奶壶，牛奶是献给苏布拉马尼亚用以祈福和净化的。另一些信徒则在游行中以针插舌头，并用肩背着装饰的木拱。最虔诚的举动莫过于扛“卡瓦狄”（Kavadi）了。卡瓦狄是一个装饰精美的半圆形钢结构，四周有尖尖的刺会刺入扛卡瓦狄信徒的身体。要扛卡瓦狄，信徒要至少提前一个月做准备，过着苦行僧般的生活，去除身上杂质和心中的杂念。只有毅力与信仰能帮助他承受扛卡瓦狄带来的痛楚。

基督教节日

耶稣受难日（Good Friday）和复活节（Easter）

新加坡人庆祝这个节日的方式与其他国家相似。四旬斋节始于圣灰星期三（Ash Wednesday，在2月底到3月初间），持续40天，直至棕枝主日（Palm Sunday）。接下来的星期五便是耶稣受难日，纪念耶稣被钉在十字架上。不论派别，所有的教堂都会举行仪式（通常在下午）来纪念耶稣受难。星期六是复活节的前一天，在这一天，教徒们进行反思。复活节是基督教历中最快乐和最重要的时刻。

在过去的几年里，因为有越来越多的人想参加午夜弥撒，有些天主教堂的仪式会较早举行，即在晚上 8:00 或 9:00 开始。而有些教堂的圣诞庆典则在稍早的弥撒活动中进行。对大多数人来说，这和参加圣诞节那天的弥撒没什么两样。可是传统主义者仍坚持参加午夜弥撒，因为他们觉得气氛不同，感觉上更神圣。为此，午夜弥撒中依然是人潮汹涌。

新加坡义安城内的圣诞树

和全世界一样，复活节里也有许多非宗教庆祝活动，如复活节兔子、复活节寻蛋。一些传统人士认为这样做是对这一庄严时刻的冒犯，另一些人则认为这样做对还不真正明白复活节意义的小朋友们来说是有益的。在此期间许多酒店会有寻找复活节蛋及其他适合小孩子的游戏，而商场也会以复活节兔子、复活节蛋为主题开展特别的活动。一些外国俱乐部和其他俱乐部也都会举行类似针对家庭的活动。

和其他国家不同，周一在新加坡并非公众假日，只有耶稣受难日是公众假日，而复活节周日也不是（在新加坡，如果周日是公众假日，那么接下来的周一也是公众假日）。

圣诞节（Christmas）

不论你是不是基督教徒，圣诞节都是一个盛大的节日。出于商业目的，圣诞节其实在10月末、近11月的时候就开始了，尤其是在乌节路地带和大型商场内，因为有些商家已经在为圣诞节大采购做准备了。到11月中旬，几乎所有的商家都对其圣诞促销活动打广告，而商场也会为小朋友们设计成排的卡通或电视人物，如神奇宝贝（Pokemon）、正义联盟（Justice League）、飞天小女警（Powerpuff Girls）等。

此时乌节路已经被节日的彩旗、彩带和彩灯装饰一新，所有的大型建筑都做了特别的圣诞装饰。诗家董（C K Tangs）素来以其充满灵感的装饰闻名，而史各士路上的良木园酒店（Goodwood Park Hotel）则以许多创新的设计取胜，而且这里很宽敞，可供许多人玩耍。每年都会有一个对乌节路上的建筑装饰评比，选出最佳装饰来，但这不仅仅是花费时间、金钱做圣诞装饰的唯一目的。就连处于城市组屋群的商场都发现了这些漂亮的装饰能增加气氛，使人们进入一种节日的情绪，并增加了他们的购物欲。

当然并非所有的活动都是以商业为导向。圣诞节期间基督少年军会举行的募捐（Sharity Box）活动，目的就是呼吁大家为不幸的人捐赠礼物。很多组织和团体也会举行各种活动，去看望那些需要帮助的人，大家共同分享圣诞的快乐。像哈雷车友会（Harley Owner's Group，HOG）在每年的圣诞都会组织会员骑车去收容所、福利院或老人院发放礼物。

新加坡义安城

与世俗的庆祝活动不同，各个教堂（无论哪个派别）在圣诞节的前四周起，直至整个圣诞节期间都会有唱诗班和庆祝活动。一些教堂会举行圣诞活动来筹措慈善资金，并将筹来的钱分发给那些不幸的人，让他们也能庆祝这个节日。一些教堂唱诗班也会和商场联系进行演出。

尽管世界各地庆祝圣诞节时的气候不同，庆祝的民众也来自各个国家，但只要是庆祝圣诞节，总有些东西是相同的。

年度活动

以下是新加坡每年都会举行的国内和国际活动，预计会十分热闹。你可以上网去查看。

■ 新加坡热卖会（The Great Singapore Sale）

网址：http://www.greatsingaporesale.com.sg

通常在每年的5月末至6月间举行。在此期间，全国各地的零售商店都会举行大促销活动。这对游客来说极具吸引力，新加坡旅游局也充分利用这个活动吸引游客到新加坡观光。

■ 《新报》大竞走（The New Paper Big Walk）

网址：http://www.tnpbigwalk.asia1.com.sg

这个活动每年都吸引了大批的新加坡人参加。有的组成团体参赛，大家都穿着颜色统一的服装。还有人带着自家的狗参赛，也有些人带着各种乐器参加，沿途演奏各种乐曲，热闹非凡。你也许还能看到舞龙队参加这个活动，活动在5月的一个周末早上举行。

■ 新加坡美食节（Singapore Food Festival）

网址：http：//www.singaporefoodfestival.com

新加坡怎么能没有一个美食节呢？这里可是美食家的天堂呀！美食节每年7月举行，活动包括食品试尝、烹饪交流会和其他与食物相关的内容。

■ 世界名厨群英会（World Gourmet Summit）

网址：http：//www.worldgourmetsummit.com

很多人为了这个活动都特地飞到新加坡，这是一个世界大师级厨师和酿酒者的聚会。

基督教堂

■ 新加坡艺术节（Singapore Arts Festival）

网址：http：//www.singaporeartsfest.com

新加坡艺术节上有新加坡与世界各地的艺术表演、展览。

■ 新加坡时装节（Singapore Fashion Festival）

网址：http：//www.singaporefashionfestival.com.sg

这是服装产业期盼的年度盛会，有本土、本地区和国际的服装设计师出席。

■ 新加坡电影节（Singapore Film Festival）

网址：http：//www.filmfest.org.sg

每年影迷们都急切地盼望电影节的开幕。电影节上你可以欣赏到许多不同语言的各国电影。

■ 泰瑞·福克斯慈善长跑（The Terry Fox Run）

网址：http：//www.terryfoxsingapore.org

泰瑞·福克斯是一个加拿大的小伙子，尽管身患癌症，他仍然希望能跑完加拿大，借此为癌症研究筹集资金。他坚持了143天，但最终因为癌症侵袭到其肺部而不得不停止。这个慈善长跑每年9月举行，泰瑞的勇气也将长留在人们心中。

■ 世界音乐、艺术与舞蹈节（WOMAD）

网址：http：//www.womad.org

世界音乐、艺术与舞蹈节由皮特·盖普瑞尔（Peter Gabriel）倡导，1982在英国举行了第一届。其主要目的是将不同文化的音乐、艺术与舞蹈交汇在一起。新加坡世界音乐、艺术与舞蹈节于20世纪90年代开始举行，世界各地的艺术家们都热切期盼这个节日的来临。上网可以查到活动举办的准确时间。

■ 新加坡三项全能运动竞赛（Singapore Triathlon）

网址：http：//www.singaporetriathlon.com

此项活动始于2003年，现在广受欢迎。由于每年竞赛举办的时间有差异，你可以上网查询具体的活动时间。

■ 新加坡登高比赛（Vertical Marathon）

网址：http：//www.swissotelverticalmarathon.com

比赛举行的方式是参赛者竞相爬上一座东南亚最高的酒店，酒店离地面有73层楼高。上网可查到具体的比赛日期。

■ 新加坡航空展（Singapore Airshow）

这是亚洲航展后的又一大航展，2008年起在东樟宜举行。每次航展都会和亚洲航展一样好，因为签约的参展商数量已超过了亚洲航展。

火箭模型

第八章

不同的语言

"不同的语言即是对不同生活的观察。"

——费德里克·费里尼（Federico Fellini）

语言便是文化。当一个人能够了解词语、建筑、声音后面隐藏的含义时，他才能开始在更深的层次上真正了解一种文化。其实这就是新加坡文化为什么对于许多外国人来说是可以理解、可以领悟的，并受他们喜爱的原因。只要有基本的英语基础，你无须花很长时间便能适应这里的日常生活。而且，对于一个外国人来说，正是英语让每天的生活变得舒适，而他的母语却又让生活变得有趣。

新加坡有四种官方语言（英语、普通话、马来语、泰米尔语），这表明了他们想要告诉世界，新加坡是一个多元文化国家。将英语作为商务语言，使得这个小小岛国打破闭塞，走到世界的舞台上来。如果你仔细思考，就会发现这种做法是多么具有前瞻性、气概和勇气。因为那时的新加坡没有一个主要种族的第一语言是英语，而且在该地区英语也并不普及。

显然，这里的移民构成、殖民地的历史和决策者意识等几个综合因素使新加坡拥有四种官方语言。从1819年英国人到达这个小岛，到后来不断增加的中国、马来西亚、印度和印度尼西亚移民、工人，新加坡已注定成为东南亚一个独特的国家。

马来语是新加坡的国语；普通话是华裔社群中的官方语言；泰米尔语则是这里

警告标志

60%印度人的语言；而英语则是商务和官方语言。实际上所有的新加坡人都会讲两种语言，母语与第二语言——英语（一些人，尤其是年青一代，英语成为他们的“母语”，大多数时候他们都用英语与家人和朋友交谈）。

新加坡大力提倡说母语，因为语言是保留文化、价值观和信仰的重要载体。正是由于政府将英语定为商务语言，将普通话作为占新加坡人口多数的华人的官方语言，才使得新加坡具有较大的全球竞争力。由于精通英语和普通话，这个小岛国确立了独特、令人羡慕的地位，并且还与邻国印度、中国和澳大利亚建立了合作关系。语言成为新加坡的秘密武器，并使得它在今天的国际市场上占有独特的优势。

对于大多数来新加坡的外国人来说，英语是这里的商务和官方语言实在是令人惊喜的意外收获。但是你得当心点儿，当地人说的既不是典型的英式英语，也不是标准的美式英语。他们说的是非官方的第五种语言，这种语言应用十分广泛，名字叫作“新加坡式英语”（Singlish）。新加坡式英语是在新加坡历史上逐渐发展起来的，它已深深融入当地人的生活，被当地人喜爱并运用。事实上，新加坡式英语是一种无语法、发音错误，并混合了中国方言、马来语、泰米尔语甚至葡萄牙语的口语。在这

新加坡商务区滨海湾风光

HSBC
新加坡市区风光

Changi Chapel
& Museum
樟宜教堂与博物馆
Gereja Kecil
& Muzium Changi
チャンギ・チャペル&博物館

2000 年新加坡总理吴作栋发起了“讲好英语”的运动，以此鼓励新加坡人讲正确的英语。运动重点强调正确的语法、适当的句子结构，但不包括口音，当然发音应该正确。这项运动一直持续至今。这一运动每年的重心都不同，他们还策划了各种活动使每个人都能参与其中。

里，多种文化相互融合、混合，形成了鲜明的新加坡特征。借用本章开头的引文，新加坡式英语展现的其实是迷人的新加坡文化。但是，尽管新加坡式英语有很强的国家特征，当地政府并不乐意这种语言被广泛应用，他们发现这对该国的经济和未来有着负面的影响。关于新加坡式英语，本章稍后会有详细介绍。

三姐妹

马来语

当地人称作马来语方言（Bahasa Melayu）。马来语是新加坡的国语，也是其邻国马来西亚和文莱的官方语言。它与印度尼西亚的官方语言印尼语（Bahasa Indonesia）有许多共通之处。马来语已融入新加坡的历史，并光荣地成为新加坡的国语，所以，为什么新加坡的国歌《前进吧，新加坡》是以马来语演唱的，你不要觉得奇怪。

19世纪早期，新加坡繁荣的贸易与港口地位形成初期，马来语是交际语言，因为马来人是这里最大的种族群体。由于马来语是各种族的市场语言，便逐渐形成了洋泾浜马来语，即市场马来语（Pasar Melayu）或市井马来语（Bazaar Malay）。尽管现在英语是各种族交流首选的语言，可是你仍然能在这里听到此种马来语，尤其是在老一辈人中间。

那时英国人已经在新加坡建立了学校，可是送孩子去读书的大多是欧洲人、欧亚人（混血儿），一些少数民族如犹太人，还有部分祖先已在此地定居很久的印度人、锡兰人和马来华人。正如前面所提到的，马来华人说的峇峇马来语（Baba-malay）深受闽南话和市井马来语的影响。首批说英语的马来华人的后裔都会讲马来语，这就解

释了为什么新加坡式英语中有这么多的词都来自马来语。

由于马来语的文化与历史背景，它从梵语、一些印度语（大概10%）、葡萄牙语、荷兰语和中国方言中借鉴了许多词汇。马来语语法相对简单，发音容易（马来语中元音多于辅音，且元音都很简单，并且是纯元音），并且用罗马字母书写。这使得外国人都觉得马来语听起来和看起来都很熟悉，尤其是那些说罗马语或印度语的人。

在新加坡随处可见马来文字，因为它已经影响到新加坡式英语，新加坡的街道名称、食物、地名和日常生活中的每一件事。以下是一些常用的典型马来语词汇：

Welcome（欢迎）	Selamat datang
一路顺风（与“再见”用法相似）	Selamat jalan （由送别的一方说）
再见	Selamat tinggal
早上好	Selamat pagi
下午好/晚上好	Selamat petang （如果在晚上，就说selamat sejahtera）
问候（正式的）	Selamat sejahtera
晚安	Selamat malam （在晚上表示再见）
再见	Jumpa lagi
你好吗？/有什么事？	Apa khabar? （字面意思：发生了什么事？）
很好	Khabar baik
谢谢你	Terima kasih

说普通话活动

20 世纪 70 年代末期，新加坡政府发现由于中国方言众多，使得华人团体感觉不像一个整体。为了努力使华人成为一个整体，普通话被放在重要地位，并成为统一的华人的语言。1979 年，大型的全国“讲普通话”活动拉开帷幕。通过电视广告、街头标语、电台广播，普通话得到大力推广。如今，学校教授普通话，电视、电台也播出普通话节目，大部分的新加坡华人都讲普通话。但是，问题并没有彻底解决。因为老人坚持讲方言，而年轻人也还受到他们祖先语言的困扰。

是	Ya
不	Tidak（白话：tak）
吃	Makan
咖啡	Kopi
茶	Teh
糖	Gula
盐	Garam
牛奶	Susu
面包	Roti
米	Nasi
步道	Jalan （在街道名称中常见）
村庄	Kampung

中文

“吃中饭了吗？”这是的士司机、工人、售货员们的一句普通问候，是中文问候语“吃过饭了吗”的直译。最初听到的士司机说这句话时，我吃了一惊，并开始迅速地想法子编造理由，以便礼貌地拒绝他邀请我吃饭。谢天谢地，我很快便明白他只

花卷

是在问候“你好吗”而已。对于中国人来说，只要吃了点东西，感觉便不会太糟。这句话再一次绝妙地体现了中国人与食物相关的生活态度。

由于华人占国民中的大多数，这使得政府开始采取行动来保证普通话的主要地位，并推动其作为统一的华人语言。每年都有大量的移民由中国内地来到新加坡，中国方言已经渗透并深刻影响到了新加坡的语言。认识到各种中国方言最终会散布到这个小小国家的各个角落，新加坡政府便在1979年发起了“说普通话活动”。此项活动已成功达到其目的，即简化了新加坡华人之间的语言环境、理解与交流。尽管方言仍广泛应用（尤其是在老年人中），但是掌握好普通话能够更好地了解文化、促进交流，这是无可辩驳的事实。也有人认为不鼓励使用方言对中国文化是一种伤害，毕竟家族传统是通过语言不断巩固并世代相传的。而且，这种做法阻止了许多其他东南亚国家的华裔青年来新加坡，他们说的都是方言，而只会说一点点马来语（来自马来西亚或印尼的华人）。但是新加坡政府已认识到其四种官方语言是如此重要，所以规定所有的新加坡小孩必须学习其母语。

那么为什么学习和掌握普通话对许多人来说十分困难呢？在G. C. 苏（G. C. Soh）的著作《新加坡片段》（Slices of Singapore）中，作者对学习普通话的困难有着深刻的见解。他指出在某种意义上普通话中没有语法，因为汉字没有划分为名词、动词、副词、形容词、分词、介词和连词，也没有过去时、现在时、将来时，单、复数的汉字之间没有区别。汉字也不分性别，除了“他”和“她”，这两个字也并不总是用到。“他”或“她”只能根据上、下文内容推断，说者并未明确指出。他还举了一个例子，如果你想写一只鸟正在天上飞翔，你写下汉字“飞”，却无法表达“会飞”、“正在飞”、“刚飞过”，还是“早已飞过”。汉字“他”同样也就是“他的”和“他”的宾格形式。如果你想说10只猪在吃10块蛋糕，也只能是“猪吃蛋糕”。

另一件有趣的事便是普通话语言中有些字被当作标点符号使用，所以中文口语中便充斥着“吗”、“没”、“呢”和“啊”等字。这些字如同标点符号，同样这也帮助我们了解为什么新加坡式英语中会频繁使用“Lah”。“Lah”有着多种用途，它可以是逗号、句号和惊叹号，但在马来语中它是动词后缀。“Lah”的用法已逐渐被大多数新加坡人接受。

所以学中文是学汉字。在中文里，一个汉字没有单独的字母及发音与其匹配（汉语拼音不算，因为它只是被英语化的读音方式而已）。如果你看到一个新汉字，你是不可能“读”或“破译”出来的，必须得有人告诉你这个字怎么念。说到念，普通话中有四种音调，这就是说每一个汉字也许都有四种念法，而且不同音调的汉字意思也不相同。要想学好普通话，不但记性要好，而且耳朵也要好使。

下面列出了一些常用的和实用的普通话词汇（记住，尽管汉字的拼写相同，但是并不意味着它的读音是相同的）。

Hello	Ni hao（你好）
Good bye	Zai jian（再见）
Thank you	Xie xie（pronounced see-yeah see-yeah） （谢谢）（发see-yeah see-yeah的音）
You’re welcome	Bu ke qi（不客气）
I’m sorry	Dui bu qi（对不起）
No（don’t have）	Mei you（没有）

中国式凉亭

牛车水灯笼

No（not so）	Bu shi（不是）
I don't understand	Wo ting bu dong（我听不懂）
Do you understand?	Dong ma?（懂吗？）

另一个独特的中国风俗就是，在日常生活中他们用一只手表示6 ~ 10这几个数字。中国人对此表达方式也许会有些许不同，但是下面的信息给你一个大概的轮廓，让你遇到这种情况时能够明白是什么意思。

6	小指与大拇指伸开，其他的手指弯曲，手掌面朝自己
7	所有的指尖都挨在一起，向上指；或只有大拇指与食指、中指的指尖
8	大拇指与食指呈“L”形，其他的手指弯曲，手掌面朝对方
9	食指呈钩状，其他手指弯曲，有时手掌面朝对方
10	拳头紧握，手掌面朝自己；或是中指空过伸直的食指面向对方

尽管数字1~5的手势比较普通，下面还是列出来了：

1	食指伸直
2	食指与中指伸直
3	食指与大拇指弯曲，剩下的三根手指伸直；或是大拇指与小指在手掌前弯曲相连，剩下的手指伸直

4	大拇指弯曲至手掌处，其余的手指伸直
5	所有的手指头都伸直，如果是为了强调（如店主示意你欠5新元），就先将五个手指尖并拢，然后迅速地伸开

泰米尔语

印度人群体在新加坡占少数，其中大约有60%的人说泰米尔语，其余的人则说malayalam语（南印度语言之一）或是印第语（Hindi）。泰米尔语是南印度人使用最广的语言，有趣的是，在马来西亚它也是被说得最多的印度语言。

尽管泰米尔语是新加坡的国语，但新加坡的泰米尔人却更喜欢说英语。这也许得归结于历史原因。泰米尔人最初来到新加坡和马来西亚，主要在橡胶及棕榈油厂工作。受过英式教育的斯里兰卡泰米尔人监管工人，而来自印度的工人其社会与经济地位是最低的。后来种植产业没落，工人们继而转入交通业、维修业及建筑业工作。受过更多教育的人们发现，通过提高英语水平，他们能够拥有更专业的工作。

使泰米尔语在新加坡长盛不衰的另一个简单原因便是，它成为印度穆斯林、印度人、马拉雅兰人（Malayalis）和基督教徒之间的种族交流语言。马拉雅兰人（Malayalis）说的语言与泰米尔语源自同一语言体系，此种语言有众多的支持者与学习者。此外，族内人员与从印度来并说泰米尔语的新娘联姻也使得这种语言被保留下来。

穆斯林妇女

历史上曾经有很多泰米尔人与马拉雅兰人群体聚居在三巴旺的海军基地附近，即丹戎巴葛（Tanjong Pagar）和实龙岗路（小印度）。如今的三巴旺已经建起了组屋群，但是在这周围的寺庙，说泰米尔语的人要比岛上其他地方多，甚至在小贩中心（Hawker Centre）都能随处听到泰米尔语。

尽管大部分说泰米尔语的人都是印度人后裔，但是也有一些泰米尔词汇被英语借鉴，在全世界范围内广泛应用。比如水蟒（anaconda）、长筏（catamaran）、咖喱（curry）、杧果（mango）、咖喱肉汤（mulligatawny）、印度薄饼（poppadom）。

下面介绍一些较实用的泰米尔语。

你好	Vanakkam
再见	Poytu varukirehn
是	Aam
不	Il-lay
请	Tayavua saydu
谢谢你	Nandri
借过	Mannikavum
对不起	Mannikavum
你好吗？	Yeppadi iruk-keeng-geh

新加坡商业区风光

新加坡式英语

新加坡式英语是一种新加坡人的口头常用英语。无论你喜欢还是讨厌，这种语言有着快速可辨、易识记以及结构独特的特点。在这里待上一段时间后，你一定会被它的魅力吸引进而让步。如前文所言，新加坡式英语是独一无二的，而且是多民族、多语种融合的结果。英语并非新加坡的国语，是新加坡人的第二或第三语言。因此，它受到了在这里占主导地位的其他语言，如普通话和马来语的深刻影响。

从一个外国人的角度看，新加坡式英语似乎是主要原因。当地人说话经常唐突无礼或粗鲁，新加坡式英语的句子结构已极度弱化，没有情态动词（请你，你能），所以你得调整自己的耳朵和想法。尽管听起来刺耳，其实说者并非意欲如此。

以下是一些新加坡式英语的语法构成、发音与用法：

- 大部分复数、过去时结尾的应用都非常随意。如“昨天出了什么事？”（What happened yesterday?）/“这么多车！”（Got so many cars!）
- 通常在句子末尾加上“已经”（already）或中文中的“了”（liao）来表示过去时态。如“He threw it liao.”（他把这扔了。）/“Aiyah，cannot wait anymore must go already.”（“Oh dear，I can not wait any longer and must leave immediately.”哎呀，我不能再等了，我必须得走了。）
- 很少使用复杂的动词，所以主要通过词的位置来表示语法关系。如“The house sell already.”（“The house has been sold.”或“I have sold the house.”我已经把房子卖了。）
- 他们会用到动词“to be”，但是用法也很随意。如“She so pretty”（她很漂亮）或“That one like us”（这个像我们）。
- 新加坡式英语中使用大约11个副词小词来表示强调，大多数词都来自闽南话、广东话。它们的意思和短语“you know”、“you see”差不多。四个用得较多的是ah（通常用于表示期待对方的同意，如“We go ah?”我们走啊？），lah（强烈的要求，如“You take lah.”你拿走啦。），what（更正某事，如“Like dat what!”），wah（表示吃惊、高兴，如“Wah!So nice one!”哇，不错！）。
- lah作为强调加在句尾，同样还有更深的含义，因为它也许是新加坡式英语中最常听到的词汇。普通话中的lah有多种用途，如前面所提及的做逗号的词语符号。马来语中lah被添加在动词后面，使它成为命令语气或是软化它的语调，尤其是用到许多看上去不礼貌的词语时。同样在马来语中，lah加在动词后，书写时不需要暂停或逗号。但是在英语中，为表达得更清楚，它通常被逗号隔开，如“Drink，lah!”（喝啦！）/“Dun（don’t）have lah!”（没有啦！）[主要用于回答“Do you have some money?”（你有钱吗？）或用于再次确认“It’s OK lah!”（没问题啦！）]。

■ 在问句中使用动词“to be”时，通常都是正确的。但是，当用其他的动词来设问时，主语与动词的顺序没有更换。如“Go where?”（去哪里？）/“Why so stupid?”（为什么这么笨？）/“How to fix?”（怎么弄？）

■ 主语通常被省略，你得根据上下文推测，所以很容易引起误解或混淆。如“Finish already”（已经完成了。谁完成了？你、我还是她？）；“Dun want”（别想）。

■ 短语通常以主题开头，这是直接借鉴普通话的结构。如“This country，weather very hot lah.”（“In this country， the weather is very hot.”这个国家天气炎热。）/“Play soccer he very good also.”（“He is very good at playing soccer too.”他足球踢得也很好。）

■ 名词的复数形式与名词前的冠词用法也很随意。如“He can play piano.”（“He can play the piano.”他会弹钢琴）。/“I like to read storybook.”（“I like to read storybooks.”我喜欢看小说）。

■ 除了一般的提问方法外，新加坡式英语还有另外两种方式。第一种是在一般疑问句后面加上“or not”。但是“or not”不用在否定句中。如“This book you want or not?”（“Do you want this book?”你想要这本书吗？）/“Can or

新加坡环球影城

not?”（“Is this possible/permissible?”行不行？）第二种是将短语“is it”加在一般疑问句后面。这通常是暗示说话者认为答案已是肯定的，只是想确认而已。如“They never study，is it?”（他们不学习，是吗？）/“You don’t like that，is it?”（你不喜欢，是吧？）

新加坡植物园的英语标志

■ 动词经常在句中重复出现，这与普通话及马来语的结构十分相似。一般来说，动词重复两遍表示短时间的尝试，三遍则表示长时间的重复。如“You go tink，tink a little bit then you will get an answer.”（你想想看，也许就会找到答案）。

“So what I do was，I sit down and I tink，tink，tink，until I get answer lor.”（所以我当时便坐下来想了一遍又一遍，最后我就找到答案）。

动词的重复或许能把活动描述得更加生动。如“Want to go to Orchard walk walk see see or not?”（“Would you like to go walking and sightseeing on Orchard?”你想去乌节路转转看看吗？）

■ 将形容词重复一到两个音节长度能起到加强语气的作用。如“You go take the small small one.”（你带上这个很小很小的走）。

■ “can”这个词既能在问句中用，也能在对问句的回答中用。如“Go home lah，can?”（“Just go home now，OK?”现在回家啦，好吗？）/“Can I have a biscuit also?”（也能给我块饼干吗？）/“Can！”（能）或“Cannot!”（不能）。“can”也能重复出现，表示较重的强调或是表示热情。如“Can you show me the drawings tomorrow?”（明天能给我看看那些画吗？）/“Can can!”（“No problem!”没问题！）

下面是一些新加坡式英语中日常使用的词汇（这些词源于不同的民族，但是在新加坡式英语中其意思已经完全改变了）。

更多关于新加坡式英语的信息

如果你在新加坡已经待了很长的时间，那么新加坡式英语对你来说肯定是容易掌握并且每天都在使用的语言。介绍相关的很有趣的新加坡式英语的书籍和网站，值得你一看：

- http://www.talkingcock.com
- An Essential Guide to Singlish by Gartbooks

Arrow	意思是被指定做某些你不喜欢做的事。如“Why he arrow me to do this? ”为什么他逼我做这些？
Blur	形容词，困惑无知的、什么都不知道。如“He so blur, cannot understand the question, cannot give the answer.”（他困惑，不理解这个问题，所以回答不出来）。这个词的最高级便是“blur like sotong”（傻得像乌贼），一般推测乌贼（马来语中叫sotong）并不太聪明。
Chope	预订的意思。“Can you chope one seat for me?”（能给我订个座位吗？）
Cheem	引申自闽南语，深奥的意思。
Die, die	意思是当然了，绝对的，不论发生什么事。如“Die, die I also must pay my rent by today.”（当然了，我今天也一定会交租金的）。
Follow	指陪同，一同前往。如“Can I follow?”（我能一起去吗？）
Habis	源自马来语，完了，倒霉了。如“Oh she habis man! Her husband cathch her having affair.”（她完蛋了，她丈夫知道了她的风流韵事）。
Sabo	是单词sabotage的简写，同样也是破坏、陷害的意思。“Because he sabo me, now boss mad at me!”（因为他陷害我，现在老板对我大发脾气！）
Slippers	在其他国家是夹趾拖鞋的意思。
Spoil	被弄坏了，如“This one, spoil.”（这个坏了）。

全面沟通

除了对不同语言的基本了解外，在沟通中了解彼此的文化也很重要。正如第三、

第四章节中所提到的，亚洲文化与西方文化有许多不同。以下有两个提示：

■ 对别人的健康状况表示关心是一种礼貌的表现，所以，当有人谈论你是长胖了还是变瘦了，你的健康状况，脸色苍白或红润，这个时候你的防卫心不必过重。

■ 亚洲人有时候会问一些许多西方人视为个人隐私的事情。例如“你要去哪里？”“你多大年纪？”“你的房租是多少？”对亚洲人来说，这样的问话表达了对他人的好意和关心。因此，他们觉得西方人谈论关于天气、交通、购物这样的话题太肤浅了。

非口头语言交流

任何一个想用外语和别人交流的人，都必须认识到理解与精通当地的非口头语言交流是极其重要的。有时候这种非口头语言交流甚至比口头语言表达更关键。以下是一些帮助信息：

■ 较之口头语言，新加坡人更相信非口头语言传达的信息。

■ 他们通过别人的面部表情、音调和姿势来推断其内心想法。

■ 在与别人交流沟通时，他们很敏感，说话委婉，并且喜欢暗示而非明示。

新加坡乌节路街景

■ 他们通常会暗示而不直接表明观点，避免使他人丢面子。

■ 他们不愿意说“不”，宁愿说“我尽力吧”，或“我看看能做些什么”。因此提要求的人尽管提，但是对方会委婉地拒绝，这样做可以保持两人之间和谐的关系。

■ 沉默是交流过程中很重要的要素。小声说话也同样如此，尽量避免大吵大闹。

■ 回答问题前想一会儿，表示他们认真地思考过。他们不明白为什么西方人会急于回答问题，这意味着考虑不周和行为粗鲁。

■ 他们不会说“我不知道”或是“你找的东西没有了”，相反他们会答非所问或是给你其他的替代品以免丢面子。尤其是在购物时或者询问营业员时，他们多半会这样做。

■ 全球通用的最了不起的非口头语言便是微笑——记得常微笑。

新加坡乌节路街景

第九章

工作与经商

“生意在一定程度上取决于人际关系，有着长期稳定的人际交往或者是适当的介绍，生意才能成功。”

《新加坡概况》，见网页：http://www.kwintessential.co.uk

短期就业准证（STEP,Short Term Employment Pass）

如果你要来新加坡完成一个特别的项目，且工作时间不会超过一个月，便能申请短期就业准证。此准证只能签发一次，并且不能续签。

2000年的人口普查显示，新加坡的人口在数十年间增长了100万（1990—2000）。新增人口中近半数为非居民——外国工人和学生以及未获永久居留证的外国人（这中间还未包括旅游者和那些途经新加坡的人），这就意味着每年的增幅达到9.3%。这个数字远远高于同期新加坡人口的增长率1.3%。非居民和永久居民（超过29万人）占总人口数的26%。

据估计，2003年新加坡的劳动力里有近30%是外国人，由此引发了一些争议。部分新加坡人认为是外国人抢走了本应属于他们的工作（你是不是觉得这样的调子很熟悉，到处都能听到？），但是另一方面，也有人认为国外劳工做出了许多贡献，他们完善了新加坡的劳动力构成体系。

你是否获准工作

飘扬的新加坡国旗

你是否获准在新加坡工作取决于你的身份。如果你是受雇于外国公司或者你在海外的母公司将你派驻新加坡，你的雇主会负责为你处理所有与申请有关的事宜。新加坡人力部会给所谓的熟练技能和无技能/半熟练技能劳工颁发不同的准入证件——前者需要申请的是就业准证，而后者需要的是工作许可证。（第五章：初来乍到对不同的准证和许可证有详细介绍。）若是有永久居留权，要在这里找到工作是不成问题的。一些公司希望他们的潜在雇员是当地居民或永久居民，这样能够免去申请工作许可证的麻烦。如果你是从别国受雇来新加坡工作，或是海外的总公司派遣你来这里的

新加坡商业区风光

话，你的工作许可证就要由该公司负责申请。新加坡人力部（MOM）颁发两种不同的工作许可证，依据从事工作的专业与非专业性分成就业准证（an employment pass）和工作许可证（a work permit）（在第五章中已经介绍过不同种类的工作许可证）。

无论你在新加坡工作时持有的是就业准证还是工作许可证，法律规定你只能为一家公司工作，即你不能从事兼职工作。记住，你的雇主为你申请了工作许可证，所以他们在此期间对你负有责任。如果你决定去做兼职，那么你就是在冒险，你的雇主或是新加坡人力部（MOM）有权要求你离境。当然法律可允许你当义务工，做些无报酬的工作。另一方面，若你持有就业准证，法律还允许你自己创业（见本章后面的“创业”部分）。

直系亲属准证（Dependant Pass）又有怎样的规定呢？新加坡对于配偶申请的直系亲属准证发放较为宽松，持证者可在新加坡人力部获得一份同意书以便在本地工作。此程序并不复杂，可以通过网络办理，也可自行前去合乐路（Havelock Road）的人力部总部办理。

而凭学生准证工作的程序要复杂一些。理工学院和大学的全日制大学生可在各个学期期间从事每周不超过16小时的课余工作，但是事先必须获得所在学校的同意。在放假期间，这些学生可以全职打工，并且不用到人力部申请工作许可证。

创业

新加坡十分欢迎外国人前来创业，因为手续烦琐，这里有一些实用的指南。如果你持有就业准证（P、Q1等级），除了为现在的雇主工作外还想要注册一个新公司

新加坡风光

货架上的咖啡商品

的话，你必须告知你的雇主并且获得他们的书面许可。如果你持有直系亲属准证，你也可以自己创业。但是一旦创业，你就必须向新加坡人力部申请一份同意书。对于那些不能在外从事专职工作的配偶们来说，做点小生意是非常普遍的选择。首先，自己创业免去许多麻烦，手续简单；其次，市场乐于接受新的、有创意的产品，新加坡有配套完善的市场、集市，是展出新产品的好地方。

从S级别开始的就业准证持有者不能在新加坡注册成立公司，持有其他准证的人也不允许。唯一的例外是永久居民和商业入境证（Entre Pass）持有者。

在新加坡创业应该了解的信息

Enterprise One是由新加坡批准，生产力与创新局（Standards, Productivity and Innovation Board, SPRING）经营的政府网站，在上面你能找到创业之初所需了解的全部信息：

http://www.business.gov.sg

在网站上还能找到创业前需要了解的一切信息及一些条款、资源，或许都能帮助你较为顺利地开创自己的事业。

除了上述网站，你也应该去新加坡会计与企业管制局（ACRA）的网站上浏览，上面有对各种不同行业、不同公司常见问题的解答。网址是：

http://www.acra.gov.sg

无论是原则批准的永久居民还是永久居民，他们开设公司都不需要得到雇主的许可。商业入境证持有者来新加坡的主要目的便是开展商业活动，所以很自然他们可以注册成立公司。

企业种类

商行与公司必须在新加坡会计与企业管制局（ACRA）进行注册，这是由公司和商业注册局（Registry of Companies and Businesses， RCB）以及公共会计师局（Public Accounts Board，PAB）合并而成的政府部门。会计与企业管制局（ACRA）对公司与商行有着严格的区分——后者没有法律实体资格，不能拥有财产，也不能被控或以自身名义提起诉讼。年满21岁，且不是未清算债务的破产者（本章后面部分有详细介绍）可以注册商行或公司。注册的企业分为四种类型：个人独资企业、合伙企业（前两种企业都是属于商行）、有限责任合伙企业（LLP）和自行组建公司（后两者都是公司）。

- 注册个人独资企业只需企业个人或一家在当地组成的公司。此人或此公司对独资企业的经营有绝对的发言权。个人独资企业容易注册，但是你得记住，尽管别人不能对独资企业提起诉讼，但投资人（个人或公司）对债务是承担责任的。
- 合伙企业由2 ~ 20个人或公司合伙组成，每个人或公司都享有相同的权利，但

耸入云端的写字楼

政府关联企业

私人豁免公司（Private exempt companies）是政府企业，以国民利益为重，并在政府公报上公告。股东人数不超过 20 人，且均为个人。

公众担保有限公司（Public companies limited by guarantee）进行的非营利活动涉及公众或国家利益。

是在企业的日常经营与决策中，每个合伙人的角色可能不同。这取决于企业成立时的约定，并且最好以书面形式记录，以避免引起纠纷。与个人独资企业相同，此类企业的合伙者对企业债务负有个人连带责任。

- 有限责任合伙企业（LLP）是2005年4月开始在新加坡出现的经营业务的新载体。它赋予公司拥有人有限的责任，即不再由个人承担连带责任。你可以新注册一家有限责任合伙企业，或将已有的商行、公司转换为有限责任合伙企业。
- 组建一家公司要复杂些，因为相关程序较多。与商行不同，你需要较专业的帮助来组建、注册公司。自行组建的公司仅适用于股东、董事和秘书均为新加坡本地人的情况。需要草拟备忘录和联合文件，如共集资多少股份，谁是董事等。公司可以有一个或一个以上的股东，一个或一个以上的董事。公司可以是私人有限公司，也可以是公共有限公司。私人有限公司股东数不超过50人（个人或公司），而且在公司名称后加上“Pte Ltd”。

公共有限公司股东人数可超过50人，而且可以向公众集资。向公众出售股票和债券时必须先向新加坡金融管理局（Monetary Authority of Singapore）提交计划书。公共有限公司在名称后面会加上“Limited”或“Berhad”。想要找到更多关于怎样组建公司的资料，请登录：

http://www.acra.gov.sg/company/incorporatecompany.html

商行转为公司

如果你不能决定是否一开始就组建公司的话，不要泄气。你可以先注册商行，以后再将其重组为公司。许多当地人和移民都用这种方法为自己争取慢慢地建立自己事业的时间。许多人开始时都注册为个人独资企业或合伙企业，等到生意日渐稳定、逐渐发展时，再将商行及所有的资产转为公司。一旦你想要将商行转为公司，请向专业人士咨询，获得他们的帮助。

在宣布破产时，大多数人都会很沮丧，但是如果你想开些，宣布破产也有一点好处。宣布破产后，其他债权人不能来直接找你归还欠债，他们必须到产业处理局进行申请。此外，一旦你被宣布免除债务，他们就不能再来找你的麻烦了。

新加坡环球影城

破产法

如果你决定成立商行，就必须了解该国的《破产法》。如前面所提，个人独资企业和合伙企业的投资人对债务负有连带责任。凡欠债一万新元或者更高额的，债权人可以申请判处债务人破产。一旦提出了申请，法定追债信便会寄达欠债人，要求其在既定时间内偿还债务。如果债权人允许，你也可以制订一份债务偿还计划给他们。在截止时间到期时，若债务既未偿还，双方也未就债务偿还问题达成共识的话，破产申请将会被高等法院受理，法院将拟定听证会时间。在这期间，你依然可以和债权人联系，看能否取得进展。在听证会举行时，你们仍未达成共识的话，法院会依法签发破产令，然后在《海峡时报》（The Straits Times）上公布你的姓名、身份。其他的债权人均可向接管你资产的产业处理局（Offical Assignee，OA）要求分得财产。

产业处理局（OA）是什么部门？这是隶属律政部产业处理及信托局（Insolvency & Public Trustee's Office）下面的一家机构。它一方面帮助债权人获得尽可能多的债务清偿，另一方面也帮助破产者解除债务。除了获准不必上交的如中央公积金储蓄（如果你拥有该项储蓄），为你的配偶和孩子支付的保险，做生意所需的有限的器具，你必须将个人所有资产上交给产业处理局（OA）。你还得向产业处理局（OA）提交一份月度还债时间表（如果你已找到工作），并向他们报告你每月的收入、支出情况。产业处理局（OA）会依据你在破产期间的还债数目以及个人表现来决定是否劝告免除你的债务。

作为破产者，你面临诸多限制，如没有产业处理局（OA）的批准你不能出境，你不能经营任何的商行或公司，你只能有一个存款账户等。

那么，你怎样才能走出困境呢？如果你能够清偿债务，或者你能够提供一份令填写破产申请的债权人接受的还债计划的话，可以申请取消破产令。否则，在三年后你也能被高等法院或产业处理局（OA）免除债务。

破产相关信息

想知道更多关于《破产法》及破产程序的信息，可以登录产业处理及信托局（IPTO）的网站，网址是 :http://www.app.minlaw.gov.sg/ipto

点击“破产部分”了解更多详情。

结束营业

如果你即将完成在新加坡的工作，想要结束营业，应该怎样做呢？这在很大程度上要看你经营的是哪种类型的企业。如果你经营的是商行（个人独资企业或合伙企业），你可以填写一份停业通知或是通过互联网办理停业手续，也可以前往会计与企业管制局（ACRA）办理。如果你经营的是合伙企业，所有的合伙人都必须同意

克拉克街景

停业。但是商行停业的确切时间为营业许可证到期的时间（营业许可证每年都要更新）。

如果你经营的是有限责任合伙（LLP）企业，你和你的合伙人可以选择让企业清盘，但是你必须在清盘开始后的12个月内偿还所有债务。所以，你最好还是找专家咨询。其他想要停业的公司同样也适用于这一条。如果公司想清盘，也可以特别向会计与企业管制局（ACRA）申请停业。

清盘

在某些情况下，你的商行或公司有可能被迫或自愿，或其他原因选择清盘。商行在遇到所有者负债引起破产诉讼时，可通过清盘来偿还债务。公司则可以与他们的债权人协议清盘或被法院命令清盘。想了解更多这方面的知识，请上网查看：

■《有限责任合伙企业（LLP）的清盘》

http://www.acra.gov.sg/llp/closing.html

■《私人企业或公共企业的清盘》

http://www.acra.gov.sg/company/endingcompany.html

工作与生活

无论你是受雇于人，还是自己经商，或者是一名雇主，都需要了解一些最基本的常识，下面会有详述。了解、熟悉这些细节是大有裨益的。你可以在人力部（MOM）的网站上找到更多相关信息：http://www.mom.gov.sg/FAQs

《劳工法令》(Employment Act)

新加坡颁布了《劳工法令》，法令保障所有雇员但是不包括：

- 管理、行政及保密人员
- 公务员
- 法务部门雇员
- 海员
- 家庭佣工

你可以在人力部（MOM）网站的“劳动关系”板块中看到关于上述部分与此法令更多的信息。

就业合同

就业合同最好以书面形式签订。合同中应注明受聘者的工作岗位、工作时间、薪水及福利。一些公司还会有保密条款以确保公司机密不被泄露。

新加坡街头小贩

工作时间

每个公司的工作时间不尽相同，但大多数都是从早上9:00到下午6:00，中午休息1个小时，每周工作40个小时。有些公司每天的工作时间要短些，但同样午间休息时间也短些。也有些公司一周内五天的工作时间短些，但是要在周末的时候工作一个上午。公司的工作时间取决于多个方面，比如公司是否属于跨国企业（MNC）、办公地点的位置等。《劳工法令》规定全职人员一周工作时间不得超过44个小时，兼职人员则不得超过30个小时。这是总的指导思想，经营者有权决定怎样安排。2005年新加坡政府宣布，公务员的工作时间将向五天制过渡，许多私人企业也正朝此努力。

零售商店的工作时间较长，但是雇员可以得到更多的休息日补偿。某些职位的员工可以申请加班费。

薪水及福利

不同的公司、不同的职位所获得的薪水和福利也不相同。除了外国工人免缴中央公积金（CPF）外，所有的新加坡人和永久居民都必须每月从薪水中拿出一部分上缴公积金。而雇主也得为每个雇员上缴公积金。你可以在中央公积金（CPF）的网站上找到确切的上缴比率（http://www.cpf.gov.sg，在一般信息中）。许多公司都有年工资补助（Annual Wage Supplement，AWS），即人们俗称的第13个月的红利。但是这也许不仅仅是一个月的薪水，最高可达三个月的薪水。此外，公司也许还发放红利——在年末（财政年度或自然年度）发放的一次性的奖励。可变动薪金是另一种一次性支付的薪金，同样是公司发给雇员以激励或奖励他们所做出的贡献。

公司也许还提供非货币福利，如医疗保险、牙医保险、报销部分住院费用、汽车或电脑贷款、通信补贴（如手机话费报销）以及服装补贴——因工作原因需要穿一定档次服装而发放的补贴。还有一些公司提供休闲补助，如组织公司旅游、参加健身班和郊游的费用报销。

新加坡美食叻沙

假期和请假

所有员工在公共假期里都休息，如果他被要求上班，可以补休或者获得假日工作的薪水。如果公共假期正好碰上公司的休息日，那么公司可以选择付给员工这天的薪水或是让他们再休息一天。例如，某公司实行五天工作制，周六正好又是公共假期，那雇主必须对这天进行补偿。如果公共假期正好是周日的话，根据法律规定，接下来的周一同样也是假日。

每家公司规定的请假天数都不同，但绝大多数公司都允许每年至少有七天时间。大多数公司的请假天数会随着你的服务年限增加而增加。公司的制度决定年假是否可以延续到第二年再休。在某些情况下，如果雇员正在进行的一个项目不允许其长时间的请假，管理者也许会同意雇员在第二年将以前未休完的年假全部用完。

其他的休假还有病假、婚假，以及最近才有的育儿假。孩子未满七岁的，其父母每年有两天的育儿假。

与本地人共同工作

多数情况下你将与本地人一块工作，他们可能是你的下属，也可能与你平级，或者是你的上级。企业文化以及人们对移民的了解将决定大家对你的期望值。如果你的母公司在国外，这里只是其一个分公司，那么你就要遵守总公司规章制度；如果总公司在新加坡，而你就职于某个特定职位，那么公司文化很大程度上取决于最高管理者是东方化还是西方化管理。如果是后者的话，你要面临的问题可能少一些；若是前者的话，公司便会倾向于亚洲式的管理，你可能要逐渐适应一些奇怪的现象。如，办室室内设有神台，或者公司里无处不在的裙带关系网。

在你决定做出改变之前，花点时间找出这些做法存在的原因。或许你能找到事情为什么会这样做“好”的理由，即使只是为了满足人们迷信的需要。否则下次你就听不到为什么有些工作失败的真正原因了，例如，一项计划为何流产或者是利润为何

着装方式

因为地处热带，新加坡人的着装十分随意。但是你所从事的产业及办公室所处的位置决定了你的衣着。观察公司中与你同级别的人和管理人员的着装，可以获得这方面的提示。

下跌。

如果你觉得必须开始实施变革以确保提高生产力或者工作效率，注意尽量不要改变某些与文化相关的规定，例如允许穆斯林离开一小会儿去祈祷，允许马来人在特定节日期间请假回家。

亚洲人，特别是那些未受过海外教育的人，倾向于隐藏自己的观点，或者是至少不对与自己同级别的雇员坦陈自己的想法。就算他们对你不喜欢，也不会写在脸上。因为他们受到的教育是要尊敬那些级别比他们高的人；或者是他们不知道怎么说。但是，你一定要对此表示关注，通过你自己或者你所信任的网络，很快你就会发现他们真正的想法。

的确，人们固有的成见决定了他们接受你和你所做的决定的程度。反对外国人在企业就职并担任较高职务的本地人会批评你所做的一切。不要把这看成是对你个人的否定。在每一个机构中，都会有反对者存在。幸运的是，他们只是很小一部分人。如果你是白人，这里会有另外一小部分人十分崇拜你。但是大多数的本地人会理智地依据你的实力评判你。他们知道你并非十全十美，他们愿意持观望态度来评价你是否有足够的能力。

办公室

新加坡人保留了许多传统的华人价值观，但是更以成就来判断一个人的价值。年龄越大，职位越高，就越受重视。教育程度较高尤其是在英国、澳大利亚或者美国取得了学位的也备受重视。

如果你领导的是本地人团队，千万要记住亚洲人的“面子”观念。切莫在整个团队面前责备谁，他们会觉得这十分丢面子。找个适当的时间叫他们来你办公室或是把他们拉到一边，和他们平静地谈谈。提高声音、骂脏话、拍桌子或是做各种野蛮的手势，都不会为你赢得任何赞赏。

同样，也不要热情地在公开场合表扬某人。这并不是亚洲人不想为出色完成工作而受到表扬，只是许多人从小便被告知，对于自己取得的成绩，要保持谦虚的态度。而且，公开表扬也许招致他人的忌妒，有些人会错误地以为你在投机取巧。如果你的确想要公开表扬某人，记住一定要适度。你还可以把他叫到你的办公室，对他进行大肆表扬。

经商

会面

和某人会面之前，最好事先与其进行约定，越早越好，至少提前两周确定好会面的相关事宜。而且你最好在会面前一天再打电话确认会面的时间与地点。如果可能的话，给对方提供你方参加会面人员名单，以便对方准备妥当。必要时，你可以

佛牙寺一角

商务会面

邀请对方相关人员参加。提议会面时，你一定要记住一些公司在特定的时间会停业，如中国农历新年、伊斯兰教开斋节（Hari Raya Puasa）、大宝森节（Thaipusam）。

你可能对新加坡人参加众多庆典时（如参加中式婚宴）经常迟到有所耳闻。但是他们进行商务会面尽量守时，所以你也应该准时。若你与当地的合作方会晤迟到，则会被认为不尊重对方，这对于开展业务可不是个好开端。如果你因不可预料的事情而迟到，记住事先告知你的客户或合作方，并估计你到达的具体时间。如果你不打电话告知，而让他们久等的话，他们会觉得你这人太没有礼貌。不要以没有手机为借口，新加坡人都有手机，若是你没有的话，大家会觉得你老土。

当别人介绍新的业务合作方给你时，要与之握手以示礼貌。唯一的例外便是对方是一名穆斯林女性，而你是一位男士时（记住这和对方的民族没有必然关系——华人或是印度人都有可能是穆斯林）。传统的穆斯林女性一般不愿意与男性握手，除非她们的手用某种东西包着。最简单的方法就是让女性先做，如果她伸出手来，那你就和她握手。否则的话，一个微笑和点头就够了。有些人也会稍稍地鞠躬，以表示礼貌。如果你比在场的人的地位都高的话，最好的方法也是稍稍地鞠躬，尤其是把你介绍给老人认识时。

这里有一句忠告——新加坡人握手时不会太用劲。大部分人会很温柔或轻柔（有的近乎软弱无力），有的则会用劲地握你的手然后再松开。同样，你跟着照做便是。

介绍

在第三章《新加坡人民》中已经为大家介绍了不同文化中的姓名。在商界，介绍某人时会报出他的头衔及其姓。在确定自己可以不拘礼节前最好正式一点。亚洲人尊敬年长者，所以介绍年长者时通常介绍他们的头衔和姓。而介绍年轻人时可称其头衔和名字，或仅仅是姓名。许多情况下，老者并非是级别最高的人，所以你不必去猜想。当介绍你自己的同伴时，你最好也依上面的方法进行。事前与同伴们交谈一下，看看他们想怎样与别人打交道，这样到时候你就知道该如何去做了。

牛车水一家画廊里

座位安排

在许多传统的公司里，通过会晤中的座位排序能够看出级别关系。级别最高的人坐的座位通常在房间的最里面。若是你方坐在桌子的一边，那对面则会坐着与你们级别相对应的会晤方。

名片

名片十分重要，而且应该是英文的。如果你正与一家传统的华人或是印度人公司打交道，你最好将名片印成双语。记住用双手递出及接受名片。若是因为某些原因无法用双手接送的话，你也一定要用右手做。不要急着把名片塞进包里，念念名片上的名字，并仔细看看名片，这么做是为了表示对他人的尊重。如果你坐在桌子旁，最好在会面期间把名片留在桌上，会谈结束时再将其收起来。亚洲人认为名片是其形象的延伸，所以你一收到名片就把它塞进口袋里是不尊重他人的表现。记住不要在名片上胡乱涂写。

达成交易

所有的礼节都完成了，那么接下来该做什么呢？你应该知道新加坡人通常都喜欢直截了当地谈生意。有的人开始时可能会聊些无关紧要的话题，但是这并非一般做

若你是个女性，你也许会面临比男同事更多的障碍。传统上，亚洲男人（新加坡人同样）希望女性不要那样咄咄逼人，而且不喜欢女人在其商业组织内升至掌有权力的位置。如果你是公司的代表，你也许得积极为公司争取利益又不能表现得太咄咄逼人。同样，你也需要表现出对对方的尊敬，尤其对方是男性的时候。也就是说，有时你不要直视他，你得充分运用自己的直觉。同时，对方的人品对生意的成功也很重要。

法。如果你碰到这种情况，不要不耐烦或是想急于推动事情的发展。你得牢记在新加坡想要达成交易，关系是非常重要的。别人越相信你，那他们也就越愿意与你做生意。正如他们所说，不看你知道什么，只看你认识谁。华人对此有一个词来描述：关系。有时你会发现交易很容易达成，只是因为决策者与他们潜在的商贸伙伴有共同之处。这可能只是因为双方属同一民族或者同一方言群体，或者仅仅来自于同一个母校。你与交易方的个人接触越多，那你们之间的关系就越好，他们也更愿意与你做生意。耐心点，你的努力总会开花结果的。

与客户做生意时，要运用你在管理自己的团队时学到的技巧：给足面子，说话直截了当，但不要过于情绪化，表扬要真诚但不要过度。在商界，与别人交谈时要保持一个手臂的距离，以免产生胁迫感。最好不要有身体接触（即使是前臂），除非你与对方很熟。否则，这表示你想将更私人的关系强加于其身。

非口头语言在做生意时会起到很大的作用，你得仔细观察并找出端倪。笑声多数时候意味着高兴，但有时它也用于掩饰紧张或笨拙，或是掩盖对方在此时不想谈论某个话题。新加坡人直接对你说“不”时，会觉得很不自在，尤其是在主要的决策者未出席的情况下。但是，为了不让你觉得不快，他们会对某个问题说出模棱两可的话，以便甩开你。当你已经说完了他们看起来还在等待你说的话题时，仔细观察他们真实的身体语言：吸气、坐立不安、经常的犹豫、轻轻皱眉（这可能难以察觉）、片刻的沉默。如果你看到上面这些暗示，你就能大概知道会面的实质进展了。

肉干零食

礼品馈赠

在商业界，赠送礼物可得谨慎点，因为这可能被认为是行贿。想要找到恰当的时间并不太容易。如果你正与某家公司谈生意，交易敲定前送礼物是万万不可的。这样做会被视为你想用礼物买通对方以扫清前进的障碍，你潜在的合作者对你的尊敬也会大打折扣。合约签订与交易达成前最好不要送任何礼物给别人。如果你与一家政府关联企业洽谈生意，你千万不要有任何送礼物的想法，这会被视为行贿。最糟糕的情况是，对方可能向警方报案。

如果你与合作方是朋友，当你受邀请参加某个社交活动时想向其送份礼物，那么就去做吧。但是，如果你与对方的交易已达成，而你尚不能确定自己的行为是否妥当时，不要在公共场合赠送那些太招摇和太昂贵的礼品。赠送适合特定场合并代表友

新加坡海岸风光

工作与商业礼节

■与同事或合作方打交道时，记住“面子”这个概念。

■直接、真诚，但不要做得太过。

■进行变革时不要过于急躁，事先做好准备工作，并注意大家对你的固有看法与期望值。

■尊重他人的空间，随时与别人保持一臂的距离。

■身体接触会被人误解，所以记住尽量避免。

■当被介绍给穆斯林女性时，让女士决定是否握手。

■观察非口头语言及肢体语言。这与你的商业伙伴（甚至是你的同事）因某些原因不能直白表达有关。

■对别人的名片表示尊敬。

■衣着方面尽量普通，观察别人是怎样做的。

■个人关系在达成交易方面十分重要，花点时间去培养吧。

情的礼品是一个不错的主意（花、巧克力，若是朋友家喝酒的话，一瓶葡萄酒也不错）。如果你与这个人真的是好朋友，交易结束后你有更多的机会给他送礼。

许多华人公司在节日期间（通常是圣诞节、元旦及中国农历新年）向他们的客户赠送礼品篮，以表示尊敬（有些公司在中秋节时还会赠送月饼）。比如，A公司出售奶制品，而B公司是其最大的买家之一。当中国农历新年来临时，A公司会为每位大客户送去礼品篮，当然也包括B公司。而B公司不必要回赠A公司礼品，但他们也要为自己最有价值的客户送去礼品篮。礼品篮大小、形状不一，由送礼方自己决定（看看购物指南或上网查找）。对于那些更有价值的客户，你应该送上更贵重的礼物（但是没必要更大）。你的合作伙伴能够从礼品篮的物品了解它包含的意思。如果你不知道该怎么做，让你的华人同事来帮助你。

女性劳动力

2004年，新加坡所有劳动力中45%为女性，比十年前增长了5%。总体来说，新加坡女性与其他第一世界国家的女性一样，面临同样的挑战。21世纪，她们受到了更好的教育。2004年，有29%的女性受过高等教育，这个数字比1995年高出了14%。如今，每三位工作女性中即有一位担任经理职位。

第十章

新加坡掠影

“新加坡啦，啊，新加坡啦，
海中的阳光小岛。
新加坡啦，啊，新加坡啦，
鲜艳的花朵为你我盛开。”

——20 世纪七八十年代当地流行的儿童歌曲

正式国名

新加坡共和国

首都

新加坡

国旗

由上红下白两个相等的长方形组成。红色代表人类友爱、平等，白色象征纯洁和美德。左上角有一弯白色新月和五颗成环状的白色五角星。新月象征日渐兴盛的国家，五颗星代表民主、平等、正义、和平与进步。

国歌

《前进吧，新加坡》（Majulah Singapura）

时区

格林尼治时间+ 8小时（GMT + 0800）

电话国家代码

65

新加坡城市风光

地理位置

西马来半岛顶端的小岛，柔佛海峡将之与大陆分隔开来。

国旗

国土面积

总面积：692.7平方公里。

陆地面积：682.7平方公里。

海洋面积：10平方公里。

海拔最高点

武吉知马（166米）。

气候

典型的炎热、潮湿和多雨的热带性气候，有两大季风季节——12月到3月的东北季风和6月到9月的西南季风。

自然资源

深水港和鱼类。

人口

547万（2013年）。

种族

2013年人口统计数据：华人（74.2%），马来人（13.3%），印度人（9.1%），其他（3.3%）。

宗教

2013年人口统计数据：佛教徒（33%），穆斯林教徒（15%），道教徒（11%），印度教徒（5%），罗马天主教徒（4.8%），其他基督教派（9.8%），其他宗教（0.7%），无宗教信仰（14.8%）。

官方语言

马来语、普通话、泰米尔语和英语。马来语是全国通用语言，而英语属于辅助语言。

政治体制

议会共和制。

货币

新加坡元（SGD或S$）。

国内生产总值（GDP）

2 957亿美元（2013年统计数据）。

农产品

干椰子肉、鸡蛋、鱼类、水果、兰花、家禽、橡胶和蔬菜。

工业

化学品、电子产品、转口贸易、金融服务、生命科学、海洋石油平台建设、石油钻井设备、炼油设备、食品和饮料处理设备、橡胶处理设备、橡胶产品和船舶修理。

出口产品

化学品、消费品、电子产品、机械设备和矿物燃料。

进口产品

化学品、食品、机械设备和矿物燃料。

机 场

共有6个机场，全部为塑胶跑道。最大的国际机场为樟宜国际机场。

名人录

政治人物

李光耀

毫无疑问他是全世界最著名的新加坡人，也被公认为现代新加坡的缔造者。李光耀年轻时致力于反对英国的殖民统治，是人民行动党（PAP）的创始人之一。1959

樟宜国际机场内景

李光耀蜡像

年他成为新加坡首位总理，领导新加坡人民进行了一定程度的自治和1963年与马来西亚的合并。1965年新加坡脱离马来西亚联邦后，李光耀实施的政策（有些政策颇富争议性）对新加坡的发展产生了重大的影响。经过一段小心翼翼的过渡时期后，李光耀于1990年让位给吴作栋。但是作为新加坡国务资政，他的影响力仍在。2004年李光耀的儿子李显龙接替吴作栋担任新加坡总理，李光耀则被特别任命为内阁资政。这位年事已高的政治家在新加坡深受爱戴，但也因其实用主义和颇显独裁色彩的政策及所谓的“亚洲式”民主而饱受批评。

吴作栋

1990年至2004年担任新加坡总理前，吴作栋曾在多个政府部门内担任高级公务员。他被认为具有更加开明、民主的领导风格。2004年至今，他一直任新加坡国务资政。

李显龙

李光耀之子，2004年8月接替吴作栋成为新加坡现任总理和财政部长。从政前，李显龙是新加坡武装部队的一名陆军准将。

惹耶勒南（J. B. Jeyaratnam）

惹耶勒南是一位能干、老练的政治活动家，也是首位于1981年入阁的反对党成员。然而，他的政治生涯却因为一连串诽谤的官司和控告而遭受打击。被迫宣布破产后，他已经失去了在未来参加选举的资格。

詹时中（Chiam See Tong）

詹时中自1984年以来代表反对党入阁，来自新加坡民主党（Singapore Democratic

Party），后被曾经追随过他的徐顺全替代。詹时中和其他幻想破灭的新加坡民主党成员一道加入新加坡民主联盟（Singapore Democratic Alliance，SDA）成员之一的新加坡人民党，并成为党的领导。新加坡民主联盟成立于2001年，目的是争取更多的团体代表选区（Group Representation Constituencies，GRC）的选票。

徐顺全（Chee Soon Juan）

徐顺全是一位颇富争议性的人物，他作为新加坡民主党的成员曾参与了一系列竞选，并获得了一定成功。然而，近来他提出了很多诉讼，又进行了一次曝光率过高的绝食抗议，这导致他与他的党出现分歧。

民主人士

陈庆珠 （Chan Heng Chee）

政策研究院首任院长，曾任新加坡驻美大使16年。

许通美教授（Professor Tommy Koh）

现为新加坡外交部特使，曾于1968—1971年和1974—1984年两度担任新加坡驻联

新加坡国会大厦

合国常驻代表。他也是1984—1990年间新加坡驻美大使。

新加坡历任总统

尤索夫·伊萨（Yusof Bin Ishak，1910—1970）	任期为1965—1970年
本杰明·薛尔思博士（Dr Benjamin H.Sheares，1907—1981）	任期为1971—1981年
蒂凡那（C.V.Devan Nair，1923—2005）	任期为1981—1985年
黄金辉（Dr Wee Kim Wee，1915—2005）	任期为1985—1993年，常被新加坡人称为“人民”的总统
王鼎昌（Ong Teng Cheong，1936—2002）	任期为1993—1999年，新加坡首位民选总统
纳丹（S.R.Nathan，1924—）	1999年首次当选，2005年再次当选

慈善家

陈笃生（Tan Tock Seng，1798—1850）

陈笃生是来自马六甲的移民，因为勤奋、坚毅和具有企业家的创新精神而留名青史。陈笃生是一位成功和谨慎的商人，他在新加坡各地拥有大量地产。他将自己最初赚来的钱捐出修建了一所医院，也就是现在的陈笃生医院。他还有诸多善行，其中一项就是为贫苦的华人捐助墓地，因为死后入土为安对华人来说是至关重要的一件事情。

李光前（Lee Kong Chian，1893—1967）

李光前依靠橡胶和菠萝生意起家，并通过各种捐助活动将自己所得慷慨地回馈社会，受到各界的广泛赞誉。1958年，李光前设立了李氏基金会，处理各种慈善事务。由于他坚信教育的积极作用，因此李氏基金会将大部分资金投入了教育资助。如今，在新加坡你能看到大量以他的名字命名的博物馆和教育机构，以纪念他对新加坡教育事业的巨大贡献。

梁爱彭（Dr Ee Peng Liang，博士，1913—1994）

新加坡人盛赞他为“慈善之父”。已故的梁爱彭博士曾投身于数不清的慈善和社会公益活动，其中就包括了创建公益金（Community Chest）、新加坡童子军协会（Scout Association of Singapore）、扶轮社（Rotary Club）和圣约瑟之家（Saint Joseph’s Home）等。

体育名人

陈浩亮（Tan Howe Liang）

新加坡唯一一枚奥运会奖牌（银牌）就是由举重运动员陈浩亮在1960年于罗马奥运会上获得。在他获得奥运奖牌之前就已经是世界纪录的保持者，并获得过数枚金牌，但是不久他就被人们淡忘了。

全国性比赛的金牌

宋安帮（Ang Peng Siong）

1982年在新德里举行的亚运会上，宋安帮赢得50米自由泳的冠军，从而获得“世界游得最快的人”的称号。这项纪录一直到1996年东南亚运动会上才被人打破。如今他是唯一一位参加过奥运会（1984）所有游泳项目决赛的运动员。他现在创办了自己的游泳学校，专门教授在这项他最喜爱的运动项目上有天赋的可塑之才。

杨玮玲（Joscelin Yeo）

她是游泳项目上的一个奇迹，是在同一届东南亚运动会上为新加坡获得金牌数最多的运动员。在2005年东南亚运动会上，她将40枚金牌收入囊中，打破了前金牌运动员（Pat Chan）在1960年所创的纪录。

李佳薇（Li Jiawei）

当之无愧的新加坡乒乓球女王，如今（2006）在国际乒联（International Table Tennis Federation）的世界排名中名列第五。李佳薇出生于北京，现已定居新加坡，并代表新加坡参加了很多国际赛事。2004年奥运会上她只获得第五名，并因未能为新加坡获得金牌而潸然泪下。李佳薇连续五年（2001—2006）被选为新加坡年度最佳女运动员。

苏西洛（Ronald Susilo）

这位羽毛球国手出生于印度尼西亚的东爪哇岛，2005年被提名为新加坡年度最佳男运动员。他职业生涯中最辉煌的时刻之一，就是在2004年雅典奥运会的首场比赛中战胜了世界排名第一的中国运动员林丹。

历史上的其他体育名人

- 井浚泓（Jing Junhong）（乒乓球）
- 孙宝玲（Junie Sng）（游泳）
- 帕特·陈（Pat Chan）（游泳）
- 格蕾斯·杨（Grace Young）（保龄球）
- 古纳兰（C.Kunalan）（体育界）
- 班尼迪特·陈（Benedict Tan）（快艇）
- 再纳·阿比丁（Zainai Abidin）（壁球）
- 宋柯金（Quah Kim Song）（足球）
- 萨马德·阿拉皮切（Samad Allapitchay）（足球）
- 蔡荣俊（Mark Chay）（游泳）
- 塞伊德·赛德（Saiedah Said）（搏击）
- 阿斯兰·宾·阿卜本土拉（Asman bin Abdullah）（健美）
- 徐瑞理（Chee Swee Lee）（体育界）
- 朱朱·辛克莱（Jojo Sinclair）（健美）

王雷明（Remy Ong）

保龄球运动中一颗耀眼的明星，他在2002年韩国釜山亚运会上夺得了三枚金牌。2005年，他在亚洲保龄球协会（Asian Bowling Federation）的排名中名列第六。

范迪·阿末（Fandi Ahmad）

范迪·阿末是新加坡最著名的足球运动员。1978年，16岁的他成为新加坡国家队中最年轻的球员。1981年他转为职业球员并将自己曾经的辉煌抛诸脑后。他曾经在国外俱乐部踢过球，现在已回国并将自己的技艺传授给年青一代的球员们。尽管已淡出人们的视线，他在足球界却非常活跃。他的妻子温蒂·贾各布斯是南非的一位前模特，两人共育有四子。

牛车水一角

文学名人

新加坡城市风光

林宝音（Catherine Lim）

她因擅写具有浓郁新加坡风情的短篇故事和长篇小说而闻名。这位多产的作家却并未获得相应的重视，1994年她因发表两篇政论文章而受到当时的总理吴作栋的批评。她最著名的作品是一部名为《女奴隶》（Bondmaid，1995）的畅销小说，小说最初在国外出版，后被改编成电影。

菲立·惹耶勒南（Philip Jeyaratnam）

政治家本杰·惹耶勒南之子，是一位全职律师，只在业余时间写作。他于1993年被国家艺术协会（National Arts Council）授予年度最佳年轻艺术家的称号。如今已贵为新加坡法律协会主席。

郭宝崑（Kuo Pao Kun，1939—2002）

新加坡实验剧场的首位艺术指导，也是一位富有远见的剧作家。他为新加坡艺术事业所做的贡献颇多，有一次甚至因违反《国内安全法》（Internal Security Act）被拘留并被剥夺了新加坡公民的身份。1997年，法国政府授予他艺术及文学骑士勋章（Chevalier des Arts et des lettres）。

唐爱文（Edwin Thumboo）

诗人与文学评论家，曾任新加坡国立大学英国语言及文学系客座教授。他曾赢得多个文化奖项，并被认为是新加坡本地的桂冠诗人。

何明凤（Ho Minfong）

何明凤是何光平（请见“商界名流”部分）的妹妹，她在美国学习时开始写作，并将写作变成一种抒发乡愁的方式。她的作品以描述东南亚人民的生活为主，并经常被推荐给年轻人作为阅读材料。

苏城·克里斯蒂·林（Suchen Christine Lim）

她是首位获得声誉卓著的新加坡文学奖（1992）的新加坡作家，也是首位获得该奖项的女作家。她的作品使读者能深入地了解新加坡人的生活。她曾经在两家国际性大学做过驻校作家（writer-in-residence）。

舞蹈家

吴祖山（Goh Choo San，1948—1987）

吴祖山也许是新加坡最知名的舞蹈家，他是华盛顿芭蕾舞团的驻团编舞和艺术指导，也是吴思清（见下文）的哥哥。

新加坡金融区

吴思清（Goh Soo Khim）

吴思清是新加坡舞蹈团（Singapore Dance Theatre，SDT）的合作创办者和艺术指导，她一直致力于提高新加坡舞蹈艺术的水平，并且不遗余力地提携年轻舞蹈演员。她还是1981年的新加坡文化奖章（Cultural Medallion）的得主。

桑塔·巴斯卡（Santha Bhaskar）

一位致力于促进印度舞在新加坡发展的克拉丽斯（Keralese）舞蹈家。她于1991年获得新加坡文化奖章，其作品经常被搬上舞台或在电视上播放。

音乐界名人

李炳文（Dick Lee）

一位多才多艺的歌手兼作曲家，也是新加坡和全亚洲音乐最早的推广者之一。他以专辑《疯狂唐人》（The Mad Chinaman）奠定了自己在音乐界的地

滨海湾风光

位。他为许多巨星如林忆莲（Sandy Lam），音乐剧《美丽世界》（Beauty World）、《慈禧太后》（Forbidden City：Portrait of an Empress）以及张学友的《雪狼湖》创作过歌曲。李炳文才华横溢，他既是新加坡定目剧场（Singapore Repertory Theatre，SRT）的艺术总监，又是2002年新加坡国庆游行的创意总监，甚至还是一位时装设计师。

孙燕姿（Stefanie Sun）

这个身材娇小的女孩却有着响亮的嗓音，是华语流行乐坛销量最好的歌手之一。孙燕姿获得过无数的音乐奖项，她的辉煌成就极大地鼓舞了本地的音乐家。

陶菲克·鲍逖斯塔（Taufik Bautista）

陶菲克在2004年当选为首位新加坡偶像，现在是保健促进局的反对吸烟运动的形象代言人，也是很多新加坡年轻人学习的楷模。

唐四重奏（Tang Quartet）

唐四重奏应该算是新加坡最家喻户晓的古典音乐组合，他们演奏的室内古典音乐在新加坡广受欢迎。该组合的成员都非常年轻，在新加坡有很高的人气。他们的午餐音乐会和国际演出使古典音乐重新焕发出青春。

陈美（Vanessa-Mae）

陈美被认为是新加坡的“尼柯尔·肯尼迪（Nigel Kennedy）”，原来从事古典音乐的演奏，后来在自己的表演中融入了诸多流行元素，并于1994年出版了专辑《小提琴手》（The Violin Player）。她的电子小提琴演奏和活力四射的表演既为她赢得了掌声，也遭到了某些质疑。

杰瑞米·蒙特里欧（Jeremy Monterio）

2002年新加坡文化奖章获得者，一位备受尊敬、爱戴的歌手和爵士钢琴家。他

带着国旗的蝴蝶

曾经与音乐史上很多赫赫有名的人物合作过，例如Quincy Jones、Ernie Watts和Natalie Cole。除此以外，他还在蒙托爵士音乐节（Montreux Jazz Festival）和拉斯维加斯的恺撒宫进行过表演。

朱晖（Choo Hoey）

新加坡交响乐团（Singapore Symphony Orchestra，SSO）的创始人和音乐总监（1979—1996），为交响乐团的发展和演出贡献了毕生的心血。

水蓝（Lan Shui）

接替朱晖（见上文）担任新加坡交响乐团的音乐总监后，水蓝（来自中国大陆）使乐团的演出水准跃上了新的台阶。

时尚名人

阿什利·伊萨姆（Ashley Isham）

1996年伊萨姆移居伦敦，去追求自己热爱的时装设计事业，在其后的四年中，他创立了自己的品牌。意大利的时尚杂志（Vogue、Marie Claire和In Style）都曾对他设计的时装进行过报道。2004年，他正式获邀为英国电影学院奖（BAFTA，British Academy Film Awards）设计女明星晚礼服。2006年，他受邀成为提拉·班克斯（Tyra Banks）主持的美国新秀模特大赛（America’s Next Top Model）的嘉宾。现在伊萨姆在伦敦和巴黎都有自己的时装展室。

鄞昌涛（Andrew Gn）

鄞昌涛曾先后替法国设计师（Emanuel Ungaro和House of Balmain）工作过，后来在巴黎推出了自己的设计品牌并大受好评。他的设计被认为非常精致和奢华。

宋伟杰（Wykidd Song）和安·凯莉（Ann Kelly）

宋伟杰和安·凯莉（出生于威尔士）这对时装界的佳偶于1993年偶然相识并坠入

爱河。他们很快就成立了自己的时装设计室。1999年公司的经营陷入困境（两人的关系也不能幸免），但随着一笔资金的注入，公司起死回生，两人也创立了新的品牌：Song+ Kelly21。

萧建国（Jonathan Seow）

这位设计师多次获奖并于2000年初创立了自己的品牌（Woods & Woods）。三年后，他将自己的设计室移至墨尔本。2005年，萧建国成为参加巴黎明日时尚国际服装流行趋势展（Who' s Next Paris）的五位设计师之一。

艺术名人

陈瑞献（Tan Swie Hian）

一位真正的艺术大师，他的创作领域涉及绘画、雕塑、书法和版画。他还创作过诗歌、散文、评论文章，并翻译过佛教典籍以及写过相关文章。1978年，他被授予法国艺术文学骑士勋章，并在1987年获得新加坡文化奖章。2006年6月，他成为首位获得法国政府的最高荣誉——法国荣誉授勋的新加坡人。

麦纳利修士（Brother Joseph McNally，1923—2002）

这位爱尔兰出生的天主教牧师于1946年来到新加坡并开始作为拉萨尔（LaSalle）的一名神职人员。同时，他还在新加坡教书。他将自己的一生都奉献给了教育和艺术，并创办了拉萨尔—新航艺术学院（LaSalle-SIA College of the Arts），他还是一位著名的青铜、橡木和木材雕塑家。

滨海湾金沙艺术科学博物馆

新加坡国庆游行

黄荣庭（Ng Eng Teng）

一位对本地艺术事业贡献较多的雕塑家和陶艺家，他还通过106工作室计划（Studio 106）大力培养青年雕塑家。

伊斯干达（Iskandar Jalil）

他是一位陶艺大师，每五年举行一次个人陶艺作品展，并多次参加世界其他地方举办的陶艺作品展。2004年，当这位艺术家被告知必须拆掉他使用了43年的砖窑时（因为砖窑的液化气罐被视为火灾隐患），他泪如雨下。幸亏来自埃克森石油公司的工程师们帮他设计了一个新的液化气罐，使他得以继续自己的艺术创作，同时又保证了生命的安全。

舞台名人

王景生（Ong Keng Sen）

剧艺工作坊（Theatre Works）的创办人和艺术总监，他首创了纪实表演（docu-performance）这种表演形式，以此探讨亚洲在21世纪的地位并促进文化交流。

魏铭耀（Glen Goei）

新加坡人首次注意到魏铭耀，是因为1987年他在West End公司出品的电影《蝴蝶君》（M. Butterfly）中赢得一个角色，与安东尼·霍普金斯（Anthony Hopkins）演对手戏。十多年后，也就是1998年，魏铭耀发行了自己的首部电影《狂热迪斯科》（Forever Fever），这部影片后被米拉麦克斯（Miramax）公司购得在海外的发行权。

其他演艺界名人

由于演艺圈的规模并不大，不论是在戏剧、电影或者电视表演中你都能看到很多你似曾相识的名字。这些人大多为演员出身，但是在其他领域如导演等方面也有不俗的成绩。以下是一些你可能会经常见到的在不同领域里都有杰出表现的演艺界名人。

- 许静雯（Koh Chieng Mun）
- 林祺堂（Lim Kay Tong）
- 林继修（Lim Kay Siu）
- 梁瑞玲（Neo Swee Lin）
- 黄淑贞（Pamela Oei）
- 陈琼华（Tan Kheng Hua）
- 谭欣莲（Selina Tan）
- 杨艾玛（Emma Yong）
- 周恩莱（Zhou En-lai）
- 碧翠斯·蔡（Beatrice Chia）（演员/导演）
- 萨曼莎·布拉切尔·泰勒（Samantha Blachhall-Taylor）（导演）
- 哈里斯·沙玛（Haresh Sharma）（剧作家/导演）

王爱仁（Ivan Heng）

Wild Rice剧团的创始人和艺术总监。他是首位毕业于苏格兰皇家音乐戏剧学院（Royal Scottish Academy of Music and Drama）的华人。王爱仁几乎涉足了戏剧的各个方面，从表演、导演、剧本创作到舞台设计。他在三个不同版本的《蝴蝶君》中扮演过宋丽玲（song liling）这个角色，并在《第五元素》（The Fifth Element）中与加里·欧德曼（Gary Oldman）和布鲁斯·威利斯（Bruce Willis）互飙演技。

古玛（Kumar）

新加坡最著名、最受欢迎的反串艺人，经常在乌节路上的金尘俱乐部（Gold Dust Club）进行喜剧表演。古玛在邻国也颇受欢迎，电视上还能经常看到他的搞笑演出。

影视红星

郑惠玉（Zoe Tay）

这个名字在新加坡可谓家喻户晓。郑惠玉是一位长红不衰的华语电视明星。从她赢得新加坡一个新秀大赛开始到怀孕生子，她一直是公众关注的焦点。

西罗索炮台

范文芳（Fann Wong）

新加坡一位电视红星。由模特转行成为演员的范文芳频频在各种杂志封面和电视剧集中出现。她在《皇家威龙》（Shanghai Knights）中与成龙搭档。

潘祖康（Phua Chu Kang）

大嗓门，急性子，一头乱发和标志性的黄色橡胶靴，这就是潘祖康（有时候人们简称他为PCK）。一部长篇电视连续剧中一个虚构的人物，葛米星将他刻画得如此栩栩如生，以致观众们都无法相信这个人在现实生活中竟然是虚构的。这个可爱的小人物是以一个建筑工地上的工头为原型的，电视剧后来被改编成了同名音乐剧。音乐剧的门票创下了新加坡历年来的最高价格。

葛米星（Gurmit Singh）

潘祖康的扮演者，葛米星与PCK已经难分彼此了。这个角色连续三年（1998—2000）为他赢得了亚洲电视颁奖典礼（Asian Television Award）的最佳喜剧男演员（Best Comedy Actor）大奖。除了出演喜剧，葛米星在正剧表演和主持方面也卓有成就，近几年来的国庆表演就一直由他主持。

彭耀顺（Adrian Pang）

他是一位英语和华语观众都很喜爱的男演员，表演和主持过多档英语和华语节目。他一度想在伦敦戏剧界有所发展，但1991年他还是决定举家迁回新加坡。从此以后，他在本地电视屏幕上大放异彩，在戏剧界也颇有名气。

梁智强 （Jack Neo）

原为华语电视喜剧演员和主持人，因为反串扮演了梁婆婆这个角色开始受到关注。从此以后他转战大银幕，绝大部分他主演的影片在东南亚和新加坡都获得了很好的票房。

纳吉·阿里（Najip Ali）

这个天才似乎无所不能：主持（英语和马来语）、唱歌、制片、编舞、导演（戏剧和工作室）、作词，等等；而且他似乎并未满足，还将尝试新的领域。纳吉·阿里在亚洲走红是因为他八年来一直是亚洲最棒的（Asia Bagus）歌唱比赛主持人之一。近年来他的兴趣渐渐转向为马来频道和儿童频道制作电视节目。

杰出摄影师

黄国基（Russel Wong）

曾为许多名人拍摄过照片，例如成龙（Jackie Chan）、杨紫琼（Michelle Yeoh）、纳奥米·坎贝尔（Naomi Campbell）、克劳迪娅·希弗（Claudia Schiffer）、理查·基尔（Richard Gere）和章子怡。黄国基还为《时代周刊》（Time）拍摄过封面照片。2005年，为纪念他从业25周年，新加坡艺术博物馆举行了一场专题展览，其中就有他为电影《卧虎藏龙》《十面埋伏》和《英雄》拍摄的宣传照。

刘伟钦（Wee Khim）

新加坡明星们（绝大部分巨星包括郑惠玉和范文芳）的御用摄影师，也是世界顶级公司（耐克、诺基亚、索尼等）产品广告专用摄影师。

商界名流

王本生（Ong Beng Seng）和克里斯蒂娜·王（Christina Ong）

这对夫妇搭档成功地经营了上市的旅店置业有限公司（Hotel Properties Ltd，HPL），旗下产业包括新加坡希尔

东盟服饰

顿酒店（Hilton）和四季酒店（Four Season），遍布亚洲的硬石连锁餐厅（Hard Rock Cafe），以及特许时装品牌DKNY、卡尔文克·莱恩（Calvin Klein）和Guess。

蔡琼莹（Jennie Chua）

莱佛士控股有限公司的总裁兼首席执行官，这家控股公司管理着世界著名的莱佛士酒店。蔡琼莹不仅担任了莱佛士控股公司旗下多家公司的董事长，还是十多家政府和国际国内的社会服务机构、委员会的董事。她在许多领域都堪称先锋，尤其为那些在商场纵横的女性树立了一个优秀的典范。1999年她被《女性世界》（Her World）杂志提名为年度精英女性。这个荣誉是为了表彰那些为社会做出过重要贡献、足以成为女性楷模的成功女性。

曾秀丽（Dr Jannie Tay）

曾秀丽一手将时计钟表（The Hour Glass）从一个小商店打造成国际领先的高档钟表店、书写用具店。同时，她还是珠宝经销商，也是多家社会团体和慈善机构的董事。

沙伯纳姆-雷斯（Shabnam Melwani-Reis）

Jaygee是企业（时装品牌Levi's、Liz Claiborne和Osh Gosh B'Gosh的分销商）的董事长，也是数码音乐港Soundbuzz的创办人之一。这种数码音乐港允许用户合法地从网上下载音乐和影片。

林爱莲（Olivia Lum）

她亲手构筑了凯发有限公司（Hyflux）。这是一家水处理公司，负责新加坡的新生水工程（NEWater Project，即利用可循环的废水来生产饮用水），使新加坡的供水能实现自给自足，减少对外国水资源的依赖。

何光平（Ho Kwon Ping）和张齐娥（Clarie Chiang）

这对夫妇同为菩提树集团（Banyan Tree Group）总裁，这个集团在东南亚拥有多个连锁豪华酒店和度假村。

沈望傅（Sim Wong Hoo）

创新科技（Creative Techonology）的创办人。当他首次提出外置声卡（Soundblaster）这个主意时，没有人把它当作一回事，新加坡股票交易所也拒绝为他的公司提供一席之地。沈望傅决定让公司到纽约股票交易所上市，从此以后，创新科技不仅在业界，也在世界各地掀起一股狂潮。创新科技的上市价达到了每股25美元。这家公司现在已经能够与苹果电脑公司（Apple computers）分庭抗礼，共同争夺市场上的mp3用户。

滨海湾金沙旁的泳池

新加坡建屋发展局

重要人士

吴志良医生（Dr Woffles Wu）

在新加坡和亚洲都德高望重的整形医生。

蔡杨素梅（Elizabeth Choy）

“二战”女英雄，1946年获得大英帝国勋章（Order of the British Empire）。

帕迪·周（Paddy Chew 1960—1999）

新加坡首位于1998年公开承认感染了艾滋病的患者。

明义法师（Reverend Shi Ming Yi）

新加坡佛教总会秘书长，福海禅寺（Foo Hai Ch'an Monastery）的现任方丈。明义法师创办了仁慈医院，以帮助所有看不起病的穷人和受到慢性病困扰的病人。

约翰·周（John Chew）大主教

东南亚圣公会第三任大主教。

尼古拉斯·谢（Nicholas Chia）大主教

新加坡天主教的领袖。

名称缩写

新加坡人酷爱将一切文字缩写简化，因此有些缩写连当地人也摸不着头脑，以下是一些最常用的缩写，但这里绝不可能囊括全部，因为不断有新的缩写冒出来！

政府部门

ENV　　环境部（Ministry of the Environment）

MCYS	社会发展、青年与体育部（Ministry of Community Development，Youth and Sports）
MCIT	通信与资讯科技部（Ministry of Communications and Information Technology）
MFA	外交部（Ministry of Foreign Affairs）
MHA	内政部（Ministry of Home Affairs）
MICA	新闻通讯及艺术部（Ministry of Information，Communications and the Arts）
MINDEF	国防部（Ministry of Defence）
MND	国家发展部（Ministry of National Development）
MOE	教育部（Ministry of Education）
MOF	财政部（Ministry of Finance）
MOH	卫生部（Ministry of Health）
MOM	人力部（Ministry of Manpower）
MTI	贸易及工业部（Ministry of Trade and Industry）

法定及政府机构

A*STAR	科技研究局（Agency for Science，Technology and Research）
ACRA	会计与企业管制局（Accounting and Corporate Regulatory Authority）
AVA	农产与动物管理局（Agri-food and Veterinary Authority）
BCA	建设局（Building and Construction Authority）

新加坡国会大厦

BCCS	货币发行局（Board of Commissioners of Currency）
BFC	电影检查局（Board of Film Censors）
CAAS	新加坡民航局（Civil Aviation Authority of Singapore）
CMC	社区调解中心（Community Mediation Centre）
CNB	中央肃毒局（Central Narcotic Bureau）
CPF	中央公积金局（Central Provident Fund）
CRP	产业统制官（Controller of Residential Property）
DSTA	国防科技局（Defence，Science and Technology Agency）
EDB	经济发展局（Economic Development Board）
HDB	建屋发展局（Housing and Development Board）
HEB	兴都基金管理局（Hindu Endowments Board）
HPB	保健促进局（Health Promotion Board）
HSA	卫生科学局（Hearth Sciences Authority）
ICA	移民与关卡局（Immigration and Checkpoints Authority）
IDA	资讯通信发展管理局（Infocomm Development Authority）
IRAS	新加坡国内税务局（Inland Revenue Authority of Singapore）
JTC	裕廊镇管理局（Jurong Town Council）
LTA	陆路交通管理局（Land Transport Authority）
MAS	新加坡金融管理局（Monetary Authority of Singapore）
MPA	新加坡海事及港务管理局（Maritime and Port Authority of Singapore）
MRTC	地铁管理局（Mass Rapid Transit Corporation）
MSS	新加坡气象局（Meteorological Service Singapore）
NAC	国家艺术理事会（National Arts Council）
NBDCS	新加坡国家书籍发展理事会（National Book Development Council of Singapore）
NCSS	国家福利理事会（National Council of Social Service）
NHB	国家文物局（National Heritage Board）
NLB	国家图书馆管理局（National Library Board）
NPB	国家公园管理局（National Parks Board）
NSTB	国家科技局（National Science and Technology Board）
OA	产业处理局（Official Assignee）

OCS	见习军官学校（Officer Cadet School）
PA	人民协会（People’s Association）
PAB	公共会计师局（Public Accounts Board）
PMO	总理公署（Prime Ministers Office）
PSA	新加坡港务局（Port of Singapore Authority）
PSC	公共服务委员会（Public Service Commission）
PSD	公共服务处（Public Service Division）
PTC	公共交通理事会（Public Transport Council）
PUB	公用事业局（Public Utilities Board）
PWB	公共工程局（Public Works Department）
RADAC	翻修及装饰咨询中心（Renovation and Decoration Advisory Centre）
SAF	新加坡装甲部队（Singapore Armed Forces）
SBA	新加坡广播管理局（Singapore Broadcasting Authority）
SBS	新加坡巴士服务公司（Singapore Bus Service）
SCDF	新加坡民防部队（Singapore Civil Defence Force）
SDU	社交发展署（Social Development Unit）
SEMAC	新加坡废物处理公司（Singapore Waste Management Company）
SES	新加坡股票交易所（Stock Exchange of Singapore）
SIMEX	新加坡国际金融交易所（Singapore International Monetary Exchange）
SLR	新加坡土地注册局（Singapore Land Registry）
SP	新加坡电力公司（Singapore Power）
SSC	新加坡体育理事会（Singapore Sports Council）

滨海湾金沙酒店购物中心溜冰场

STB	新加坡旅游局（Singapore Tourism Board）
TAS	新加坡电信管理局（Telecommunication Authority of Singapore）
TDB	新加坡贸易发展局（Singapore Trade Development Board）
URA	市区重建局（Urban Redevelopment Authority）
WDA	人力发展局（Workforce Development Agency）

组织及其他机构

ACM	亚洲文明博物馆（Asian Civilisations Museum）
AMP	伊斯兰教专业人士协会（Association for Muslim Professionals）
CDAC	华社自助理事会（Chinese Development Assistance Council）
CDC	社会发展理事会（Community Development Council）
FAS	新加坡足球协会（Football Association of Singapore）
MENDAKI	新加坡伊斯兰教社群发展理事基金（Yayasan MENDAKI，Council for the Development of Singapore Muslim Community）
MUIS	新加坡伊斯兰教理事会（Majlis Ugama Islam Singapura，Islamic Religious Council of Singapore）
NTUC	全国职工总会（National Trades Union Congress）
SAM	新加坡艺术博物馆（Singapore Art Museum）
SDF	技能发展基金（Skills Development Fund）
SHM	新加坡历史博物馆（Singapore History Museum）

新加坡风光

SINDA 新加坡印度人发展协会（Singapore Indian Development Association）
SLF 新加坡劳工基金（Singapore Labour Foundation）
VWO 民间福利组织（Voluntary Welfare Organisation）

政治团体

PAP 人民行动党（People’s Action Party）
SDA 新加坡民主联盟（Singapore Democratic Alliance）
SDP 新加坡民主党（Singapore Democratic Party）
SPP 新加坡人民党（Singapore People’s Party）
WP 工人党（Worker’s Party）

教育机构

CJC 公教初级学院（Catholic Junior College）
HJC 华中初级学院（Hwa Chong Junior College）
IPS 政策研究院（Institute of Policies Studies）
INSEAD 欧洲工商管理学院（Institute Européen d’Administration des Affaires，European Institute for Business Administration，现在它的缩写更为有名）
ISEAS 东南亚研究所（Institute of Southeast Asian Studies）
ITE 工艺教育学院（Institute of Technical Education）
NAP 义安理工学院（Ngee Ann Polytechnic）
NJC 国家初级学院（National Junior College）

NTU	南洋理工大学（Nanyang Technological University）
NUS	新加坡国立大学（National University of Singapore）
NUSS	新加坡国立大学学生会（NUS Student’s Union）
NYP	南洋理工学院（Nanyang Polytechnic）
SILS	新加坡劳工研究学院（Singapore Institute of Labour Studies）
SIM	新加坡管理学院（Singapore Institute of Management）
SMU	新加坡管理大学（Singapore Management University）
SP	新加坡理工学院（Singapore Polytechnic）
TJC	淡马锡初级学院（Temasek Junior College）
TP	淡马锡理工学院（Temasek Polytechnic）
UniSIM	新跃大学（University of SIM）
VJC	维多利亚初级学院（Victoria Junior College）

中国银行新加坡分行

银行

DBS	新加坡发展银行（Development Bank of Singapore）
OCBC	新加坡华侨银行（Overseas Chinese Banking Corporation）
OUB	海外联行银行（Overseas Union Bank）
POSB	邮政储蓄银行（Post Office Savings Bank）
UOB	大华银行（United Overseas Bank）

医院

AH	新加坡亚历山大医院（Alexandra Hospital）
KK	竹脚妇幼医院（Kandang Kerbau Women’s and Children’s Hospital）

NUH	国立大学医院（National University Hospital）
SGH	新加坡中央医院（Singapore General Hospital）
TTSH	陈笃生医院（Tan Tock Seng Hospital）

高速公路

AYE	亚逸拉惹高速公路（Ayer Rajah Expressway）
BKE	武吉知马高速公路（Bukit Timah Expressway）
CTE	中央高速公路（Central Expressway）
ECP	东海岸高速公路（East Coast Parkway）
KJE	克兰芝高速公路（Kranji Expressway）
PIE	泛岛高速公路（Pan Island Expressway）
SLE	实里达高速公路（Seletar Expressway）
TPE	淡滨尼高速公路（Tampines Expressway）

其他机构

CBD	中央商业区（Central Business District）
COE	拥车证（Certificate of Entitlement）
ERP	公路电子收费（Electronic Road Pricing）
GST	商品及服务税（又名消费税，Goods and Services Tax）
IU	车内装置（In-Vehicle Unit）
LRT	轻轨交通（Light Rail Transit）
MRT	地铁（Mass Rapid Transit）
NDP	国庆节游行（National Day Parade）
PR	永久居民（Permanent Resident）
PSI	污染安全指数（Pollution Safety Index）
PVP	专业人士访问准证（Professional Visit Pass）
SAM	自动售票机（Self-Service Automated Machine）
SIA	新加坡国际航空公司（Singapore International Airlines）
WITS	质量改善小组（Work Improvement Team）

附录 FULU

文化知识小测试

情景一

小猪玩具

同事邀请你到他家参加圣诞家庭晚会。你穿上了光鲜亮丽的节日礼服，带上一份小礼物来到他家。让你意外的是，每个客人都光脚站在院子外的草坪上，看起来很随便。你的反应是：

A. 找个借口以最快的速度离开，因为穿着这身衣服你在外面肯定会热得够呛。

B. 问问女主人能有什么衣服借你换一下，这样你就可以很自在地享受这个夜晚了。

C. 拿自己的窘境开个玩笑，并尽量待在屋子里，因为屋里有空调。

评论

C是最好的答案，因为它表现出你既能轻松地自嘲又不会让女主人觉得太尴尬。因为天气太炎热，所以新加坡人的生活还是很轻松随意的。如果主人家里有一个不错的花园，他们肯定会在花园里招待客人，所以你最好事先确认一下晚会是否会在室外举行或者就穿着轻便的纯棉服装（对男士来说，一件夹克衫是永远也派不上用场的）。除此以外，进屋之前脱鞋也表示你可以不用太拘谨。到别人家里做客携带一件小礼物是人之常情，你甚至还可以给主人家的孩子带点什么(巧克力或小玩具是聪明的选择)。在新加坡甚至整个亚洲，主人都不会当场打开客人送的礼物（他们认为当场打开人家送的礼物显得很贪婪）。如果是假日或特殊的节日，例如春节、马来新年和屠妖节，你兴许还能收到女主人送给你或者你的孩子的小礼物。

情景二

现在是开斋节或穆斯林斋月的月末，朋友邀请你到他家参加庆祝活动。你刚吃过午饭，心想就到那里待几分钟，跟每个人都打个招呼，跟他们说声“新年快乐（Selamat Hari Raya）”就走。朋友家里挤满了亲朋好友，他们马上把你带到一桌看起来既丰

新加坡面条

烧腊店

盛又美味的食物前，但是你再也吃不下什么东西了。你该怎么办？

A. 告诉他们这些食物看起来非常美味，谢谢他们，但你刚吃过午饭，什么也吃不下了。然后拿一杯水坐下来和朋友聊天。

B. 拿个盘子装一点点你喜欢吃的椰浆牛肉咖喱和木菠萝咖喱。

C. 尽管一开始你试图拒绝，最后在女主人一次次劝说下不得不接过她为你盛的一小盘食物。吃完之后你只能悄悄地强忍胃痛。

评论

B是最好的选择。在这种场合下如果你完全拒绝，一点东西都不吃会引起主人的不快。在不影响身体的情况下尽量再吃一点点，毕竟你不是每天都有机会吃到这么多美味的大餐。在新加坡食物关乎面子。你越早了解它在新加坡人心目中的位置和重要性，就能越快地适应这里的生活。像马来新年、春节和屠妖节这样的节日就是展示一个家庭烹饪绝技的最佳场合。如果可能的话，一旦你预料到了要接受邀请赴宴，先做好准备，稍微饿着点肚子。当然也不要狼吞虎咽，吃下满满一堆！一般的习惯是每道菜都尝一点，因为马来人一天会到好几个人家里做客，这样一天下来肚子也已经很饱了。你越是对吃到的东西赞不绝口，津津乐道，就越会给女主人留下一个好印象。尽量表现得大方而真诚。断然拒绝别人准备好的食物很不礼貌。不管是什么菜都要尝一点，而且记住，下次先赴约，再吃午饭！

情景三

你在一家大商场里购物，想要请营业员帮你找一样东西。你碰到的第一位售货小姐对你说“请稍等”并示意你坐下。几分钟后她走过来领你来到另一件商品的货架旁，而这并非你想要找的商品。你：

A. 说“我不介意，谢谢你”，然后四处浏览直到在另一个区域碰到你要找的东西。

B. 说“谢谢你”，然后冲出去，心想简直是浪费了自己的时间。

C. 说“谢谢你”，不停地解释你想找的是什么，最后只好把经理叫来帮忙。

评论

多年来的经验告诉我，A是最佳选择。当然

山竹

语言障碍可能是一方面的原因，但是顾客至上的原则并非每个营业员都一定能够遵守。别太把他们经常说的“请稍等”（有时候就是简单的“哎，等会儿”）当真。对西方人来说，这个词就意味着要等上很长一段时间，你完全可以坐下来休息好一会儿。而在新加坡你只需要等一两分钟。而且在这里用“我不介意”来回答完全是新加坡式英语；这句话并没有冒犯的意思，就相当于“没关系”。即使他们帮你找到了你想要的东西，也不会期待你会多么感激他。学会享受自己走来走去寻找想要的东西的乐趣，如果有必要，也尽可以询问售货员。你很有可能在几乎绝望的情况下突然找到了自己想找的东西。

情景四

今天是你的孩子的生日，你在公寓楼里举办了一个烧烤和泳池派对。如果孩子们能在草坪上装一个洒水器不是可以继续玩下去了吗？你到公寓管理处想征求他们的同意，遭到拒绝。即使你找到他们的领导，可还是没能获得同意。

海鲜

A. 这不是你第一次和公寓管理处起冲突了，你决定搬出去。

B. 你还是一意孤行，最后保安到派对上找到你让你把洒水器搬走。你屈服了。

C. 不管怎样，你至少试过了！规定就是规定，不能违反。况且这些规定是为了维护住户的利益，尽管对有些规定你并不以为然。

评论

这个例子里的工作人员似乎有些傻，但是它很好地凸显了新加坡的特点，那就是新加坡有很多规章制度，而且绝大多数新加坡人对这些规定毫不质疑。如果你来自一个更鼓励创造性思维的国家，这种情况有时候会让你觉得很恼火，但还是遵守规定为妙。这里最佳的选择是C。你对他们做事的方式颇有看法，至少你尝试了让他们换一种方式思考！不要放弃这种尝试，因为有时候结果会出乎你的意料，也许你会获得成功。但是故意违反规定只会给你带来更多的麻烦，所以你最好还是入乡随俗，尊重权力机关和他们所作的规定。

情景五

你和家人一起到食品店买东西。排队交钱时，一位老太太微笑着和你的孩子打招呼并和他聊天。她说一口本地话，偶尔夹杂着几句英语。随后她又从包里拿出两颗糖递给你的孩子。你会：

A. 说“不，谢谢您。我不让孩子们吃糖”，并且怎么也不肯拿她的糖果。

B. 让孩子们回答“阿姨，谢谢您”，并允许他们享受这小小的美味。

C. 说“谢谢您，他们会在午饭后吃您给的糖果”，然后将糖果放进你的包。

评论

此时最好的选择是B。因为你欣然接受了这位老人的好意。如果你拒不接受糖果，当地人会认为你看不起他们，因为这只是他们的一点好意。在新加坡，孩子们总是备受珍爱——他们所到之处，总有服务生逗弄他们或者售货员陪他们玩耍，并且请他们吃糖果。他们不仅喜欢逗本地的孩子玩，对外国小孩更是如此！你要做好心理准备，他们会对你的孩子作各种评价，问各种问题，以各种方式观察你的孩子；他们有时候说的话非常直接，甚至显得有些粗鲁。不过不要生气，他们这样做完全是出于好意和好奇。

情景六

一位本地朋友邀请你去一家中国海鲜餐馆吃饭。你们点了炸虎虾和新加坡人都爱吃的辣螃蟹。虎虾的头和壳都很完好，螃蟹则被切成了好几块，但蟹钳完整无缺。服务生还给你们每人拿来一碗米饭，一个小碟子、勺和筷子，虽然你还不太会用筷子。你的朋友将虎虾、蟹钳和其他菜堆在你的碟子上催促你赶紧吃，他还建议你将辣螃蟹的辣汁浇在米饭上尝尝。你该怎么办？

新加坡咖喱面

A. 尽量用筷子夹碟子上的饭和菜。然而你谢绝了吃虾和螃蟹，因为你还不会用筷子对付它们。

B. 另外要一个盘子和一套刀叉，将米饭转移到盘子上。你将一点辣汁浇在米饭上，然后用手指拿起虾和螃蟹来吃。

C. 你笨拙地用手来对付虾和螃蟹，然后用手指抓起米饭和菜，因为这样最方便。

评论

虽然在中餐馆吃饭没有太多的讲究，有几件事你还是得记牢。你的朋友会很喜欢看你努力学习用筷子，所以如果你将筷子放在一旁并且拒绝吃虾、螃蟹这些最好吃的菜，他们会不太高兴。对虾（特别是虎虾）和螃蟹一般是菜单上最贵的几道菜，因此无论如何你都得尝尝。在海鲜餐馆如果你点了有壳的食物，就完全可以用手拿来吃，不用担心把手弄脏。你也许会发现其他桌上的食客也是十指并用，吃得正开心。如果你确实不喜欢吃虾头，那就把头掰下来，放在一边好了。而且你也不用啃虾壳，尽管有时候你的朋友会开玩笑请你尝一尝，但是我得说，虾经过油炸后味道确实鲜美。如果吃不着蟹钳里的肉，你可以请人帮忙。餐馆通常会为食客准备一把胡桃夹或小锤子将蟹壳夹碎，这样你就能把蟹肉弄出来了。

此时，你完全可以心安理得地用手指吃东西。虽然什么都用手拿着吃不算太失礼，但是也许会有人看不惯，特别是你用手指抓米饭吃的时候。如果你担心用手吃东西后会把筷子和勺弄脏，那么这种担心纯属多余。在海鲜餐馆吃饭时用手指拿取食物是很平常的事，你会发现你的朋友也是一会儿用手一会儿又用筷子。此外，你还不太会用筷子又不想让自己觉得难堪的时候，尽可以让服务生给你拿一套西式餐具，如今这样做不会引起任何反感。当你知道其实很多新加坡年轻人在餐馆里也会使用西式餐具，因为他们在家都不用筷子时，你就

佛牙寺一角

烧烤

会释然了。所以，B当然是最佳选项。

情景七

离中秋节只有一周的时间了，你的一位供货商拿来三盒月饼送给你的员工，这对他们来说是一种惯例。月饼是通过一位常与他打交道的员工拿来的，这个员工将月饼放在了员工休息室让大家随便吃。等你发现的时候，员工已经吃完一盒月饼了。

A. 就把月饼留在那里，因为你知道那位供货商送月饼完全是出于好意，你也和员工一起分享了那些月饼。下次碰到那位供货商公司的一位代表，你还向他表示感谢。

B. 对此事大惊小怪，因为那些月饼本是送给你的。再说了，谁知道这是不是在贿赂你呢？

C. 询问将月饼拿来的那个员工这是怎么一回事，需要回送什么礼品吗，以及送月饼的供货商想要达到什么目的。

评论

这种事情很容易被小题大做。最好的反应是A，因为在新加坡馈赠这种礼物是非常普遍的事情，那位送月饼的供货商可能和你们公司做过很多年生意了。除非你有充分的理由怀疑对方的用意，否则就把它当作是一种善意的馈赠。如果你问太多问题（C），收月饼的员工会觉得是不是自己做错了什么。当着你的面他（她）也许不会说什么，但之后他（她）会和别的员工讨论这事。他（她）也许会怀疑自己是不是不应该收这份礼物或者他（她）会受到怎么样的惩罚。他（她）也许还会将这件事透露给那位送月饼的供货商并引起不必要的麻烦。如果选B就太夸张了。因为有很多证据表明月饼并不是送给你一个人的。例如这份礼物本来是让与那位供货商合作的整个工作团队分享的，这是一家公司赠送给另一家公司的礼物，而不是一位主管送给另一位主管的。另一个理由则是送来月饼的那个人也许觉得不太好意思当面将礼物交给你，因为你的职位比他（她）高。你可以完全放心，如果这份礼物很重要，那绝对是由一位身份地位与你相当的主管亲自交给你。如果真是那样的话，而且礼物又送得很突然，那你倒真要想想对方有什么企图了。

新加坡女子

情景八

你和家人决定到你家附近的煮炒屋去吃饭。这是你第一次去这家煮炒屋，尽管你以前在别的煮炒屋吃过东

茶点

西也知道应该点些什么。在等服务员将食物端上来的时候，你最年幼的孩子突然想要到隔壁的印度穆斯林自助餐馆买几个印度抛饼，因此你到隔壁买了两个。你在煮炒屋点的东西终于端上来了，结果你很沮丧地发现他们不提供公用餐具。你该怎么办？

A. 让煮炒屋的服务员赶紧给你拿勺子来，即使他们会不耐烦。

B. 走到那家印度穆斯林餐厅去拿几把勺子过来。

C. 暗想既然当地人一直都没有用公用餐具的习惯，应该没什么问题。你咬紧牙关，抑制住不舒服的感觉，用自己的餐具取盘子里的菜吃。

评论

C这个选项其实不会造成什么问题，因为新加坡华人很少使用公用筷。这种习惯慢慢也在改变，但是速度很慢。大部分煮炒屋都提供公用餐具，但是也有少数摊档要么忘了，要么懒得去做。你尽可以向他们要公用餐具，不用怕麻烦。只要脸皮厚一点，不去在意他们不耐烦的神情就好了。绝对不要选B。即使是吃抛饼的时候，你也最好用手（这并不触犯什么禁忌）或者印度餐馆自己的餐具。绝大部分的煮炒屋都供应猪肉，所以不要让煮炒屋的食物接触清真餐馆的餐具。即使印度餐馆的老板对此并不会太计较，但也许旁边会有其他的穆斯林人，他们看到这种情况会感到很不高兴。如果你觉得不停地换餐具太麻烦或者想将抛饼和煮炒屋的饭菜一块吃，最好将抛饼放在煮炒屋的盘子上，然后立即把穆斯林餐馆的盘子送回去。这样的话就不会将两种食物混在一起了。

行为准则

谨记之事

- 记住集体、和谐和互不干扰比个人更重要。
- 尊敬老人，对老人有礼貌。
- 毫不吝惜对孩子和家庭观念的赞美：新加坡人最重视家庭和孩子。
- 和朋友一起吃饭是非常普遍的社交方式，如果想要多交朋友，就不要拒绝和别人一起喝咖啡或吃午饭。
- 说话要谨慎、客气。例如，绝不要当着别人的面批评一个人，因为太直接的批评会让一个人觉得“丢面子”，这对他们来说是最大的侮辱。

- 在绝大多数场合中做好排队的准备，特别是在饮食中心或者出租车站前。如果你插队或根本就不排队，周围的人会很愤怒。
- 称呼年纪较大的妇女为“阿姨”，年纪较大的男士为“叔叔”。这是一种比较随意地称呼中年或者年纪更大一点的人的方式，小孩子们也这样称呼成年人。
- 注意不同民族的饮食习惯和风俗。如果邀请不同民族的朋友到家里或在外面吃饭，选择的食物种类要够多，这样就不会得罪任何人。蔬菜和鱼是最合适的选择。
- 进别人家前要脱鞋，进寺庙和清真寺时更应该如此。
- 尽可能地和当地人一样用手或筷子吃东西。
- 账单外加收 10% 的服务费是惯例；如果服务很出色，你还可以静静地在桌子上留下几美元作为小费。

不宜之事

- 不要太相信表面上说的话。注意观察表情和动作传递的信息（语气、眼神接触、沉默、体态，用咯咯傻笑来掩饰紧张等）。
- 问候比较传统的马来或者印度妇女时不要主动与对方握手。看看对方是否先将手伸出来，或者简单的一个微笑、点头或者说声“你好”（salaam，对马来人要低头）就可以了。
- 社交场合中呈送礼物时不要用左手。绝不要用左手将食物送进口中。即使华人对此没有什么禁忌，但是在亚洲要牢记只用右手吃东西。
- 不要期望别人收到你的礼物后会立即打开。这里的习惯做法是将礼物放在一边，在私下里再打开。

大排档

- 不要用脚对着别人。脚被认为是不洁净的。坐的时候决不要将鞋底对着别人。
- 不要用指尖对着别人。学着用你的指关节或者将手掌朝上、握紧大拇指。
- 不要触碰大人或小孩的头，因为人们认为头是非常神圣的。
- 交谈时不要靠对方太近。不同的文化和性别对空间距离有不同的要求。一般相隔一臂之远比较合适。
- 避免谈论宗教或政治。不要批评政府或指责别的种族或宗教信仰。
- 不要在公开场合反驳、纠正或者反对一位长者或你的上级。否则，你不仅会失去他们对你的尊重，也会让任何在场的人瞧不起。即使你是一家新加坡公司的老板，也不要这样做。
- 使用公用餐具时，不要让它碰到你盘子上的任何东西。
- 不要用清真餐馆的餐具接触任何非清真食品。
- 不要将筷子直直地插在米饭里，因为这是华人葬礼上的仪式。用一双筷子去夹另一双筷子上的食物也是不礼貌的做法。
- 在不了解一个人的饮食习惯和禁忌时不要请他吃东西。
- 不要按照你以为的方式称呼别人。在此之前先问问对方希望你怎么称呼他或者咨询一下你的同事。
- 不要流露出生气或者其他的情绪或是提高嗓门。尽量控制自己的情绪。
- 不要在公开场合中过于表露自己的感情。

鱼尾狮

词汇表

尽管不用学习当地任何一种语言或者方言，在新加坡你也能生活得很好，如果能知道一些常用词汇还是很有帮助的。以下所列并不能包括所有日常生活中必须使用的词汇，但都是最常用的词汇和短语。这里的马来语和泰米尔语均以英语音标标注。开始学习时你可以请一位当地的朋友告诉你这些词汇的发音。

常用词汇和短语

以“6”开头的电话号码都是固定电话号码，而以“8”或“9”开头的则是移动电话号码。1~800 开头的号码为免费电话号码。如果在新加坡国内打电话，不用加国家代码“65”。

英语	马来语	普通话	泰米尔语
Hello	Hello	~	Vanakkam
How are you?	Apa khabar?	你好吗?	Nalamaa? Eppadi irukkireenga?
Fine, thanks	Baik terima kasih	好，谢谢	Nalam, nalla irukkiren
OK	OK	好	Parava illai
Good morning	Selamat pagi	早，你好	Vanakkam
Good afternoon	Selamat petang	华人不会这么说，他们一般说，“你好”	Vanakkam
Good night	Selamat Malam	晚安	Vanakkam
Good bye	Selamat tinggal	再见	Piragu paarppom 或 Piragu ungalai Paarkkiren ①
See you Later/again	Jumpa lagi	待会儿见	Piragu paarppom 或 Piragu ungalai Paakkiren ①
Take	~	保重	Kavanama 或 paarthuk-Kollunga ①
Yes	Ya	是	Aama
No	Tidea	不是	Illai
Maybe	Mungkin	可能	Irukkalaam
Please	Tolong	请	Thayavu seithu 或 Koornthu
Thank you	Terima kasih	谢谢	Nandri
Thank you very much	Teri ma kashih banyak banyak	多谢	romba nandri 或 mikka nadri
Sorry	Maaf	对不起	Varunthugiren
How much is that?	Berapa harganya?	多少钱?	Ithu

英语	马来语	普通话	泰米尔语
I	Aku	我	Naan
Me	Saya	我	Ennai,enakku
My	Saya	我的	Ennudaia
You	Engkau（正式）/ Awak（非正式）	你 / 您（尊称，通常用来称呼年长者）	Nee/neengal（主语）；unnai/ungalai（宾语）
Your	Engkau（正式）/ awak（非正式）	你的 / 您的	Unnudaia 或 ungaludaia①
Yours	Engkau（正式）/ awak（非正式）	你的 / 您的	Unnudaiathu 或 ungaludaiathu①
He	Dia	他②	Avan 或 avar①
Him	Dia	他	Avanai / avar 或 avanukku / Avarukku①
His	Diapunya	他的	Avanudaia 或 Avarudaia①
She	Dia	她②	Aval 或 avar①
Her	Dia	她	Avaludaia / avalukku / avalai①
Hers	Diapunya	她的	Avaludaiathu / avarudaiatau①
It	~	它②	Athu
Its	~	它的	Athanudai
Them	Mereka	他们	Avargalukku / avargalai（人类）；avaigalukku / avaigalai（非人类）
Theirs	Mereka punya	他们的	Avargaludaiathu（vai）（人类）；avaigaludaiathu（vai）（非人类）
Man	Lelaki	男	Manithar 或 manithar③ Aan（男性）

①如果有多种说法，那么使用哪种说法取决于两个人之间的关系。

②尽管这三个词在普通话中发音相同，但是写法不一样。

③如果有多种说法，那么使用哪种说法取决于两个人的关系。

英语	马来语	普通话	泰米尔语
Woman	Wanita	女	Maathu / pen
Boy	Lekiki	男孩	Paiyan，Siruvan
Girl	Perempuan	女孩	Pen / sirumi
Husband	Suami	丈夫 / 老公	Kanavar
Wife	Isteri	老婆	Manaivi
Delicious	Sedap	好吃	Nallasuvai
Good	Bagus	好	Nalla
Bad	Tidakbagus	不好 / 坏	Ketta
Beautiful	Cantik	美	Azhagaana
Interesting	Menarik	有趣	Inimaiana，suvaiyaana（用来指艺术、舞蹈、食物）
Strange	Ganjil / aneh	奇怪	Puthia，pazhakkap — Padaatha
Big	Besar	大	Periya
Small	Kecil	小	Siriya
How much？	Berapaharga？	多少?	Evvalavu？
Cheap	Murah	便宜	Malivu
Expensive	Mahal	贵	Vilaiuyarntha
Early	Awai	早	Seekkiram
Late	Lambat	迟	Thaamatham
Fast	Laju	快	Vegam
Slow	Perlahan	慢	Medhuva
Very	Sangat	很	Migavum（口语中也可是romba）
Where is...？	Mana...？	在哪里?	Enge？
Left	Kiri	左	Idathu
Right	Kanan	右	Valathu

英语	马来语	普通话	泰米尔语
Notfar（fromhere）	Tidakjauh	不远	Romba thooramillai
Postoffice	Pejabatpos	邮政局	Anjalnilayam
Policepost / station	Balaipolis	警察局	Kaaval nilayam
Firestation	Balaibomba	火车站	Theeanaippu nilayam
MRTstation	StesenMRT	地铁站	MRTnilayam
Bus	Bas	巴士	Bus 或 perunthu
Taxi	Teksi	的士	Taxi 或 vaadagaikaar
Shop	Kedai	店	Kadai
Bakery / cakery	Kedairoti / kedaikek	糕饼店	Roti thayarikumidam
Wetmarket	Pasarbasah	巴刹	Santhai
Supermarket	Pasaraya	超级市场	Perangaadi 或 Supermarket
Bookshop	Kedaibuku	书店	Puthagakkadai
Library	Perpustakaan	图书馆	Noolnilayam
Bank	Bank	银行	Vangi
Doctor	Doktor	医生	Maruthuvar 或 Doctor
Clinic	Klinik	诊所	Clinic
Pharmacy	Kedaiubat	药房	Marunthagam 或 marunthukadai
Toilet	Tandas	厕所	Kazhivarai 或 toilet
Help（紧急情况）	Pertolongan cemas	救命	Udhavi
Help（求助）	Tolong / bantu	帮忙	Udhavi
Can you speak English？	Awakboleh berbahasa Inggeris？	你会讲英语吗?	Ungalukkuaangilam pesatheriyuma？
Nochilli	Tidakmanu chilli	不要辣椒	Uraippu vendaam
I’m Vegetarian	~	我是吃素的或我是素食者	Naansaivam

数字

英语	马来语	普通话	泰米尔语
One	Satu	一	Ondru
Two	Dua	二	Irandu
Three	Tiga	三	Moondru
Four	Empat	四	Naanku
Five	Lima	五	Ainthu
Six	Enam	六	Aaru
Seven	Tujuh	七	Ezhu
Eight	Lapan	八	Ettu
Nine	Sembilan	九	Onpathu
Ten	Sepuloh	十	Pathu
Eleven	Sebelas	十一	Pathinondru
Twelve	Duabelas	十二	Pannirandu
Thirteen	Tigabelas	十三	Pathinmoondru
Fourteen	Empatbelas	十四	Pathinaanku
Fifteen	Limasbelas	十五	Pathinainthu
Sixteen	Enambelas	十六	Pathinaaru
Seventeen	Tujuhbelas	十七	Pathinezhu
Eighteen	Lapanbelas	十八	Pathinettu
Nineteen	Sembilanbelas	十九	Pathonpathu
Twenty	Duapuloh	二十	Irupathu
Thirty	Tigapuloh	三十	Muppaathu
Forty	Empatpuloh	四十	Naarpathu
Fifty	Limapuloh	五十	Aimbathu
Sixty	Enampuloh	六十	Arupathu
Seventy	Tujuhpuloh	七十	Ezhupathu

英语	马来语	普通话	泰米尔语
Eighty	Lapanpuloh	八十	Enbathu
Ninety	Sembilanpuloh	九十	Thonnooru
One hundred	Saturatus	一百	Nooru
Two hundred	Duaratus	两百	Irunooru
Three hundred	Tigaratus	三百	Munnooru

一周中的每一天

英语	马来语	普通话	泰米尔语
Monday	Isnin	星期一 / 礼拜一	Thingal
Tuesday	Selasa	星期二 / 礼拜二	Sevvai
Wednesday	Rabu	星期三 / 礼拜三	Puthan
Thursday	Khamis	星期四 / 礼拜四	Viyaazhan
Friday	Jumaat	星期五 / 礼拜五	Velli
Saturday	Sabtu	星期六 / 礼拜六	Sani
Sunday	Ahad	星期天 / 礼拜天	Gnayiru

一年中的每个月份

泰米尔语中每个月的说法与英语说法相同。

英语	马来语	普通话
January	Januari	一月
February	Februari	二月
March	March	三月
April	April	四月
May	Mei	五月
June	Jun	六月
July	Julai	七月
August	Ogos	八月

英语	马来语	普通话
September	September	九月
October	Oktober	十月
November	November	十一月
December	Desember	十二月

信息资源指南

应急电话号码

• 报警	999（免费）
• 紧急事件/救护车/火警	995（免费）
• 非紧急事件救护车	1777
• 警方热线	（65）6225-0000
• 交警	（65）6547-0000
• 宠物救护车及运输	（65）6552-2222
• AAS紧急道路救援	（65）6748-9911
• 本地电话查询	100
• 国际呼叫	104

樟宜国际机场到达大厅

实用网址

- 移民再安置选择指导（Expat Choice Relocation Guide）
  网址：http://www.expatchoice.com/relocation_guide/useful_recsources/useful_number.htm
- 非常新加坡（Uniquely Singapore）
  网址：http://www.visitsingapore.com
  一个内容很精彩的网站，游客关于新加坡的诸多疑问在这里都能找到答案。
- 新加坡信息地图（Singapore Infomap）
  网址：http://www.sg
  网站提供的信息非常全面，通过浏览这个网站你能够了解新加坡生活的方方面面，包括商业、教育、酒店、娱乐活动等的具体情况和相关链接。
- 移民新加坡（Singapore Expats）
  网址：http://www.singaporeexpats.com
  一个为在新加坡居住的外国人提供搬家和房屋信息的网站，涉及的范围非常广泛，并提供了很多有用的建议。
- 移民新加坡（Expat Singapore）
  网址：http://www.expatsingapore.com
  另一个为居住在新加坡的外国人服务的生活类网站。

- 进入新加坡（Enter Singapore）

  网址：http://www.entersingapore.info

  这个网站为初到新加坡的人提供了许多详尽又有用的信息。
- Can.com.sg

  网址：http://www.can.com.sg

一个对新加坡人和外国人都极其实用的网站，罗列了新加坡所有大街小巷及各种场所的详细地址和配套地图。

- 新加坡政府信息

  网址：http://www.gov.sg

  新加坡政府的官方网站。
- 新加坡官方互动指导[Singapore Government Directory interactive（SGDi）]

  网址：http://www.app.sgdi.gov.sg

  提供新加坡政府各部门名录的互动网站，并能链接到各部门、政府机构、法定机构和教育机构等。
- 新加坡旅游局（Singapore Tourism Board）

  地址：乌节路1号，旅游局大楼

  电话：（65）6736-6622

  网址：http://www.stb.gov.sg

大使馆

- 新加坡外交部

  网址：http://www.mfa.gov.sg/internet

  点击“驻新加坡外交使团”并选择相应的国家。

医疗保健

- 新加坡卫生部

  地址：大学路16号，医科大学大楼（College of Medicine Building，16 College Road）

  电话：（65）6325-9220

  网址：http://www.moh.gov.sg
- 新加坡医药

  网址：http://www.singaporemedicine.com

  提供新加坡各种医疗及卫生机构信息的网站。
- 全国保健集团（National Healthcare Group）

  电话：（65）6471-8900

  网址：http://www.ngh.com.sg
- 新加坡保健服务集团（Singhealth）

  地址：第三医院大道11号，SNEC大楼（11 Third Hospital Avenue,SNEC Building）

  电话：（65）6225-0488 传真：（65）6557-2138

  电邮：www.singhealth.com.sg

  网址：http://www.singhealth.com.sg

医院

公立医院

- 新加坡中央医院

  地址：奥特拉姆路（Outram）

  电话：（65）6222-3322

  网址：http://www.sgh.com.sg
- 国立大学医院

  地址：劳尔·肯特里奇路5号（5 Lower Kent Ridge Road）

电话：（65）6779-5555

网址：http://www.nuh.com.sg

- 陈笃生医院

地址：陈笃生步道11号（11 Jalan Tan Tock Seng）

电话：（65）6256-6011

网址：http://www.ttsh.com.sg/asp/index.asp

- 樟宜医院（Changi General Hospital）

地址：西美3街2号（2 Simei Street 3）

电话：（65）6788-8833

网址：http://www.cgh.com.sg

- 竹脚妇幼医院

地址：武吉知马路100号

电话：（65）6293-4044

网址：http://www.kkh.com.sg

- 亚历山大医院

地址：亚历山大路378号

电话：（65）6472-2000

网址：http://www.alexhosp.com.sg

- 宏茂桥社区医院

地址：宏茂桥9段17号

电话：（65）6453-8033

网址：http://www.amkh.com.sg

私人医院

- 伊丽莎白山医院（Mount Elizabeth Hospital）

地址：伊丽莎白山3号

电话：（65）6737-2666

网址：http://www.mountelizabeth.com.sg

- 东海岸医院

地址：如切坊 321 号（321 Joo Chiat Place）

电话：（65）6344-7588

24小时信息服务热线：（65）6340-8688

网址：http://www.eastshore.com.sg

- 鹰格医院

地址：纳比雅路6A

电话：（65）6473-7222

网址：http://www.ghl.parkway.com.sg

- 安徽尼亚山医院

  地址：汤普森路820号（820 Thompson Road）

  电话：（65）6347-6688

  网址：http://www.mtalvernia-hospital.org
- 莱佛士医院（Raffles Hospital）

  地址：北桥路585号

  电话：（65）6311-1111

  网址：http://www.raffleshospital.com

诊所和医疗中心

综合诊所（polyclinics）是政府所属的医疗中心，提供综合及专科医疗服务。这些诊所大都坐落在各个社区，位置便利，你可以在下面这个网站上找到这些诊所的详细情况：

http://www.polyclinic.singhealth.com.sg

你也可以在下面这个网站中查询新加坡所有医院（综合及专科）和牙科诊所的详细信息：

http://www.moh.gov.sg/corp/est/clinics/index.do

新加坡住宅区风光

衣食住行

住宿

- IT房地产（IT Realtor）

  网址：http://www.itrealtor.com/
- 建屋发展局

  地址：HDB Hub，480 Lorong 6 Toa Payoh

  电话：（65）6490-1111

  网址：http://www.hdb.gov.sg

  相关链接：http://www.hsg.ecitizen.gov.sg

公用事业

- 公用事业局（PUB）

  地址：森麻实路111号，15#-01（111 Somerset Road #15-01）

  电话：（65）6235-8888

  网址：http://www.pub.gov.sg
- 电力供应

  地址：森麻实路111号，新加坡电力大楼10#-01（111 Somerset Road,#10-01 Singapore Power Buiding）

  电话：（65）6823-8888；传真：（65）6823-8188

  电邮：corpcomms@singaporepower.com.

  网址：http://www.singaporepower.com.sg
- 胜科环境管理（Semb Corp Environmental Management）

  电话：1800-278-6135

  网址：http://www.gowaste.com.sg
- 高力控股公司（Colex Holdings）

  电话：（65）6268-7711；传真：

（65）6264–1219

电邮：wastemgt@colex.com.sg

网址：http://www.colex.com.sg

- FME翁里克斯公司（FME Onyx）

  网址：http://www.fmeonyx.com

公用事业报修电话

电力	1800-778-6666
煤气	1800-298-8711
水	1800-284-6600

交通

- 陆路交通管理局

  地址：罕布什尔路1号（1 Hampshire Road）

  电话：1800–2255–582

  网址：http://www.lta.gov.sg

- Streetdirectory.com

  网址：http://www.sg.streetdirectory.com

  这个网上地址查询系统能够告诉浏览者如何去往新加坡任何一个地方。

- 新加坡地铁公司（SMRT）

  电话：1800–336–8900

  网址：http://www.smrt.com.sg

  SMRT是一家提供铁路、公共汽车和出租车运输服务的公司。你可以查询任何你所需要的服务。（TIBS是SMRT公司的一部分。）

- 新捷运公司（SBS Transit）

  电话：1800–225–5663

  网址：http://www.sbstransit.com.sg

  新加坡最大的公共汽车运营公司，也是地铁北—东线（North–East Line，NEL）的运营商。

出租车

- 城市出租车公司（City Cab）

  电话：（65）6552–2222

  网址：http://www.citycab.com.sg/index.htm

- 舒适运输公司（Comfort Transportation）/黄顶出租车公司（Yellow–Top Cab）公司

  电话：（65）6552–1111

  网址：http://www.comfort–transportation.com.sg

小印度区街景

地铁站内

- 新加坡地铁公司/蒂布斯公司（SMRT/TIBS）公司

  电话：（65）6555-8888

  网址：http://www.smrttaxis.com.sg

- 首选德士公司（Premier Taxis）

  电话：（65）6363-6888

  网址：http://www.premiertaxi.com

电信服务

- 新加坡电信公司

  移动电话服务电话：1626

  固定用户/企业用户电话：1609

  网络服务电话：1610

- 第一通电信有限公司

  移动电话服务电话：1627

  企业服务电话：1622

  网址：http://www.m1.com.sg

- 星和电信公司

  电话：1633

  网址：http://www.starhub.com

金融服务

- 财政部

  地址：高街100号10#-01（100 High Street，#10-01）

  电话：1800-226-0806

  网址：http://www.app.mof.gov.sg

- 金融管理局

  地址：珊顿大道10号，金融管理局大楼（10 Shenton Way，MAS Building）

  电话：（65）6225-5577

  网址：http://www.mas.gov.sg

银行

- 新加坡发展银行（DBS）

  地址：珊顿大道6号，新加坡发展银行大楼一座（6 Shenton Way，DBS Building Tower One）

  电话：（65）6878-8888

  网址：http://www.dbs.com/sg

新加坡星网电子付款系统

- 邮政储蓄银行（POSB）
  国内银行业务电话：1800-111-1111
  海外银行业务电话：（65）6327-2265
  国内信用卡业务电话：1800-835-1234
  海外信用卡业务电话：（65）6835-1234
  网址：http://www.dbs.com/posb/
- 大华银行（UOB）
  地址：大华银行，莱佛士坊80号（80 Raffles Place,UOB Plaza）
  电话：（65）6533-9898
  网址：http://www.uob.com.sg
- 新加坡花旗银行
  淡马锡大道3号12#-00，百年大楼（3 Temusek Avenue #12-00,Centennial Tower）
  电话：（65）6225-5221
  网址：http://www.citibank.com.sg
- 汇丰银行有限公司（HSBC）
  地址：哥烈码头21号，汇丰银行大楼（21 Collyer Quay # 14-01，HSBC Building）
  电话：（65）6472-2669
  网址：http://www.hsbc.com.sg
- 新加坡华侨银行（OCBC）
  地址：牛干冬大街65号，华侨银行中心（65 Chulia Street #29-00,OCBC Centre）
  电话：（65）6535-7222
  网址：http://www.ocbc.com.sg
- 标准渣打银行
  百得利路6号，优先理财服务中心三层（6 Battery Road，3rd Floor Priority Banking Centre）
  电话：（65）6530-3238
  网址：http://www.standchartered.com.sg

税收

- 新加坡国内税务局
  地址：牛顿路55号税收大楼（55 Newton Road Revenue House）
  电话：（65）6356-8233
  网址：http://www.iras.gov.sg

教育

- 教育部
  地址：北波那维斯塔大道1号（1 North Buona Vista Drive）
  电话：（65）6872-2220
  网址：http://www.moe.com.sg

查询新加坡所有的初级学院、理工学院、中学和小学，请浏览以下网址：

http://app.sgdi.gov.sg/index.asp

点击“其他”项下的“学校”或“初级学院”即可。你也可以登录以下网站，查询更多的学校并对同类学校进行比较。

http://www.moe.gov.sg/schdiv/sis

高等学府

- 新加坡国立大学（NUS）
  地址：劳尔 · 肯特 · 里奇路21号（21

Lower Kent Ridge Road)

电话：（65）6516-6666

网址：http://www.nus.edu.sg

- 南洋理工大学（NTU）

地址：南洋大道（Nanyang Avenue）

电话：（65）6791-1744

网址：http://www.ntu.edu.sg

- 新加坡管理大学（SMU）

地址：维多利亚街（Victoria Street）81号

电话：（65）6828-0100

网址：http://www.smu.edu.sg

- 新跃大学 （UniSIM）

地址：金文泰路461号（461 Clementi Road）

电话：（65）6248-9777

网址：http://www.unisim.edu.sg

- 国家初级学院（NJC）

地址：南洋理工大学（1 Nanyang Walk）

电话：（65）6790-3888

网址：http://www.nie.edu.sg

教会学校

国际学校

对于希望到新加坡读书的人来说，“新加坡教育”（http://www.singaporeedu.gov.sg/htm/index.htm）是个非常好的网站。这个网站提供了当地和在新加坡设有分校的国际教育机构的所有信息，并对新加坡的教育体系作了详细的介绍。网站上还能找到关于新加坡生活和学习的实用信息，包括交通、通信、住宿等。“联系新加坡（Contact Singapore）”则提供了所有国际学校的名录。其网址是：

http://www.contactsingapore.org.sg moving_schooling_internatioanl.shtml

- 新加坡美国学校（Singapore American School）

地址：40木林街41号（40 Woodlands Street 41号）

电话：（65）6363-3403

网址：http://www.sas.edu.sg

- 澳大利亚国际学校（Australian International School）

地址：罗弄泉（Lorong Chuan） 1号

电话：（65）6883-5155

网址：http://www.ais.com.sg

- 加拿大国际学校（新加坡）（Canadian International School）

地址：道德路5号（5 Toh Tuck Road）

电话：（65）6467-1732

网址：http://www.cis.edu.sg

- 采士华国际学校 （Chatsworth International School）

校园里的大学生

地址：翡翠山路（Emerald Hill Road）37号

电话：（65）6737-5955

网址：http://www.chatsworth-international.com

- 伊顿国际学校（Eton House International School）

地址：务立路51号（51 Broadrick Road）

电话：（65）6346-6922

网址：http://www.etonhouse.com.sg

- ISS国际学校

地址：普雷斯顿21号（21 Preston Road）

电话：（65）6475-4188

网址：http://www.iss.edu.sg

- 新加坡莱西·弗朗索瓦·德学校（Lycee Francais De Singapore）

地址：宏茂桥大道（Ang Mo Kio Avenue）3号

电话：（65）6488-1160

网址：http://www.lyceefrancais.edu.sg

- 东陵托管学校（Tanglin Trust School）

地址：波斯陶路（Portsdown Road）95号

电话：（65）6778-0771

网址：http://www.tts.edu.sg

- 海外家庭学校（Overseas Family School）

地址：Paterson路25号

电话：（65）6738-0211

网址：http://www.ofs.edu.sg

- 东南亚联合世界学院（United World College of South East Asia）

地址：Dover 路1207号

电话：（65）6775-5344

网址：http://www.uwcsea.edu.sg

- 日本学校（中学）[The Japanese school（secodary）]

地址：西海岸路201号

电话：（65）6779-7355

网址：http://www.sjs.edu.sg/English/e_index.html

- 印度国际学校（Global Indian International Schools）

地址：Mei Chin 路1号

电话：（65）6479-1511

网址：http://www.giissingapore.org

私立学校

请浏览新加坡教育部网站，上面有新加坡所有私立学校的名录。

寺庙及教堂

基督教教堂

新加坡有很多基督教教堂，你可以查询《电话黄页簿》或者《街道指南》（Street Directory）找到这些教堂的详细地址。在此我仅罗列新加坡较大的几个教堂。

- 圣安德烈大教堂（Saint Andrew's Cathedral Church）
  地址：圣安德烈路11号（11 Saint Andrew's Road）
  电话：（65）6337-6104
  网址：http://www.livingstreams.org.sg
- 卫斯理教堂（Wesley Methodist Road）
  地址：福康宁路5号（5 Fort Canning Road）
  电话：（65）6336-1433
  网址：http://www.wesleymc.org

新加坡天主教教堂

- 救恩堂（Lutheran Church of Our Redeemer）
  地址：杜克路30号（30 Duke's Road）
  电话：（65）6466-4500，6466-4559
  网址：http://www.lutheran.org.sg
- 乌节路长老会（Orchard Road Presbyterian Church）
  地址：Wan Tho 大道48号
  电话：（65）6337-6681
  网址：http://www.orpc.org.sg
- 加略山浸信教堂（Calvary Baptist Church）
  地址：九洞路10号（10 Jelapang Road）
  电话：（65）6892-6811
  网址：http://www.cefc.org.sg
- 圣约和福音教堂（Covenant Evangelical Free Church）
  地址：运涛大道48号（48 Wan Tho Avenue）
  电话：（65）6289-3900
  网址：http:www.calvary.org.sg
- 神召会（Emmanuel Assembly of God）
  地址：东海岸上段路165号（165 Upper East Coast Road）
  电话：（65）6445-5566
  网址：http://www.emmanuel.org.sg
- 主神大教堂（Cathedral of the Good Sheperd）
  地址：女皇街（"A" Queen Street）
  电话：（65）6337-2036

要了解新加坡所有天主教教堂的信息，请浏览新加坡天主教教堂的官方网站：

圣约瑟夫教堂装饰

http://www.catholic.org.sg

中国/佛教寺庙

- 光明山普觉寺（Kong Meng San Phor Kark See Temple）
  地址：光明殿路88号（88 Bright Hill Road）
  电话：（65）6453-4046，6458-4454
- 陈氏宗祠（Tan Si Chong Su Temple）
  地址：马己仙路15号（15 Magazine Road）
  电话：（65）6533-2880
- 天福宫（Thian Hock Keng）
  地址：直落亚逸街（Telok Ayer）158号
  电话：（65）6423-4616
- 莲山双林禅寺（Lian Shan Shuang Lin Temple）
  地址：惹兰大巴窑路（Jalan Toa Payoh Road）184E
  电话：（65）6259-6924
- 千光寺（Sakaya Muni Buddha Gaya Temple）
  地址：跑马埔路（366 Race Course Road）
  电话：（65）6294-0714

清真寺

了解新加坡所有清真寺的详细信息，请浏览：

http://www.cmsweb.mosque.org.sg

- 苏丹伊斯兰教堂（Masjid Sultan）
  地址：马斯喀特街3号（3 Muscat Street）
  电话：（65）6293-4405
  网址：http://www.mosque.org.sg/sultan
- 阿都卡夫伊斯兰教堂（Masjid Abdul Gaffoor）
  地址：南洛街41号（41 Dunlop Street）
  电话：（65）6295-4209
- 哈惹花蒂玛伊斯兰教堂（Masjid Hajjah Fatimah）
  地址：海滩路4001号

美芝路纪念公园和平纪念碑

电话：（65）6297-2774

- 詹美伊斯兰教堂（Masjid Jamae Chulia）
  地址：南桥路218号
  电话：（65）6221-4165

印度教兴都庙

了解新加坡所有兴都庙的详细信息，请浏览：
http://www.heb.gov.sg

- 马里安曼兴都庙（Sri Mariamman Temple）
  地址：南桥路244号
  电话：（65）6223-4064
- 丹达乌他帕尼兴都庙（Sri Thendayu-thapani Temple，又名Chettiar Temple）
  地址：登路15号（15 Tank Road）
  电话：（65）6737-9393
- 圣帕加维那雅加兴都庙（Sri Senpaga Vinayagar Temple）
  地址：实龙路27号（27 Ceylon Road）
  电话：（65）6345-3783

其他

- 马海阿布犹太教堂（Maghain Aboth Synagogue）
  地址：滑铁卢街24/26号（24/26 Waterloo Street）
  电话：（65）6337-2189
- 亚美尼亚教堂（Armenian Church）
  地址：禧街60号（60 Hill Street）
  电话：（65）6334-0141
- 锡克庙（Central Sikh Temple）
  地址：陶讷路2号（2 Towner Road）
  电话：（65）6299-3855

新加坡女子

娱乐与休闲

演艺中心

- 滨海艺术中心（The Esplanade：Theatres on the Bay）
  地址：滨海大道（Esplanade）1号
  电话：(65)6828-8222
  网址：http://www.esplanade.com
  这个剧场被当地人戏称为“榴莲”，是新加坡最受欢迎的表演艺术中心，常有音乐、戏剧、舞蹈和视觉艺术演出。
- 新加坡室内体育馆（Singapore Indoor Stadium）
  地址：体育馆步道（Stadium Walk）2号
  电话：（65）6344-2660；传真：（65）6344-5903
  网址：http://www.sis.gov.sg
- 嘉龙剧院（Kallang Theatre）
  地址：体育馆步道1号
  电话：（65）6345-8488；传真：（65）6344-2340
- 大学文化中心（University Cultural Centre）
  地址：肯特岗湾10号新加坡国立大学

艺术中心（10 Centre of the Arts,Nus,10 kent Ridge Crescent）
电话：（65）6874-1224；传真：（65）6874-1002

- 维多利亚音乐堂（Victoria Concert Hall）
地址：皇后坊11号，维多利亚纪念堂（11 Empress Place,Victorial Memorial Hall）
电话：（65）6338-1230；传真：（65）6336-6382
- 维多利亚剧院（Victoria Theatre）
地址：皇后坊9号（9 Empress Place）
电话：（65）6338-8283；传真：（65）6339-5440
- 新加坡电力站艺术之家（The Substation）
地址：阿曼尼安街45号（45 Armanial Street）
电话：（65）6337-7535
网址：http://www.substation.org

这是新加坡首家独立现代艺术中心。

- 新加坡发展银行礼堂（DBS Auditorium）
地址：珊顿大道6号，DBS大楼1座3层（6 Shenton Way，DBS Building，Tower1，3rd Floor）
电话：（65）6224-9633传真：（65）6224-1920
- 光华剧院（Jubilee Hall）
地址：海滩路1号，莱佛士酒店
电话：（65）6331-1732 传真：（65）6337-0778

SISTIC

这是新加坡最大的实时在线娱乐与音乐会订票门户网站。通过这个网站可以订购演唱会、音乐剧、戏剧及各种娱乐、体育活动的门票。

地址：Stadium Walk 2，新加坡室内体育馆 1#-08

电话：（65）6319-3299

网址：http://www.sistic.com.sg

新加坡金融区风光

电影院

- 金色村庄影院（Golden Village）
  订票热线：1900-912-1234
  网址：http://www.gv.com.sg
  这个网站能找到各种电影的放映时间及相关信息，用户还能在线订购新加坡所有金色村庄影院的门票。
- 肖氏企业（Shaw Organisation）
  订票热线：6738-0555
  网址：http://www.shaw.com.sg
  用户通过登录这个网站，同样可以在线订购所有肖氏影院的门票。
- 荣华机构（Eng Wah）
  订票热线：6836-9074
  网址：http://www.ewcinemas.com.sg
- 凯茜影院（Cathay Organisation）
  电话：6235-1155
  网址：http://www.tickets.cathay.com.sg

交通标志

博物馆

- 新加坡国家博物馆（National Museum of Singapore）
  地址：史丹福路（Stamford Road）93号
  电话：(65) 6332-5642
  网址：http://www.nationalmuseum.sg
- 新加坡艺术博物馆（Singapore Art Museum）
  地址：勿拉士巴沙路（Bras Basah Road）71号
  电话：(65) 6332-3222
  网址：http://www.nhb.gov.sg/SAM
- 亚洲文明博物馆（Asian Civilisation Museum）
  地址：皇后宫1号
  电话：(65) 6332-7798
  地址：Armenian街39号
  电话：（65）6332-3015
  网址：http://www.nhb.gov.sg/ACM

图书馆

- 国家图书馆局（National Library Board）
  地址：维多利亚街100号
  电话：（65）6332-3133
  网址：http://www.nlb.gov.sg
  你还可以登录

图书

这个网站查询离你家最近的图书馆。

书店

- 时代书店（Times the Bookshop）
  网址：http://www.timesone.com.sg
- 波德斯（Borders）
  电话：（65）6235-7146
- 纪伊国屋（Kinokuniya）
  网址：http://www.kinokuniya.com.sg
- MPH书店（MPH Booksores）
  网址：http://www.mph.com.sg
- 精选书店（Select Books ）
  网址：http://www.selectbooks.com.sg
- 流行书店（Popular Bookstores）
  网址：http://www.popular.com.sg

俱乐部

- 新加坡美国人俱乐部（The American Club）
  地址：克雷莫山（10 Claymore Hill）
  电话：（65）6737-3411
  网址：http://www.amclub.org.sg
- 新加坡英国人俱乐部（The British Club）
  地址：武吉丁宜路（Bukit Tinggi Road）73号
  电话：（65）6467-4311
  网址：http://www.britishclub.org.sg
- 新加坡荷兰人俱乐部（The Hollandse Club，又名Dutch Club）
  地址：坎登公园（亚当路外）22号［22 Camden Park（off Adam Road）］
  电话：（65）6464-5225
  网址：http://www.hollandseclub.org.sg
- 新加坡瑞士人俱乐部（The Swiss Club）
  地址：瑞士人俱乐部路36号
  电话：（65）6466-3233
  网址：http://www.swissclub.org.sg
- 新加坡德国人俱乐部（The German Club，又名Deutsches Haus）
  地址：道德路（Toh Tuck Road）61A
  电话：（65）6467-8802
  网址：http://www.germanclub.org.sg
- 东陵俱乐部（The Tanglin Club）
  地址：史蒂文思路5号（5 Stevens Road）
  电话：（65）6737-6011
  网址：http://www.tanglinclub.org.sg
- 新加坡马球俱乐部（Singapore Polo Club）
  地址：普莱森特山路80号（80 Mount Pleasant Road）
  电话：（65）6854-3999
  网址：http://www.singaporepoloclub.org

水果

- 新加坡板球俱乐部（Singapore Cricket Club）
  地址：康乐通道（Connaught Drive）A座
  电话：（65）6338-9271
  网址：http://www.scc.org.sg
- 新加坡康乐俱乐部（Singapore Recreation Club）
  地址：康乐通道（Connaught Drive）B座
  电话：（65）6338-9367
  网址：http://www.src.org.sg
- 松树俱乐部（The Pines）
  地址：史蒂文思路30号（30 Stevens Road）
  电话：（65）6735-2288
  网址：http://www.thepines.com.sg

更多阅读信息

综合类

Singapore in a Nutshell: Nuggets. Arlene Bastion. New York, NY and Singapore: Prentice Hall, 2005（3rd edition）.

Singapore Yearbook 2006. Ministry of Information, Communication and the Arts. Singapore: MICA, 2006.

- 本书收录了与新加坡的历史背景、政治、经济和人民有关的所有史实、数据和信息。

The Singapore Story: Memoirs of Lee Kuan Yew（Vol.1）and From Third World to First: the Singapore Story, 1965—2000: Memoirs of Lee Kuan Yew（Vol.2）. Lee Kuan Yew. Singapore: Marshall Cavendish Editions, 2006.

- 借此书你可以了解这位现代新加坡的缔造者，并理解构筑新加坡社会的所有思想和潮流。

Singapore A–Z: A Pictorial Overview. Benjamin Yap. Singapore: Marshall Cavendish Editions, 2006.

- 本书为按字母顺序编排的图片集，展现了新加坡著名的建筑物和风景。

新加坡集邮馆

实用指南类

Handbook for Expatriates Working and Living in Singapore. Goh Kheng Chuan. Singapore: Rank Books, 2005.

Fasten Your Seat Belts: Welcome to Singapore. Lee Gek Ling. Singapore: McGraw Hill Education（Asia）, 2005.

Living in Singapore. A Reference Guide. Ed. Joy L Stevenson. Singapore: American Association of Singapore, 2005.

- 本书分章节介绍了新加坡的习俗、住房情况、交通、卫生保健和签证手续等，是即将定居新加坡的人士必不可少的实用指南。

Who's Who in Singapore. Ed. Low Tar Kiang. Singapore: Who's Who Pub, 2006.

- 本书的标题让人对其内容一目了然，书中介绍了1 200位在各个领域取得了杰出成就的人士。

Education Guide 2005/6. Singapore: Times Business Information for the Singapore Tourism Board, 2006.

- 本书简要介绍了新加坡所有的教育机构以及它们提供的课程和申请入学的手续。书中的内容逐年更新。

Shopsmart Singapore: The Unbiased Guide for Those Who Love (and Hate) to Shop. Singapore: C Licence, 2004.

- 本书的作者们发扬了私人侦探的精神，打探到了几乎各种商品零售商和批发商的内幕消息。书中还附录地图和实用网址。

历史与政治类

A History of Singapore, 1819—1988. C. M. Turnbull. Singapore: Oxford University Press, 1991.

- 一本经典的历史学教材。

Singapore: A Pictorial History 1819—2000. Gretchen Liu. Singapore: Archipelago Press in association with the National Heritage Board, 1999.

- 以各种档案、史料中收集到的照片的形式讲述新加坡的历史。

亚洲文明博物馆

The Syonan Years: Singapore under Japanese rule, 1942—1945. Lee Geok Boi. Singapore: National Archives of Singapore and Epigram, 2005.

- 本书研究细致，史料翔实，展现了日本占领时期新加坡人民生活的各个方面。

Pastimes: A Social History of Singapore. Ed. Chan Kwok Bun and Tong Chee Kiong. Singapore: Times Editions, 2003.

- 书中美丽的纪实性照片和严谨的研究文章将带领读者去完成一次新加坡社会历史之旅。

Singapore’s Foreign Policy: Coping with Vulnerability. Michael Leifer. London, UK and New York, NY: Routledge, 2000.

- 本书对新加坡在东亚地区的地位进行了精辟的分析，并对新加坡的外交政策颇多赞誉，流传甚广。

A Citizen’s Guide to Government and Politics in Singapore. Raj Vasil. Singapore: Talisman Publishing Pte Ltd, 2004.

- 本书向读者介绍了新加坡政府的各个机构和政府的运作过程。

The Eagle in the Lion City: America, Americans and Singapore. Jim Baker. Singapore: Landmark Books, 2005.

- 本书的作者是一位美国人，他在书中讲述了两个世纪以来美国与新加坡在经济和其他领域的交往。

社会类

Notes from an Even Smaller Island. Neil Humphreys. Singapore: Marshall Cavendish Editions, 2006.

Social Change and the Chinese in Singapore. Lim Keak Cheng. Singapore: Singapore University Press, 1985.

Portraits of Places: History, Community and Identity in Singapore. Ed. Brenda S Yeoh and Lily Kong. Singapore: Times Editions, 1995.

- 书中文章的作者皆为地理学家、社会学家和其他专业人士，他们给读者讲的是一个真正的新加坡及其发展历程。

新加坡国家博物馆

Singapore: Wealth, Power and the Culture of Control. Cark A. Trocki. London, UK and New York, NY: Routledge, 2006.

- 作者在书中分析了新加坡成为一个经济强国的转型过程，并探讨了新加坡作为世界上最繁荣的国家之一，如何对人民进行控制的问题。

The Singapore Dilemma: The Political and Educational Marginality of Malay Community. Lily Zubaidah Rahim. Kuala Lumpur, Malaysia and Oxford, UK: Oxford University Press, 1998.

- 本书是一本开山之作，分析了 1959 年后新加坡马来族群的身份认同、政治发展和教育情况。

A Life Less Ordinary. Wong Kim Hoh. Singapore: Marshall Cavendish Editions, 2005.

反映华人旧时期新加坡生活的城市雕像

- 这是一位资深记者的文集，通过他所撰写的有关那些游离于传统之外的新加坡人的报道，读者能够窥见新加坡底层人民的生活。

A Slice of Singapore: People, Portraits, Places. Hermie van Laar. Singapore: Marshall Cavendish Editions, 2006.

- 书中怪异、趣味横生的照片展现的尽是常被人们忽略的地方和人，使读者得以透过新加坡人的眼睛来看新加坡。

商业与经济类

Multinationals and the Growth of the Singapore Economy. Croom Helm Growth Economics of South-east Asia series. Hafiz Mirza. London, UK: Palgrave Macmillan, 1986.

Doing Business in Singapore: An Information Guide. Singapore: Price Waterhouse, 1996.

Singapore Government Directory. Singapore: Times Business Information Pte Ltd, 2005.

- 本书收录了新加坡所有政府机构的名称及联系电话。

Handbook for Businessmen. Goh Tianwah. Singapore: Rank Books, 2005.

● 本书的对象是所有在新加坡经商的本地人和外国人，收录了一系列地址簿、名录以及如何办理各种手续等信息。

文化与交流类

Communication and Culture: A Guide for Practice. Cynthia Gallois and Victor Callan. Chichester, England and New York, NY: John Wiley and Sons, 1997.

The Art of Crossing Cultures. Craig Storti. Boston, MA: Nicholas Brealey Publishing/ Intercultural Press, 2001（2nd edition）.

The Simple Guide to Customs and Etiquette in Singapore. Audrey Perera. Kent, England: Global Books Ltd, 1996.

Slices of Singapore. G. C. Soh. Singapore: Soh Gim Chuan, 2003.

Cultures of the World: Singapore. Cultures of the World series. Lesley Layton and Pang Guek Cheng. Tarrytown, NY: Benchmark Books/Marshall Cavendish, 2002; Singapore: Times Books International, 2001（2nd edition）.

Gateway to Indian Culture. Chitra Soundar. Singapre: Asiapac Books, 2003.

兴都庙神灵像

Gateway to Malay Culture. Asiapac Editorial. Sinapore: Asiapac Books, 2003.

Gateway to Chinese Culture. Geraldine Chay and Y. N. Han. Sinapore: Asiapac Books, 2003.

An Essential Guide to Singlish. Singapore: Gartbooks, 2003.

The Coxford Singlish Dictionary. Colin Goh. Singapore: Angsana Books, 2002.

● 这本字典收录了新加坡式英语中所有的常用词和短语，内容丰富，释义风趣，能让你破译当地人所讲的颇为有名的新加坡式英语。

文学与艺术类

A Fortune-teller Told Me. Tiziano Terzani. New York, NY: Three Rivers Press, 2002（reprint）.

● 本书是一位记者在东南亚的游记，

其中关于新加坡的一章尤其精彩。

The Lands of Charm and Cruelty. Stan Sesser. London, UK: Picador, 1994.

- 本书记录了另一位记者对于东南亚的感觉和看法，其中一章以新加坡为主角，描写了这个国家不为人们所熟知的那一面。

A Teenager Textbook or The Melting of the Ice Cream Girl. Adrian Tan. Singapore: Hotspot Books, 1988.

- 本书以一个虚构的初级学院为背景，介绍了新加坡年轻人的思想和流行用语，读起来让人忍俊不禁。

- Raffles Place Ragtime. Philip Jeyaratnam. Singapore: Times Books International, 1988.
- 本书描写了20世纪80年代处于经济全盛时期的新加坡和雅皮一族的新加坡人，作者的描述令人身临其境。

新加坡中国寺庙

Little Ironies: Stories of Singapore. Catherine Lim. Singapore: Heinemann Educational Books, 1978.

- 本书的作者是新加坡最著名的作家，他以大师的笔触描绘了一幅新加坡人的生活画卷。

Notes Across the Years: Anecdotes from a Musical Life. Paul Abisheganaden. Singapore: Unipress, 2005.

- 本书的作者是一位颇为活跃并卓有成就的音乐家，他在书中讲述了自己的故事，也对20世纪30年代以后新加坡的音乐发展历程进行了描述。

历史古迹类

Discover Singapore On Foot. Dominique Grêlé and Lydie Raimbault. Singapore: Select Publishing, 2004.

A Walking Tour Singapore. G. Byrne Bracken. Singapore: Marshall Cavendish Editions, 2004.

- 本书包括11条旅游线路，并附有详细的行程介绍、地图和令人悦目的插图。

Singapore's 100 Historic Places. National Heritage Board. Singapore: Editions Didier Millet, 2004.

- 这本薄薄的小书能帮助你更好地了解新加坡的历史和文化遗迹，告诉你这些建筑物和遗址背后的故事。

Heritage Places of Singapore. Wan Meng Hao. Singapore: Marshall Cavendish Editions，2008.

- 如果你想更好地了解新加坡的历史和文化古迹，这本薄薄的小册子将向你讲述这些建筑物和古迹背后不为人知的故事。

The Religious Monuments of Singapore: Faiths of our Forefathers. Lee Geok Boi. Singapore: Landmark Books, 2002.

- 本书以新加坡著名和并非特别著名的宗教纪念建筑的图片为主，并配有地图、旅游行程和与之相关的趣闻逸事。

Singapore: City of Gardens. William Warren. Hong Kong: Periplus Editions, 2000.

- 这是本优美的图片集，内有大量的植物园、风景优美的公园和绿树成荫的街道的照片。

Black and White: the Singapore House, 1898—1941. Julian Davison. Singapore: Talisman Publishing Pte Ltd, 2006.

- 本书讲述了新加坡殖民时期颇具特色但正在逐渐消失的黑白屋的历史并配有照片。

美食类

Not Just a Good Food Guide: Singapore. Naleeza Ebrahim and Yaw Yan Yee. Singapore: Marshall Cavendish Editions, 2006.

- 这本指南非常有用，它介绍了当地知名的美食，并且罗列了可以找到这些美食的地方。

Makasutra Singapore Food Guide. K. S. Seetoh. Singapore: Makansutra Pte Ltd, 2005.

- 据说新加坡人也带着这本书按图索骥，到书中介绍的地方寻找最美味的街头小吃。

The Best of Singapore Cooking. Leong Yee Soo. Singapore: Times Books International, 2001.

- 本书的作者梁女士在新加坡餐饮界赫赫有名，她所提供的都是一些代代相传、弥足珍贵的食谱。本书是一套六册系列全集中的一册。

制作美食